Gertrud Höhler

Die Patin

GERTRUD
HÖHLER

DIE PATIN

Wie Angela Merkel Deutschland umbaut

orell füssli Verlag

Lektorat: Annalisa Viviani, München
Umschlaggestaltung und Motiv: David Hauptmann, HAUPTMANN & KOMPANIE
Werbeagentur, Zürich, unter Verwendung eines Fotos von © Keystone/dpa.

Das Motiv auf der Umschlagrückseite stammt aus der BILD-Bundesausgabe vom
28. Oktober 2011; © AFP/Eric Feferberg; INTERFOTO/NG Collection.

Satz und Druck: fgb · freiburger graphische betriebe, Freiburg

ISBN 978-3-280-05480-2

Bibliografische Information der Deutschen Nationalbibliothek: Die Deutsche Nationalbibliothek verzeichnet diese Publikation in der Deutschen Nationalbibliografie;
detaillierte bibliografische Daten sind im Internet über http://dnb.d-nb.de abrufbar.

Für alle, die die Faust noch in der Tasche haben.

Inhalt

Die Wölfin und das Schweigen der Männer

Agentin in eigener Sache:
Die Schlafwandlerin erwacht

Donnerstag ist ihr Saunatag. Der 9. November 1989 ist ein Donnerstag. Angela Merkel hört im Fernsehen die flattrigen Sätze des neuen ZK-Sekretärs für Informationswesen der SED, Günter Schabowski, irgendetwas von offenen Grenzübergängen; aber es ist ihr Saunatag. Als sie nach der Sauna mit ihrem Kulturbeutel wieder auf die Straße tritt, ist die Grenze an der Bornholmer Straße offen. Mit ihrem Saunazeug treibt sie im Menschenstrom nach Westberlin. Irgendein Zimmer in Wedding, wo lebhaft und fröhlich diskutiert wurde, taucht in der Erinnerung auf. Sie bleibt nur kurz, schließlich muss sie morgen wieder arbeiten. Sie staunt über ihre Freunde, die ihren ‹Dritten Weg›, die Reform des Sozialismus, verschüttet sehen.

«Fließende Prozesse», so sagt sie noch 2012, muss man vor allem genau beobachten. Alles ist relativ. Überschwang trübt die Analyse. *First things first,* würde sie im Managementjargon sagen, wenn sie ein Mann wäre. Ihr Saunaprogramm am 9.November hat sie nicht zurückgeworfen. Sie wartet lange, ehe sie Traumziele festlegt – eine virtuose Tagträumerin mit einem ganz langen Atem.

«Ich glaube nicht, dass ich unter den Verhältnissen des Westens Politikerin geworden wäre», sagt sie 2009.[1] «Meine Entscheidung, in die Politik zu gehen, ist wirklich den chaotischen Umständen geschuldet.» Im Westen wäre sie «vielleicht Lehrerin geworden oder Dolmetscherin». Sie leidet, aber sie läuft nicht weg: «Der Westen war nur eine Art Rückversicherung, sagte sie, wenn es mal ganz schlimm kommen sollte.»[2]

1 Vgl. Alexander Osang, *Der Spiegel* 46, 2009, S. 69.
2 Ebenda, S. 58.

Wir hielten uns aus dem Glutkern heraus, sagt Michael Schindhelm, ein Arbeitskollege in der Akademie der Wissenschaften in Ostberlin. Ihr Verhältnis zur DDR sei nicht «aggressiv kritisch» gewesen, sondern «eher distanziert». Abwarten und beobachten, Angela Merkels politische Kernkompetenz, hat eine solide Trainingsvorgeschichte.

Ihr Senkrechtstart in die gesamtdeutsche Geschichte beginnt mit einem Tarnkappenflug über die umgepflügten Landschaften beiderseits der Mauer. Stumm, fast inkognito saß sie in Versammlungen des Demokratischen Aufbruchs, wo endlich laut geträumt werden durfte – und schwieg. Wer sie später als Putschistin im Kohl-Imperium West-CDU erlebte, konnte das eine mit dem anderen nie zusammenbringen. Beim Demokratischen Aufbruch schließt sie Computer an, statt Reden zu halten. Sie geht, als diese Arbeit getan ist. Und sie bleibt, aber auf besseren Plätzen, ganz unauffällig, aber immer sichtbarer. Als sie stellvertretende Regierungssprecherin in der ersten frei gewählten DDR-Regierung wird, schreibt sie: «Nach kurzem Überlegen und Rücksprache mit meinem Vorsitzenden nehme ich das Angebot, stellvertretender Regierungssprecher werden zu können, dankend und gerne an. 9. April 1990, 20 Uhr.»[3] Ihre Schrift ist «rund und mädchenhaft», aber den Posten strebt sie in der männlichen Form an: «stellvertretender Regierungssprecher», schreibt sie. Zufall? Bei Angela Merkel kaum.

Ein Jahr vorher noch saß sie «schweigend und skeptisch in der Ecke», erzählt einer der Wortführer des Aufbruchs, Andreas Apelt. Die kommt nie mehr wieder, dachte er damals. «Ich war Beobachterin», sagt Angela Merkel über den Herbst 1989. «Das war nicht meine Sache, so kurz vor Toresschluss noch abzuhauen.» Sie sagt «Toresschluss», wo es für Millionen Deutsche um Tor-Öffnung geht.Keiner fragt nach, welches Tor sie zuschlagen sieht. Es ist die Ostperspektive der kühlen Beobachterin: Toresschluss für das Experiment des Sozialismus. Was die offenen Tore taugen, wird man sehen. Schon im September 1989 hatte Angela Merkel schweigend in einer Aufbruchsdiskussion gesessen, die im Haus ihres Vaters stattfand. Christopher Frey, Gastprofessor aus Bochum und Theo-

3   Zu den Details des Vorgangs vgl. Alexander Osang, a. a. O., S. 68.

14

loge wie Angelas Vater, «war erstaunt, wie jung sie wirkte und wie unpolitisch». Sie «habe sich überhaupt nicht am Gespräch beteiligt», so Frey.

Heute, sagt Christopher Frey 2009, sehe er das «als strategisches Vorgehen. (…) Sie habe gewartet.» Dem widerspricht freilich eine andere Beobachtung, von der Frey berichtet: «Als die Männer einmal nackt in einen uckermärkischen See sprangen, habe sie seiner Frau anvertraut: Am meisten störe sie an der DDR, dass es keinen anständigen Joghurt gebe.»[4]

Die Versuchung, nachträglich eine Strategie zu wittern, ist groß. Es ist die Trittsicherheit einer Somnambulen, der wir beim langsamen Erwachen zusehen. Triviales mischt sich mit Ahnungen, wie sie das Publikum berauschen, wenn sich der Bühnenvorhang öffnet und exotische Landschaften freigibt. Und der Trainingserfolg des totalitären Systems bot die Tarnkappe für die kluge Schlafwandlerin Angela: entdecken und schweigen. Niemals sich selbst verraten durch Gefühlsausbrüche. So taumelt die erwachende Tochter des übermächtigen Systems schweigend von Entdeckung zu Entdeckung, ohne auch nur sich selbst den innen aufflammenden Karrieredurst zu gestehen. Schweigen ist Gold; was du gesagt hast, kannst du nie zurückholen, und potentiell jeder ist ein Verräter – dieses Wissen begleitet die Kanzlerin heute noch. Es ist nicht Strategie, sondern Trauma.

Die Geisterfahrt im perfekten Tarnkleid macht jedenfalls die meisten Mitspieler arglos. Angela lässt sich nicht mitreißen, sie hält keine flammenden Reden, setzt sich nirgends an die Spitze, wie ihre männlichen Bekannten. Sie wartet, wie sich die Dinge entwickeln. «Ich konnte mich nicht aufraffen, bei den Bürgerbewegungen mitzumachen», sagt sie. Dennoch ist sie auf Testfahrt, wortkarg auch gegen sich selbst. Nur keine Bekenntnisse, von denen man später abrücken muss. Nicht berechenbar werden. Und doch ist es fast ein Bekenntnis, was ihr Christopher Frey noch entlocken kann: Auf jeden Fall müsse man es im Osten ganz anders machen als in seiner Bundesrepublik.[5] Das ist 1989. Sie hat einen

---

4   Alexander Osang, a. a. O., S. 57.
5   Ebenda.

Fuß im einen, den andern im anderen Deutschland. An welches sie glauben soll, ist Ziel der Testfahrten auf dem umgepflügten Wendeacker.

«Ich war ja nie unpolitisch», sagt die Kanzlerin 2009, «ich war aber lange nicht politisch aktiv.»[6]

Eine feine Unterscheidung: Tarnkleid bei der Annäherung an die Macht. DDR-Zeit ist Wartezeit. Sie lernt mit ihrem Bruder Hauptstädte auswendig, eine virtuelle Weltreisende im Wartestand. Mit allen Wassern der Unfreiheit gewaschen, leistet sie sich nicht mal eine Vision. Sie geht auf Tauchstation und sammelt dabei beachtliche Reserven, die sie erst einmal selbst kennenlernen muss, während die andern schon im Wendefieber auf den Straßen skandieren: «Wir sind das Volk!» Merkel ist sich da noch nicht so sicher. So rasant ihr Aufstieg ausfällt, so zaghaft tastet sie sich in die Fieberzone vor. Sie weiß wirklich nicht, wer sie ist und was sie kann. Sie habe gelernt, zwischen den Zeilen zu lesen, wird sie später einmal sagen; bei eigenen Schlagzeilen sei sie schwächer.[7] In den knirschenden Fugen der Systeme war sie unterwegs, das zeigt ihr Bewegungsprofil im Wende-Deutschland.

Sie ist als Testfahrerin unterwegs, im kreidegrauen Tarnanzug, *No name* ohne Konturen und ohne Lack, ohne Label. Erlkönigin, würden die Autobauer sagen.

Sie schaut überall mal vorbei, anonym und wie zufällig. Suchbewegungen in den Übergangszirkeln der Aufgeregten und Träumer, der Kurzentschlossenen und der Zweifler, der heimwehkranken Therapeuten des Sozialismus. Sie schwimmt unerkannt herum, weicht zurück vor Pathos und Leidenschaft in der Berliner Bürgerbewegung: «… das war ihr alles viel zu schwärmerisch, zu pazifistisch, zu links».[8]

Als das Tor nicht zugefallen, sondern aufgebrochen war, schaute sie auch bei der SPD vorbei. Ihr Urteil: «zu fertig, zu eingefahren, zu langweilig».[9] Beim Demokratischen Aufbruch landete sie wie eine Schlafwandlerin. Es war Ende Dezember 1989, sie wusste nicht, wie sie dorthin

---

6 Alexander Osang, a. a. O., S. 57.
7 Tina Hildebrandt, Der *Spiegel* 22 1999, S. 44.
8 Alexander Osang, a. a. O., S. 61.
9 Ebenda.

gekommen war, Marienburger Straße 12, aber «das Chaos gefiel ihr», so erinnert sie sich. Wer sie dort sitzen sah, «schweigend und skeptisch», erfuhr davon aber nichts. Eine Meisterin der getarnten Testläufe machte Station.«Ich fand die wabernde politische Lage da spannend», sagt sie 2009. «Die waren nicht so entschieden links. (…) Das ganze Procedere war nicht so furchtbar basisdemokratisch, es war bodenständiger.»[10]

Kühlen Herzens wechselt sie die Bühnen, auf denen die Männer der Ersten Stunde bereits ihre Halbwertzeit erreichen: Wolfgang Schnur, Chef des Demokratischen Aufbruchs, Michael Diestel, Günther Krause – sie alle geraten von der *Winner-* auf die *Loser*-Seite.

Angela Merkel, als blauäugiges Unschuldslamm gestartet, mutiert zur Wölfin, ohne dass die Männer es spüren. Sie beobachten nicht, aber sie werden beobachtet. Die Wölfin schult ihre Sinne. Sie weiß, dass die Männer sie nicht freiwillig ins Rudel aufnehmen werden, und sie kennt den Preis, der die Männer dazu zwingen wird : Sie wird das Rudel führen. Sie hat keine andere Wahl.

Angela Merkel spielt alle weiblichen Vorteile aus: kritische Distanz zu Ritualen, Respektlosigkeit vor Regelwerken, in denen Männer ihre Status-Rivalitäten austragen. Sie verstrickt sich nicht in Loyalitäten, das bringt ihr in beiden deutschen Szenarien der Revolution unerhörte Privilegien: Niemand legt ihr eine bleischwere Hand auf die Schulter, um sie an Schwüre zu erinnern, wie es jetzt Männer mit Männern tun. Jeder zweifelt, ob sie lange bleibt, wenn sie kommt. Da sie schweigt, entstehen keine Missverständnisse; sie hat sich nirgends verpflichtet.

Zufassen wird sie erst, wenn ihr eben erwachter Machthunger ihr sagt: Beute machen! Dafür wird sie jeden Regelbruch riskieren, mit einer Radikalität, wie es nur Frauen tun. Sehr bald weiß sie: Sie kann Männer stürzen, die von Männern nicht gestürzt werden. Sie wird profitieren von den Loyalitäten der Männer mit Männern. Sie wird das Rudel erschrecken und aufspalten.

Schon die Schlafwandlerin der Wendezeit meidet bindende Versprechen. Sie liefert auch keine Bekenntnisse ab. «Angela hat sich die Glau-

---

10   Ebenda, S. 64.

benskämpfe gespart», sagt Rainer Eppelmann, Mitbegründer des Demokratischen Aufbruchs und Multiminister in beiden Regierungen der
Wendejahre. Aus seiner eigenen politischen Karriere lässt sich der kritische Grundton des Urteils nicht erklären, den er zu Angela Merkels
Wendebilanz anschlägt: «Sie gehörte nicht zu den ersten 500, nicht zu
den ersten 5000, nicht zu den 50 000, nicht mal zu den 2 Millionen, die
vor dem 9.November auf der Straße waren. (…) Ich weiß nicht, ob Angela und Thierse den Druck ausgehalten hätten, den wir aushalten
mussten.»[11]

Wäre Angela Merkel nicht eine Schweigerin, würde sie fragen:
«Musstet Ihr? – Oder wolltet Ihr es auch so?» Aber sie schweigt. Ihr ist es
wichtig, nie mehr Opfer zu werden. Aushalten, wie Eppelmann es schildert, heißt Opfer sein. Auch Werte rechtfertigen nicht Opferrollen, das
ist Angela Merkels Folgerung aus den DDR-Kapiteln ihres Lebens.

Damit ist sie weit von Eppelmann und den zwei Millionen entfernt.
Und Eppelmann spürt das.

Erfolgsgeheimnis: Bindungslosigkeit

Schon damals zeigte sich ein Motiv, das Angela Merkel auf ihrem politischen Weg begleitet: Die Überzeugungstäter bleiben zurück, sie geraten
in die Opferrolle. Einige ihrer Weggefährten aus der DDR-Zeit haben das
mit Selbstironie oder Resignation bestätigt, je nach Naturell. Matthias
Gehler, der sie zur stellvertretenden Regierungssprecherin machte und
immerhin ihr Chef war, kapitulierte bald nach ihrer Ernennung. «Die ef-
fiziente, direkte Art seiner Stellvertreterin zeigte seine Schwächen»,
schreibt Alexander Osang.[12]

So wird das immer wieder ablaufen: Wo Merkel auftaucht, werden
andere überflüssig. Das Überholmanöver hat viele Varianten, und es ist
ein Gesetz von Revolutionen: Die Ersten werden die Letzten sein. Eppel-

11   Alexander Osang, a. a. O., S. 64.
12   Ebenda, S. 68.

18

manns Kränkung beruht auf dieser bitteren Erkenntnis: Da zieht eine an allen vorbei, die deren Ängste und Risiken nicht geteilt, sondern nur «beobachtet» hat, wie sie kämpften. Sie schwingt keine Fahne, springt nicht auf Barrikaden, rüttelt nicht an Toren. Warum auch «so kurz vor Toresschluss»? Wenn das Tor zur sozialistischen Illusion sich schließt, wird ein anderes sich öffnen, und da wird sie hindurchschwimmen, wieder ohne Schlachtruf, aber wachsam: Wo lohnt es sich, am anderen Ufer an Land zu gehen?

Merkels Erfolgsgeheimnis ist, so sonderbar das klingt, ihre Distanz zu allen Verbindlichkeiten, hier wie dort. Aufstieg in Umbrüchen kennt zwei Kraftquellen: Vision und Bindungslosigkeit. Selten finden sich beide in einer Person. Merkels Überlegenheit im Chaos der Wende war ihre Bindungslosigkeit. Von Visionären der untergehenden DDR umgeben, von Visionären des Westens empfangen, blieb sie das Unikat ohne Bekenntnis. Auch wo sie sich den Melodien der Einigungschöre anpasste, fiel ihr Auftritt abwartend aus: eine Sphinx, die sich sichtlich langweilte, wenn die Revolutionäre sich im Palaver Mut zusprachen.

Bindungslosigkeit in Wendezeiten, Erwachen aus Schutzhaltungen, die einem Winterschlaf in unwirtlichen Klimazonen gleichen, wären nur eine kurze Beobachtung wert, wäre da nicht eine Linie in die Zukunft der bindungslos Erwachenden, die in Angela Merkels politische Zukunft weist: Da wird ihre Bindungslosigkeit zur Führungsqualifikation, und ihre Neigung, als Beobachterin von Politik ein lösungsfreundliches Klima abzuwarten, um sich unter die Entscheider zu mischen, schützt sie vor jener Dauerkritik, die den Täter begleitet.

Ein Paradox wird sichtbar: Der selbstschützende Rückzug aus unwirtlichen Lebensumständen – Formel ‹Winterschlaf› – und seine logische Schwester, die Bindungslosigkeit nach dem Erwachen, werden zu Erfolgsgaranten für eine politische Karriere, die bis an die Spitze des Staates führt. Da dieser Staat eine Demokratie ist, mit Traditionen, die Bindung liefern, mit Rechtsnormen und Werten, erscheint Bindungslosigkeit nicht auf den ersten Blick als Führungsqualifikation – es sei denn, man bescheinigt diesem Staat ein Zuviel an überholten Traditionen, Normen und Werten.

Die junge Angela Merkel betritt die politische Bühne mit Stärken, die viele Demokraten erschrocken als Schwächen beschreiben: Relativismus, Indifferenz in Wertefragen, moralisches Desinteresse, Verzicht auf Bekenntnisse.

Die Winterschläferin hat ihre Lektion gelernt: Alles ist relativ. Alles ist vorläufig. Alles ist reversibel. Auch Werte sind relativ, so die Lektion. Wer sich an Werte bindet, kann auf der *Loser*-Seite landen. Misstrauen ist gut, weil auch die andern misstrauisch sind. Unberechenbarkeit ist gut, so lernte die Schweigerin, sie schützt vor allen, die uns ausrechnen wollen, um uns zu beherrschen.

Es ist ein Antiwerte-Kanon, den wir in der Lektion lesen, die Angela Merkel in ihrem Schutzschlaf als Abgetauchte gelernt hat.

Wenn es ein Antiwerte-Kanon ist – was macht sie dann überlegen im politischen System des geeinten Deutschland? Kein Pathos! Keine Versprechen! Grenzenlose Flexibilität! Merkels Qualifikationsprofil ist so neu, so exotisch, dass jedes *Déjà-vu* ausblieb. Das hatte noch niemand gesehen. Also konnte es keinen Bestand haben – so die geschockten Kollegen.

Revolutionslandschaften sind wie Lava, die mit ihren Glutströmen neue Konturen formt. Was gestern war, ist nicht mehr lesbar, und davon zu berichten fehlt die Zeit. Die Lava überflutet auch alte Versammlungsorte, an denen sich die bindungsfreudigen Kämpfer trafen. Leere Büros der Aufbruchstrupps wecken Wehmut. Wer jetzt ohne Bindung unterwegs ist, fühlt keinen Schmerz. Die «Beobachterin» Merkel ist damit auch ihren schmerzbeladenen Kollegen voraus: Christopher Frey, der Theologe aus Bochum, bemerkte «keine Regung» bei Angela Merkel, als sie am 24. September des Jahres 1989 mit anderen in der Kirche saßen und der Pfarrer seine Predigt mit den Worten begann:«Israel ist 40 Jahre durch die Wüste gewandert.» Bewegung und Raunen ging durch die Reihen, weil die Menschen an die 40 DDR-Jahre dachten. Merkel reagierte nicht.[13]

Wer das Aufstiegsparadox der Angela Merkel verstehen will, der sollte bei ihren Startqualifikationen anfangen. ‹Nicht lesbar sein›, wie in

---

13   Vgl. Alexander Osang, a. a. O., S. 69.

der Kirchenszene gezeigt, ist eine der Lektionen, die sie gelernt hat. Wer sie vom ersten Wendejahr an umherstreifen sieht in den vulkanischen Landschaften der Wende, der erkennt von Anfang an das Fazit, dem sie fortan folgen wird: Macht ist besser als Ohnmacht – in jedem System. Deshalb lautet die Erfolgsformel für Merkels Weg: *No commitment*. Nur wer ohne Anhänglichkeiten unterwegs ist, kann an allen vorbeiziehen. Die Macht als Gesetzgeber des eigenen Handelns ist ein besserer Erfolgsgarant als Werte und Prinzipien, so Merkels Lektion. Weil das Motto einfach ist, erlaubt es Konsequenz und Schnelligkeit. Der Senkrechtstart von Angela Merkel hat damit zu tun, dass in ihrem Kopf und Herzen wenig Störfeuer war, das ihre Erkenntnis hätte durchkreuzen können: Macht ist besser als Ohnmacht. Immer und in allen Systemen. Das Geheimnis des Zugangs lautet: *No commitment*. Keine Bindung. Keine Verpflichtung.

Fünfzehn Jahre wird es dauern, bis Merkels Motto Schritt für Schritt Parteidoktrin wird. Regierungshandeln wird zum Umbauprogramm. Merkels Lektion wird Staatsräson: *No commitment*.

Warum ist eine bindungslose Führungspersönlichkeit in der demokratischen Gesellschaft erfolgreich? Ist sie erfolgreich trotz oder wegen ihrer Bindungslosigkeit? Hat ihr Auftritt mit der Kraft, auch Werte und ethische Standards zu relativieren, konstruktive Wirkungen, die den Verlust übertreffen, den viele Demokraten empfinden?

«Unter den Verhältnissen des Westens», so Merkel, wäre sie wohl nicht Politikerin geworden. Gern wüssten wir, was sie mit den «Verhältnissen» des Westens meint. Spricht sie mit diesem Satz von einem Sendungsbewusstsein, das sie als Systemfremde mitbringt? Wir wissen es nicht. Jedenfalls verfolgt sie nach ihren «Beobachter»-Streifzügen ein konsequentes Karrieremanagement.

Noch ehe ein Jahr nach dem 9. November 1989 vergangen ist, bittet sie einen Kollegen aus ihrem DDR-Leben um Vermittlung: Sie möchte Helmut Kohl vorgestellt werden. Es ist die letzte Ausschusssitzung des Demokratischen Aufbruchs, am 31. August 1990, als sie den Chemiker Hans Geisler aus Dresden um eine Gefälligkeit bittet. Geisler ist Kandidat für den CDU-Vorstand und erfüllt ihre Bitte gern. Sie möchte am

Vorabend des CDU-Parteitags in Hamburg dem Bundeskanzler vorgestellt werden. Ihr Timing zeigt, dass sie nun ein Konzept für ihre Karriere hat. Der Vorabend des Parteitags ist zugleich Vorabend der Deutschen Wiedervereinigung. An diesem 2. Oktober 1990 wird Angela Merkel dem Übervater der CDU vorgestellt, jener Partei, bei der sie eher zufällig gelandet ist, nachdem der Demokratische Aufbruch von der CDU verschluckt wurde.[14]

Er wird sie «Mädchen» nennen, ohne zu ahnen, dass sie längst eine Aspirantin auf seinen Platz ist, ohne das bleischwere Marschgepäck einer Traditionspartei. Verschiedener könnten die beiden nicht sein, der Schwarze Riese und das Mädchen. Dass hier Welten aufeinandertreffen, weiß Merkel wahrscheinlich besser als Kohl.

Eines, an das beide in diesem Moment sicher nicht denken, verbindet sie: Kohl, der Kanzler, hat soeben die Geistesgegenwart bewiesen, den «Mantel der Geschichte», der plötzlich vorbeirauschte, zu ergreifen. Und sie, das Mädchen Angela, hat genau das auch getan: den Mantel der Geschichte, ehe er vorüberglitt, zu ergreifen.

Was der Kanzler nicht weiß: Das Mädchen ist gefährlich. Sie wird es sein, die seinen zögernden Söhnen den Vatermord abnimmt.

Das Rudel in Deckung – Das Mädchen als Vollstreckerin

«Sie hat die Macht, die andere zurückgelassen haben, einfach aufgehoben», sagt Ehrhart Neubert, Mitbegründer des Demokratischen Aufbruchs.[15]

Angela Merkel legt zwischen 1990 und 1999 einen rasanten Aufstieg hin. Sukzessive Ämterhäufung könnte man das nennen. Das Tempo des Wandels ist der Taktgeber. Ihr Gefühl für den *kairos*, den Helmut Kohl gern den «Mantel der Geschichte» nannte, ist verblüffend. Noch scheint sie mit Kompass unterwegs; zumindest beim eigenen Karrieremanage-

14 Vgl. dazu Alexander Osang, a. a. O., S. 69.
15 Vgl. dazu Matthias Geyer, «Angela rennt», *Der Spiegel* 45, 2002, S. 50, auch *Spiegel special* 4, 2005, S. 30 unter dem Titel «Die Fremde».

ment. Betörend rechtzeitig ihr Wunsch, dem Kanzler vorgestellt zu werden. Und erstaunlich sinngeladen das Datum der ersten Begegnung: Am gleichen 2. Oktober haben sich Ost- und West-CDU zusammengeschlossen, abends trifft das «Mädchen» den Kanzler, am nächsten Morgen dämmert der Tag der Deutschen Einheit herauf.

Zwei Monate später gewinnen CDU und FDP die erste gesamtdeutsche Bundestagswahl mit 53,8 Prozent der Stimmen. Es ist der 2. Dezember 1991. Sechs Wochen später wird Angela Merkel Bundesministerin für Frauen und Jugend; im Herbst des Jahres löst sie Lothar de Maizière als stellvertretende Parteivorzitzende ab. Die Veteranen der Revolution gehen, Angela Merkel bleibt. Die Amterhäufung gewinnt an Fahrt: 1992/93 Vorsitzende des Evangelischen Arbeitskreises der CDU/CSU, Juni 93 Landesvorsitzende der CDU in Mecklenburg-Vorpommern, 94 Bundesministerin für Umwelt, Naturschutz und Reaktorsicherheit, 95 Präsidentin der Klimakonferenz der Vereinten Nationen in Berlin.

Im September 1998 verliert die Regierung die Wahl. Am 7. November wird Angela Merkel Generalsekretärin der CDU. Ende Dezember heiratet sie in zweiter Ehe den Chemieprofesor Joachim Sauer.

Die konventionellen Kapitel dieser Startgeschichte sind damit zu Ende. Anpassung ist erkennbar, aber die Lunte brennt: Am Horizont steht die düstere Wolke der Spendenaffäre.

Das inzwischen sehr ausgeschlafene «Mädchen» sieht das Morgenrot ihres größten Coups heraufziehen: das Vakuum an der Spitze.

Schon nach ihrer Wahl zur Generalsekretärin im November 1998 setzt Merkel ein Zeichen der Distanz zum Vorsitzenden: Nicht «Sicherheit statt Risiko» soll der Parteislogan heißen, sondern «Risiko statt falscher Sicherheit». Niemand kam damals auf den Gedanken, dass hier ein neuer Antiwerte-Kanon in die Testphase ging: Wer Sicherheit sucht, wird aufgeschreckt: Sicherheit kann «falsch» sein. Wer Risiko meiden möchte, der lernt: Risiko ist unser Versprechen. Fazit: Risiko ist richtig, Sicherheit ist falsch. Als Botschaft an die Wahlbürger ein ziemlich ungewohntes Versprechen.

Merkels Ziel ist die «Modernisierung» der Partei. Die CDU soll zur «modernsten Volkspartei Europas» werden. Die Presse beobachtet: Merkel profitiert davon, dass sie unterschätzt wird. Das könnte sie mit Kohl verbinden, der gern in pfälzisch gefärbtem Hochdeutsch sagte: «Ich profitiere ja davon, dass ich unterschätzt werde.» Beobachter im Jahr 1999 meinen, die Generalsekretärin sei zu leicht lesbar: Langeweile, Ärger oder Freude seien in ihrem Mienenspiel zu leicht ablesbar. Sie weiß das – und sie wird auch diese Lektion schnell lernen: schwer lesbar werden.

Christian Wulff, der – ein absolutes Novum – ab Dezember 2011 eine Kampfpräsidentschaft praktizieren wird, taucht in Merkels Vita regelmäßig mit positiven Kommentaren auf. Von 2012 aus betrachtet, klingen sie wie Vorauszahlungen in ein Präsidentenschutzprogramm, das alle Merkmale dessen trägt, was Wulff generell als «Freundschaft» bezeichnet.

Im Dezember des Jahres 99 verdichten sich die Mutmaßungen über einen «Königsmord» am Ehrenvorsitzenden Helmut Kohl. *Spiegel Online* titelt: «Dolch im Gewand». Obwohl sie bereits «Die Rächerin der CDU» genannt wird, zeigt die Generalsekretärin nach außen Gelassenheit: «Ich nehme das Leben, wie es ist.» Mit dem Bundesvorsitzenden Schäuble arbeite sie «super Hand in Hand».[16]

«Beide leben mit dem Dilemma von Loyalität und Verantwortung», meint der *Spiegel Online*-Autor Markus Deggerich. Aber er fügt hinzu: «Merkel scheint dabei noch eher als Schäuble bereit zum Königsmord.» Nach außen plädiert sie für «Gründlichkeit vor Schnelligkeit» bei der Prüfung der Geldströme auf den Spendenkonten. Wieder ist es Christian Wulff, Parteichef in Niedersachsen, der Merkel unterstützt. *Spiegel Online* kommentiert: «Langfristig nutzt es ihm mehr, sich jetzt als Saubermann, der auf gründliche Aufklärung drängt, darzustellen.»[17] Merkel glaubt, Zeitdruck zu spüren, und gewinnt zugleich den Eindruck, dass sich die Idealfigur für den Bruch mit Kohl finden lasst: ein Wegbegleiter, der in der CDU kein Amt mehr hat. Die Männer weichen aus.

Merkel spürt, dass Abwarten nun von Tag zu Tag gefährlicher wird. Der MDR-Hörfunkdirektor Johann Michael Möller erinnert sich an einen

16 Zitate entnommen aus: Markus Deggerich, www.spiegel.de, 10. Dezember 1999.
17 Ebenda.

heftigen Wortwechsel zwischen CDU-Spitzenleuten, in dem Angela Merkel sagte: «Wir müssen jetzt handeln, sonst reißt der Alte die ganze Partei mit hinab.»[18] Drei Tage später, am 22. Dezember 1999, trat Merkel selbst als Vollstreckerin auf. Sie stürzte ihre männlichen Kollegen in ein Wechselbad der Gefühle.

Am 22. Dezember 1999 wird der Bruch vollzogen. Es ist die Generalsekretärin selbst, die den eher umständlich geführten Dolchstoß mit ihrem Namen zeichnet.[19] Wer ihr Ghostwriter war, ist bis heute nicht bekannt. Merkel-Rhetorik ist der Artikel nicht. Dennoch war es den Mitspielern offenbar wichtig, dass der mächtige Vorsitzende und Kanzler der Deutschen Einheit aus dem Kreis seiner Jünger gestürzt wurde. Dass es die Söhne sind, die den Vater wegräumen, ist uns schon aus dem Mythos vertraut. Dort freilich wütet auch Chronos, der seine Söhne verschlingt, damit sie ihm nicht nach dem Leben trachten können. Er verschluckt auch seine Tochter, die kuhäugige Hera, die er wieder ausspeit. Dass sie es gewesen wäre, die den Vater Chronos ermordet, wird freilich im Mythos nicht berichtet.

Kohls politische Söhne weigern sich, den mächtigen Ehrenvorsitzenden abzuräumen. Mit ihrem Ausweichen vor dem quälenden Zwiespalt aus Dankbarkeit und Feigheit beginnt der lange Geleitzug der Männer, die nie beide Hände aus den Taschen nehmen können – weil eine immer zur Faust geballt ist –, sie würden sonst von Reue und Scham zerrissen werden. Dieser Geleitzug wird die Kanzlerin Merkel auf ihrem Weg begleiten, denn auch sie gibt dem Zwiespalt Nahrung: Gehorsam bei Hofe oder Mut vor Königsthronen.

Dieser Mut fehlte auch ihr, der Generalsekretärin, die der Partei und den Bürgern mit geschlossenem Visier über die Medien ihre Botschaft vermittelte. Deren Kühnheit mochte das Medium preisen, das ihr den roten Teppich auslegte; aber kühn wäre dieser Auftritt gewesen, wenn sie, wie Kohl und Genscher, unter offenem Himmel zu den Tausenden

---

18 Vgl. *Christ und Welt* Nr. 36, 2011.
19 Der Artikel mit dem Titel «Die von Helmut Kohl eingeräumten Vorgänge haben der Partei Schaden zugefügt» erschien am 22. Dezember 1999 in der *FAZ*. Der genaue Wortlaut wird auf S. 277ff. wiedergegeben.

geredet hätte, die sich schnell versammelt hätten, wenn eine Ankündigung über Agenturen getickert wäre. Sie hätte ja nicht lauten müssen: ‹Der König ist tot, es lebe die Königin›, sondern: ‹Die Generalsekretärin der CDU möchte zu den Parteimitgliedern und allen Bürgern sprechen. Es geht um Deutschlands Zukunft›.

Eine so schrille Botschaft, in Seidenpapier gehüllt und mit dem Styropor simulierten Mitgefühls verpackt, sozusagen *in absentia*, in Abwesenheit, in die Republik sickern zu lassen, entspricht Merkels Neigung, *undercover* als Testfahrerin unterwegs zu sein. Das neue Produkt im Großlabor Deutschland mit gestylter Sprache unter die Leute zu bringen, die das Authentische der Sprecherin mit wasserdichten Sprachbausteinen vernichtet, zeugt von wenig Respekt vor allen, um die es geht: dem Kanzler, seinen Getreuen und den Menschen im wiedervereinigten Deutschland.

Wer führt der Täterin die Hand?

Merkel ist nicht als Heldin gekommen. Sie hat die Helden der Revolution hinter sich gelassen. Auf dem neuen, dem gesamtdeutschen Terrain wird sie die beiden Haupthelden hinter sich lassen: Helmut Kohl, den Kanzler der Einheit, und Wolfgang Schäuble, seinen Kronprinz.

Der Schuss aus der Deckung, mit dem sie Kohl degradiert, braucht den Schalldämpfer der Agentursprache, weil Themen transportiert werden sollen, die Kohls Sturz ethisch begründen. Die Argumente sollen schlüssig vernichtend ausfallen für beide Szenarien: die Helden der Revolution und die zerrissenen Kohl-Anhänger und Kohl-Feinde im Westen. Das Sujet liegt Angela Merkel nicht. Ihr eigenes Ziel, Häuserkampf auf der Straße zur Macht, muss ja inkognito bleiben. Schon wegen dieser komplizierten Beweislage musste die Sprache experimentell erstarren: Verständnis in alle Richtungen, aber Unerbittlichkeit und Endgültigkeit.

Dass der Gestürzte seine Ehre höher gestellt hatte als die Parteiräson und die Gesetze, konnte spielend übergangen werden. Wer darüber nachdächte, könnte in Kohls Prioritäten gleichfalls einen revolutionären

Zug entdecken. Merkel dürfte freilich auf keinen Fall die Entdeckerin sein, denn viele Linien führen von dieser Herrschaftswillkür in der Rangordnung der Werte zu ihrem eigenen Umgang mit Ehre, Recht und Werten – den die Zeugen ihrer Amtsführung erst später kennenlernen werden.

Kohl zu stürzen, ist also für die junge Leitwölfin einerseits leichter, andererseits schwerer, als es für seine unentschlossenen Söhne gewesen wäre. Leichter, weil sie ihre ‹Mädchen›-Rolle längst als ein Missverständnis begriffen hatte und ihre Karriere an sein Abrücken gebunden sah. Schwerer, weil sie Auftrittsort und Sprachkostüm ausleihen musste, um möglichst viele Zuhörer zu überzeugen. Niemand wird die *FAZ* als Merkels journalistische Heimat bezeichnen wollen. Aber die Helfer, Anreger und/oder Ghostwriter für die finale Attacke kamen von dort. «Auch du, meine Tochter Angela?» hätte der Überfallene sagen können.

In einem Gespräch wenige Wochen nach dem Schuss aus der Deckung sagte Kohl im Gespräch mit mir nachdenklich und leise: «Meine Mutter hat mir immer gesagt, dass die Hand, mit der man jemanden streichelt, eines Tages gebissen wird …»

Die Textregie von außen hat einige Schlüsselbegriffe in das *FAZ*-Requiem für Helmut Kohl eingebaut, die in Merkels Regierungszeit nicht wiederkehren. «Die Partei hat eine Seele», steht da. Im Christentum gibt es verschiedene Annahmen, was aus der Seele der Menschen wird, wenn ihr irdisches Wirken endet. Für Organisationen wie Parteien finden wir dort keine Antwort auf die Frage, ob die «Seele der Partei» mit Kohl ins Off gegangen sei, oder ob sie sich nur versteckt hält, bis die Zeiten wieder seelenfreundlicher werden.

Schwieriger ist es mit der Formel vom «wahren Fundament», weil jedes Beispiel fehlt, was darunter zu verstehen sei. Fragen ergeben sich: Hatte die CDU einmal ein «wahres Fundament»? Wird sie es wieder haben, und dann eher ohne als mit Kohl?

Die Partei müsse «aus dem Schussfeld geraten», steht da, und wir vergleichen: «Ins Schussfeld geraten» ist das, was wir kennen. Man will dort nicht sein, und plötzlich gerät man hinein. Aus dem Schuss herausgeraten, also eher zufällig und vielleicht sogar ungewollt, das scheint eher ein verrutschtes Bild beim kollektiven Textbau zu sein. Für eine Aufmerksamkeitslücke der Ghostwriter spricht auch der Schluss jenes Schussfeldsatzes. Die Bedrohten geraten heraus aus dem Schussfeld der Heuchler, die aufgebrochen sind, um «die CDU Deutschland kaputtzumachen». Das ist Volkston statt Kammerton, und zwar ganz plötzlich. Vielleicht waren die *Haute Couture*-Sprachdesigner in der Pause, und die paar Wortsplitter im Pofalla-Merkel-Ton rutschten dazwischen.

Der Klassiker unter den sloganfähigen Sätzen des Artikels fällt am nächsten Tag, dem 23. Dezember, und schon am Abend des 22. melden Presse und Bildmedien: «Die Partei muss also laufen lernen.» Um dem Missverständnis vorzubeugen, es könne sich um ein Fitnessprogramm handeln, wird das Laufbild komplettiert: «Sie [die Partei] muss sich wie jemand in der Pubertät von zu Hause lösen ...» Das heißt immerhin, die CDU sei unter Helmut Kohl in einer Kindheit steckengeblieben, die nun eilends beendet werden müsse. Pubertät auf Zuruf oder Verordnung ist natürlich ein Unding – zumal bei einer Sechzigjährigen. Charme hat das Beispiel deshalb, weil hier, zumindest virtuell, eine spricht, die vor nicht allzulanger Zeit selbst politisch «laufen gelernt» hat. Dass Kohl sie gönnerhaft zurückstufte, als er zuließ, dass sie «sein Mädchen» genannt wurde, mag zu dieser Idee beigetragen haben. Merkel freilich hatte ihre politische Pubertät glatt übersprungen. Das traut sie der Kohl-Partei nicht zu.

Man muss sich nicht wundern, dass die Männer in der CDU die Aufforderung zum «Laufenlernen» dreist und das Pubertätsbeispiel anmaßend fanden. Immerhin hatte ihnen die Karrieristin aus Anderland den Weg freigeschaufelt, den keiner von ihnen als Wegweiser hätte zeigen wollen. Wer von ihnen am *Coming-out* von Merkel in der *FAZ* beteiligt war, bleibt unseren Vermutungen überlassen.

Angela Merkel wird 1999 Parallelen wahrgenommen haben, denen sie sich nicht bewusst stellen durfte, wenn sie handlungsfähig bleiben wollte. Ein *Déjà-vu* ließ die Szenarien ineinanderfließen: das autoritäre System, aus dem sie kam, und die autoritätsgeladene Übermacht des Kanzlers in den Köpfen seiner männlichen Vasallen.

Täterprofil: Zwei-Väter-Tochter

Der Chefarzt der Klinik für Psychotherapie in Halle, Hans-Joachim Maaz, Autor des Buches *Der Gefühlsstau: ein Psychogramm der DDR*,[20] erkennt in Merkels Rächer-Rolle ein zwangsläufiges Muster: «Herausragende Führungsqualitäten und visionäre Kraft sind nicht die Kompetenzen, die ihre Karriere erklären können. (…) Ganz grob gesagt, hat sie die ‹Drecksarbeit› gemacht, sie hat den Mut gezeigt, den ‹Patriarch› in Frage zu stellen, wozu die abhängigen Männer (noch) nicht in der Lage waren. Die Parteifreunde mit kritischen Meinungen waren längst alle ‹weggebissen›, und die Verbliebenen waren durch Ämter und Funktionen ‹eingekauft› worden oder noch zu jung, um die ‹ödipale› Auseinandersetzung schon zu wagen. In der Ära Kohl folgte die Beziehung der Männer auf klassische Weise einem autoritären Modus: Die potentiellen ‹Söhne› wurden weggedrängt oder gingen von selbst, und die Schwachen wurden in Abhängigkeit gebracht und gehalten.»

«Dieses Dilemma konnte nur eine Frau lösen», fährt Maaz fort, «genauer gesagt: eine Vater-Tochter. Kohls Apostrophierung Angela Merkels, die er ‹mein Mädchen› nannte, ist eben weniger eine liebevolle Beziehungsgeste als eine vormundschaftliche Abwertung, die nicht ohne Rache bleiben konnte.» Angela Merkels Bereitschaft, die Autorität Helmut Kohls zu zertrümmern, nachdem er Verfehlungen und Schwächen gezeigt hatte, hat einen noch massiveren Antrieb in ihrer eigenen Geschichte als der Psychotherapeut sieht. Merkel war ja zweifache Vater-Tochter. So wenig wir über das Verhältnis zu ihrem leiblichen Vater Horst Kasner wissen: ihr privates Tochterschicksal begann mit der autoritären Anmaßung des Vaters, seinen Kindern ein Leben in einem autoritären Unrechtsstaat zu verordnen. Vater Kasner sah beim Mauerfall seinen Traum vom reformierten Sozialismus zerrinnen. Die Tochter hatte nach ihrem Physikstudium bei Antritt ihres Arbeitsplatzes in der Akademie der Wissenschaften das Gefühl, nun sei ihr Leben zu Ende.

---

20 Hans-Joachim Maaz, *Der Gefühlsstau : ein Psychogramm der DDR*. Berlin 1990; Neuauflage München 2010.

Es ist anzunehmen, dass der Vater von dieser depressiven Stimmung seiner Tochter nie erfahren hat.

Kaum ist sie dem autoritären System entronnen, meldet sich das Vater-Tochter-Modell erneut: Der übermächtige Vater ist der Regent einer autoritär strukturierten Partei.

Angela Merkel hat also ein doppeltes Motiv, diese Väterwelt zu erledigen. Sie erkennt bald, dass keiner der Söhne den Befreiungsschlag führen wird. Sie spürt die Gefahr für ihre Karriereziele, darum leiht sie sich die Argumente aus der Väterwelt aus: vertraute Motive für die wehmütigen Jünger und zugleich eine zuverlässige Tarnung ihrer eigenen Kernmotive, die ins autoritäre Schema nicht passen. Sie wird der Wertewelt ihrer Vorgänger mit einem Antiwerte-Kanon trotzen, der keinen Stein der Wertepyramide auf dem andern lässt.

Die Tochter schießt aus der Deckung. Sie benutzt die Argumente der Söhne, die sich weiter in einer vertrauten Welt wähnen, aus der nur der mächtige Olympier verstoßen wurde. Die Vater-Tochter hat ganze Arbeit geleistet.

Die Söhne werden nicht vergessen, dass diese Frau ihnen den brutalen Akt des Vatersturzes abgenommen hat. Schuldgefühle mischen sich von nun an mit zähneknirschender Dankbarkeit: eine fatale Mischung, die der Stellvertreterin nun Sieg auf Sieg erlaubt. «Auf keinen Fall darf der Bewerber auf eine politische Machtposition wahrhaftig, ehrlich, internal, offen und persönlich werden. Unsicherheiten, Ängste, Ratlosigkeit – zutiefst und unvermeidbar menschliche Eigenschaften – müssen auf jeden Fall verborgen bleiben ...» Daher, so der Psychotherapeut Maaz weiter, «sind Politiker, die ihre eigenen sehr tief gehenden Unsicherheiten und Kränkungen im Machtstreben hervorragend kompensieren können, die geeigneten Mitspieler».[21] «Misstrauen und Vorsicht als Sozialverhalten (...) waren in der DDR überlebensnotwendige Fähigkeiten. Auf dieser Basis konnte sie Kohl entgegentreten, (...) sich abschotten und wenig Blöße zeigen. Das weibliche Selbstverständnis der Ost-Frau hat sie an die Macht gebracht», meint Maaz, «mit dem Mut und der

21 Hans-Joachim Maaz, *Der Gefühlsstau*, a. a. O., S. 64.

Frechheit gegen den ‹Patriarchen›, der Schwäche zeigte und Fehler machte-und ‹entsorgt› werden musste. Eine Rolle wie geschaffen für eine ‹Vater-Tochter› aus dem Osten.»

«Die konkurrierenden Männer der Partei», so der Psychiater weiter, «konnten sich sicherlich nicht vorstellen, dass sie sich länger an der Macht halten würde. (…) Jedenfalls werden häufig die Systemschwächen und -fehler des Sozialismus auch den Menschen zugesprochen, ohne zu bedenken, dass sie durch Repression, Einschüchterung und Mangel auch besondere Eigenschaften entwickeln, mit denen sie gerade in widrigen Verhältnissen gut und würdig überleben.»[22]

Für Angela Merkel war der Karrieresprung, der ihrem Coup in der *FAZ* folgte, der Garantiebonus, den ihr die Männer nicht verweigern konnten. Die Beißhemmung der männlichen Kollegen, die als Konkurrenten gestartet waren, war ihr für Jahre sicher. Was Merkel getan hatte, war im CDU-Selbstverständnis eigentlich ‹Männerarbeit›. Wer sich bis dahin als männliches Alpha-Tier verstanden hatte, lernte erschrocken eine weibliche Variante von Alpha-Dominanz kennen, die eine schwere Kränkung bedeutete. Hin- und hergerissen zwischen Erleichterung und Demütigung, setzten die stärkeren CDU-Männer nun auf wachsame Distanz. Die schwächeren entschlossen sich bald für gehorsame Bewunderung. Was sich nach dem Sturz des Patriarchen schon früh andeutet, ist ein Muster, das die gesamte Machtkarriere der Angela Merkel begleiten wird: Die Starken gehen, die Schwachen bleiben.[23]

Das ‹Mädchen› als Putschistin – die *Undercover*-Züge in ihrem Politikstil, Ergebnis einer perfekt angewandten Lektion aus ihrer Zeit im autoritären Staat, verhindern bis heute, dass ihr Turbo-Aufstieg in der gesamtdeutschen Politik als autoritärer Griff der «Rächerin» nach der Macht verstanden wird. Die männlichen Bewerber hockten in den Büschen, als sie den Chronos der CDU entmachtete. Die Ohnmacht der Söhne wurde umso peinlicher, da die Tochter aus Anderland voll in die Saiten des CDU-Wertekanons griff: «Die Partei hat eine Seele» – wann

---

22 Ebenda.
23 Siehe dazu S. 147ff.

haben wir das später noch einmal von ihr gehört? Das «wahre Fundament», von dem die Putschistin Angela spricht, klingt so zustimmungsfähig, dass keiner fragt, was damit gemeint sei – und später niemand nachforscht, ob die Aufsteigerin es liefert.

Sie schießt sich frei mit einem Komplettpaket aus Werte-Reminiszenzen, die im Herzen der Traditionspartei CDU lagern. Jetzt niemanden aufschrecken; da läuft auch der absurde Widerspruch glatt durch, mit dem die aufständische Tochter ihre Barrikadenrede abschließt, nachdem sie die «fließende Weiterentwicklung» ungenau genug angekündigt hat: Die Partei werde «sich verändert haben, wenn wir diesen Prozess annehmen» – und für alle, die doch ein wenig erschrecken: «aber sie wird in ihrem Kern noch dieselbe bleiben». Keiner von den Söhnen springt aus dem Versteck und stellt die Revoluzzerin zur Rede: Was denn das Wörtchen «noch» bedeute? Steckt da ein Vorbehalt, gar ein Dementi?

Natürlich steckt es da! Noch, aber nicht mehr lange werde die Partei dieselbe bleiben, nachdem das ‹Mädchen› den Jungs ihre Pubertät bescheinigt hat. Der ‹Kern› wird geknackt. Merkels Anspruch auf eine Kette von Führungsrollen trifft auf günstige Umstände: Die Partei ist in der Opposition, Regierungsämter sind nicht zu haben, aber die Machtspiele können beginnen.

Merkel verblüfft ihre Wettbewerber in der Partei vor allem durch ihren leidenschaftslosen und wertneutralen Umgang mit politischen Angeboten. Sie verhält sich wie eine hochflexible Anbieterin im Markt der Politprodukte: Was nicht läuft, wird vom Markt genommen. Bekenntnisse meidet sie, weil sie Flexibilität kosten. Wer sich in ein Angebot verliebt, wird es nicht rechtzeitig wegsortieren, wenn die Kunden, die Wähler, kein Interesse zeigen. Die CDU-Vorsitzende absolviert regelrechte Testläufe mit Angeboten, die einerseits in der CDU, andererseits bei den Wählern anderer Parteien ein Echo auslösen, das die ‹Produktakzeptanz› widerspiegelt. Die Politik, so Merkels Position, kann dann das Sortiment der Angebote optimieren: Die Lager werden aufgeräumt, umgeräumt, ausgeräumt mit dem Ziel, immer mehr ‹Kunden› hinter dem Angebot der herrschenden politischen Kraft zu versammeln.

Dieses Politmanagement führt, wie wir sehen werden, immer häufiger zu Entscheidungen im Parlament – oder am Parlament vorbei –, denen nur noch eine verschwindende Minderheit, meist am linken Rand, widerspricht. Eine Quasi-Einheitspartei hat so am Ende des ersten Jahrzehnts in Schicksalsfragen mit Verfassungsrang immer öfter über alle Parteigrenzen hinweg für das Regierungskonzept entschieden.[24] Ein gutes Zeichen? Ein Vernunftschub der Parteien in Krisenzeiten? Oder auch ein Verlustsignal : die Agonie des politischen Wettbewerbs in der Demokratie?

Was macht die Exotin überlegen?
Werte-Abstinenz als Waffe

Angela Merkels Aufstieg löste Debatten über die Männer aus, an denen sie vorbeizog, die sie im Vorübergehen entmachtete oder in Positionen mattsetzte. Eine dritte Variante der männlichen Reaktionen auf den Durchmarsch des ‹Mädchens› liefert die flankierende Story zu Merkels Aufstieg und Regentschaft: Es sind die Abschiede dominanter Anwärter auf Positionen, die Angela Merkel durchlaufen, hinter sich gelassen und anschließend wieder freigegeben hat: Generalsekretärin, Fraktionsvorsitzende, Parteivorsitzende und – Stoppschild für alle: Kanzlerin. Keiner von den aufstiegsverdächtigen Alpha-Männern der CDU blieb, um Angelas Abrücken von einer Führungsposition abzuwarten und ihr nachzufolgen. Ihre Nachfolger in allen Aufstiegspositionen wurden «neue» Kandidaten, die vorher unscheinbar oder unsichtbar auf Parlamentsplätzen gesessen hatten: Kauder, Gröhe, Altmaier, Pofalla heißen ihre Favoriten für jene Ämter, die sie selbst absolviert hat oder dank wachsender Machtfülle neu besetzen kann. Keiner von den früheren Aspiranten auf Top-Positionen ist unter ihnen.

Der spektakuläre Machtkampf mit Friedrich Merz wurde zum legendenumwobenen Symbol für das, was man das Merkelsche Gesetz in der Personalpolitik nennen könnte: Die Starken gehen, die Schwachen blei-

24   Siehe dazu S. 78ff.

ben. Ein ganzes Rudel bundespolitisch qualifizierter Ministerpräsidenten verabschiedete sich in Etappen aus dem Alpha-Club der Bewerber für höchste Bundesämter. Top-Manager der politisch dominierten Institute der Finanzindustrie gaben ihre Positionen frei oder kapitulierten, bevor unklare Zusagen zu Absagen wurden, oder weil der politische Druck ihre Verantwortung in der Sache überrollte: Axel Weber und Jürgen Stark arbeiten auf Spitzenpositionen außerhalb Deutschlands weiter,[25] Wolfgang Schäuble, Finanzminister der schwarz-gelben Koalition, teilt auf den ersten Blick das Schicksal der abgerückten Alphatiere nicht; er hat aber seine Entmachtung schon hinter sich: Nach Kohl stürzte auch er über eine Spendenaffäre, und Merkel übernahm seine Position als Fraktionsvorsitzende im Bundestag. Nahezu vergessen ist die von oben betriebene Verhinderung Schäubles als Regierender Bürgermeister von Berlin im Jahr 2001 nach der Abwahl von Eberhard Diepgen.

Merkels Umgang mit Schäuble tritt damit in eine ungewollte, aber symptomatische Kontinuität zu Kohls Kronprinzenstory mit Schäuble: Die Kanzlerin bewegt sich ebenso wie ihr Vorgänger in Widersprüchen, wenn es um Schäuble geht. Demütigungen und Gunsterweise wechseln sich ab. Damit hat Schäuble einen Sonderplatz, den sich nicht jeder gefallen lassen würde; er gehört zu den Starken und bleibt. Ein verschlüsseltes Alpha-Tier, das bei beiden Kanzlern widersprüchliche Reaktionen auslöst.

Immer, so begann diese Überlegung zu Merkels Überlegenheit, wird über die Schicksale und Fluchtbewegungen sowie die Unterwürfigkeit der Männer diskutiert, wenn es um Merkels ungestörten Aufstieg auf fremdem Polit-Terrain in einem weitgehend ‹fremden› Land geht.

Die monokausale Diskussion bringt folgerichtig keine brauchbaren Ergebnisse. Stellt man die ergänzende Frage: ‹Was macht Angela Merkel überlegen?›, dann spielen viele Diskutanten nicht mehr mit. Die Männer möchten den Überraschungserfolg der weiblichen Newcomerin auf keinen Fall unter einem Motto diskutieren, das sie für sich selbst reserviert haben: Überlegenheit.

25 Siehe dazu S. 149.

Tatsächlich zeigt die Aufsteigerin im Kostüm des Landkindes geradezu exotische Züge: Keins von den klassischen Westklischees passte. Das Mädchen mit den großen Augen und den bäuerlichen langen Röcken bot ein Idealprofil für männliche Präpotenz. Sie ließ der selbstgenügsamen Kaste der Platzhalter in der Rangordnung der Partei nur eine Alternative: die Unterschätzung. Jeder von diesen Männern auf den festen Plätzen hätte gegen die These gewettet, hier sei eine Alphawölfin im Schafspelz aus der trüben Ostkulisse getreten. Angela Merkel selbst hätte sich kaum für eine solche Nominierung interessiert; sie begann eben erst, ihre Überlegenheit zum System zu machen.

Politiker hatte sie auch in der DDR gesehen. Imponierende Persönlichkeiten waren nicht darunter. Die Bürokratien und Apparate, mit denen das Regime seine Bürger erfasste und belauschte, wurden von mittelmäßigen Staatsdienern in Gang gehalten. Bürger wurden als Informelle Mitarbeiter angeworben; das System war omnipräsent, und die Privilegien der Familie Kasner boten immerhin Spielräume für eine schöne Kindheit auf dem Lande. Was die kluge Beobachterin Angela vor allem aus diesem System mitbrachte, war ein Realismus, der an Respektlosigkeit grenzte. Dass im Westen auf einem höheren Niveau Politik gemacht würde, glaubte sie nicht.

Ihr Misstrauen gegen Bekenntnisse zu höheren Werten erlebte sie nicht als Handicap, sondern als Waffe. Der Effekt ihrer illusionslosen Sicht auf Menschen und ihre Ziele war schon bald eine ungenaue Alarmstimmung bei ihren männlichen Westkollegen: War ihr Credo in der C-Partei und ihr Wertekanon am Ende ein Handicap? Räumte die kühle Frau aus dem unterlegenen System alle Glaubenssätze ab, ganz ohne Pathos – und war sie genau deshalb überlegen?

Merkels Investment in eine Westbarriere galt ja nicht den Werten, die sie hier vorfand und kollabieren sah – zum Beispiel in den Spendenaffären. Ihr Ziel war die Macht, und ihre Entschlossenheit, auf den obersten Platz zu kommen, war die logische Folgerung aus den Lektionen, die sie gelernt hatte: Die Plätze ganz oben liegen immer in der Sonne, das gilt für jedes System. Und die Plätze der Ohnmächtigen sind schlechte Plätze, in jedem System. Dieses Konzept, das ihre männlichen Konkurrenten im Westen nicht als Erfolgsmodell erkannten, war eine Garantie für Überlegenheit, weil die männlichen Politiker den Wettbewerb mit Frauen nur als Abonnenten auf einen männlichen Sieg kannten. Seit dem Auftritt der Exotin, die niemand ausrechnen konnte, war der Männersieg nicht mehr sicher.

Wer den Kampf mit ihr aufnimmt, wie Friedrich Merz, erlebt Merkels Machtprogramm als eine hochperfekte Maschine, die das Wohl der Partei vernachlässigt, wenn es um die Ausschaltung von Störfeuer auf dem Weg der Chefin auf die nächste Stufe der Macht geht. Die Partei, so Merkels Plan, muss ohnehin verändert werden; schon morgen wird man das ‹Wohl der Partei› ebenso umdefinieren wie das Wohl des Landes in Europa.

Die niedrige Temperatur ihres Programms ist es vor allem, die sie überlegen macht. Ihr leidenschaftsloser Blick verunsichert die Männer. Die einfache Formel lautet: Alles, was ihr in den Augen von Westmenschen fehlt, macht sie überlegen.

Zum Beispiel ihre Geringschätzung von Autoritäten. Selbst Ludwig Erhard schaffte es bei ihr nur vorübergehend auf die Liste positiver Autoritäten – zusammen mit dem längst ungefährlich gewordenen Konrad Adenauer und der ebenfalls längst hingeschiedenen Zarin Katharina. Wer auf diese Liste will, muss tot sein – im Klartext: nicht karriereschädlich.

Überlegen zeigt die Aufsteigerin aus dem Unrechtsstaat sich auch in ihrem Verhältnis zu Rechtsnormen und Rechtsprechung. Barrieren und Verbote, das hat sie selbst öfter gesagt, hat sie in der DDR im Übermaß erlebt. Seit sie im Westen regiert, werden Paragraphen zur Verfügungsmasse.[26] Erneuern und verändern, ihr immer wieder erklärtes Ziel, lässt Regelbrüche notwendig und harmlos erscheinen. Alles, was das Leben vor dem Mauerfall beengt hat, muss in der Freiheit disponibel werden. Status und Rituale mit dem zugehörigen Imponiergehabe übergeht sie; ein ironisches Zucken ihrer Mundwinkel bemerken nur die genauesten Beobachter.

26 Siehe dazu S. 93ff. und 114ff.

Die Maske fällt – und keiner schaut hin.
Merkels Bekenntnis:
Stummer Super-Gau für die Demokratie

Was sie den neuen Mitspielern überlegen macht, weiß sie wahrscheinlich genau. Dass sie es niemals sagen darf, ist ihr ebenso klar. In einer sehr langen Rede vor dem Überseeclub im Jahr 2001 sagt sie: «Im Grunde war Ende der achtziger Jahre für den aufmerksamen Beobachter klar, dass der Zusammenbruch des Sozialismus nicht alleine darauf zurückzuführen war, dass die Menschen im Osten plötzlich die Freiheit entdeckt hatten. (...) Vielmehr hat sich ökonomisch einfach etwas verändert, ein Prozess, den wir heute mit dem Übergang von der Industrie- zur Wissensgesellschaft beschreiben.»[27]

Eine eigenwillige, wertneutrale Erklärung: Nicht die Freiheit war's; die fehlte uns ja schon lange. In der DDR, so fährt die damalige CDU-Vorsitzende fort, gab es «nur zwei denkbar mögliche menschliche Reaktionen. Die eine: Sie werden zum politischen Dissidenten. Das sind auch viele geworden, und glücklicherweise konnten die dann aus der DDR in den Westen gehen.» Diese Version ist schon mehr als eigenwillig: Kein Redner aus dem freien Teil Deutschlands würde ein so idyllisches Szenario entwerfen, in dem die tödliche Bedrohung und der staatlich angeordnete Mord an sehr vielen Menschen in den Grenzstreifen, in den Seen und Flüssen einfach fehlen. Eingedampft heißt dieses mörderische Szenario bei der CDU-Vorsitzenden: «Glücklicherweise konnten die dann aus der DDR in den Westen gehen.» Wer führt der Rednerin hier die Hand? War sie nicht Bewohnerin des Staates, der ein Mörder seiner Bürger war?

Die kommende Chefin des geeinten Deutschland bietet eine Lesart an, die nicht nur etwas, sondern alles Wesentliche auslässt. Wem es in der DDR nicht passte, der konnte in den Westen gehen, sagt sie den

---

27 Vgl. dazu: «Die Wir-Gesellschaft. Über die Notwendigkeit einer Neuen Sozialen Marktwirtschaft». Rede-Manuskript von Dr. Angela Merkel, Internetpräsenz des Überseeclubs, Hamburg, 21. Februar 2001, S. 1.

Hamburger Honoratioren – und niemand springt auf und brüllt in den feingetäfelten Saal: «‹In den Westen gehen?› Wo haben Sie gelebt, gnädige Frau? Nach Westen konnte man klettern, um in Selbstschussanlagen abzustürzen, man konnte schwimmen, tauchen, fliegen, um blutig im Wasser zu schwimmen wie ein toter Fisch oder zerfetzt vom Himmel zu fallen. Warum leugnen Sie die Wahrheit? Wer schreibt Ihnen solche Reden? Und warum lesen Sie diese Reden vor, da Sie um die Lüge wissen? Wollen Sie wirklich für das geeinte Deutschland Politik machen, wenn Sie die Diktatur auf deutschem Boden so weichzeichnen?»

Der Überseeclub ist ein Männerrudel. Keiner der Herren erhob seine Stimme.

Waren die Medien ausgeschlossen? Aber der Text ist frei verfügbar! Dramatischer noch als die Spaziergangsversion «in den Westen gehen» ist die Kerndiagnose, die Merkel in dieser Rede stellt – ohne irgendeinen Widerspruch zu provozieren?

Es war der «Übergang von der Industrie- zur Wissensgesellschaft», der den «Zusammenbruch des Sozialismus» einleitete, teilt die Zeitzeugin Angela Merkel mit. Keineswegs, so Merkel, hatten «die Menschen im Osten plötzlich die Freiheit entdeckt». «Vielmehr», so fährt Merkel fort, «hat sich ökonomisch einfach etwas verändert», nämlich die Industriekultur wird von der Wissensgesellschaft abgelöst. Das muss man den Westlern in Hamburg und anderswo schon deshalb nachdrücklich sagen, weil die von ihren Freunden, Bekannten und Verwandten aus dem Osten ganz andere Begründungen für den Aufbruch aus dem Massenknast gehört haben. Und weil sie nicht gerufen haben: «Gebt uns Wissen», sondern: «Wir sind das Volk!».

Das Ziel der Merkelschen Analyse ist mit dieser neuen Version der Aufbruchsmotive ihrer Landsleute noch gar nicht erreicht. Die Zieldiagnose nimmt den Kerkermeister, das sowjetische Brudervolk, gleich mit in das Szenario des ehrenvollen Scheiterns am Wohlstandswettlauf, der mit Freiheitsdurst nicht das Geringste zu tun hatte, sondern nur dem Wohlstandsvorsprung des Westens galt: «… in dem Moment, wo das Wissen, das Denken, das Humankapital zur wesentlichen Quelle von

Wohlstand wurden, da haben die Sowjetunion und andere sozialistische Staaten den ökonomischen Wettlauf nicht mehr mithalten können.»[28]

So spricht die Kanzlerin der Deutschen von Deutschland. Der vieltausendstimmige Schrei «Wir sind das Volk!» galt also einem intellektuellen Konstrukt, der Wissensgesellschaft? Und die DDR-Deutschen wollten aus dem ökonomischen Wettlauf aussteigen?

Die Freiheit war es nicht? Darum empfindet Angela Merkel Joachim Gauck als ihren Gegner. Und darum sagt Gauck: «Ich kann sie nicht richtig erkennen.»[29]

Und, die noch erstaunlichere These: Vorher, in der Arbeiter- und Bauernära, sei es doch ganz gut gelaufen.

Merkel bleibt Beobachterin, wie sie es selbst gesagt hat. Das bedeutet immerhin: Sie wird nicht verstrickt. Nicht in Ostgeschichte, nicht in West- und gesamtdeutsche Geschichte. Sie strebt die überparteiliche Kanzlerschaft an – wieder eine überlegene Position, wie sie noch niemand vor ihr entworfen und praktiziert hat: Sie bleibt Beobachterin.

Ihre Überlegenheit ist paradoxerweise in diesem Entwurf von Politik begründet. Ihre Idee: So kann sie sich nie verspäten. Sie kann aus allen Parteiprogrammen Elemente in ihre Politik einsaugen, das heißt immerhin: ‹Parteipolitik› wird es bald nicht mehr geben. Dies ist ein Machtkonzept.

Während Merkel ihre Überlegenheit trainiert nach dem Motto: Überlebenstechniken aus der Diktatur führen in der Demokratie bis an die Spitze, glauben die verstörten Männer in der CDU weiter an ihre Vorsprünge: Rudel, Ränge, Rituale – die männliche Weltordnung. Die Lektion aus Kohls Sturz haben sie verdrängt. Gegen Ende des Jahres 2002 wird die weiter aufgestiegene CDU-Vorsitzende mit einer Bemerkung konfrontiert, die sie als Umweltministerin sechs Jahre vorher gemacht hat: Frauen machten «manchmal ein wenig anders Politik«. «Würden Sie diesen Satz heute wiederholen?», fragt der *Spiegel*-Redakteur. Darauf Merkel: «Habe ich das gesagt?» Eine Rückfrage, die wir bei Merkel öfter

28 «Die Wir-Gesellschaft», a. a. O., S. 2.
29 Joachim Gauck, *Zeit*-Matinee in den Hamburger Kammerspielen, 16. Oktober 2011.

finden, zumal in der Wendezeit, wenn Journalisten mit ihr über Versammlungen sprechen wollen, in denen sie auch dabei gewesen sei. «War ich da?», fragt sie ungläubig. Ja, die andern bestätigen, dass Sie dabei waren, sagt der Journalist. «Wenn die andern das sagen, dann wird es wohl stimmen», antwortet sie. Die ungläubige Nachfrage bedeutet bei Merkel immer, dass sie Positionen gewechselt und die überholten geschreddert hat. Im Interview vom Dezember 2002 trägt sie anstelle einer Antwort auf die Frage gleich ihre neue Position vor: «Die Aufgabe für Frauen und Männer ist die gleiche. Sie heißt, eine Truppe zu einer gemeinsamen Position zu bringen und zu motivieren, um dann Ergebnisse zu erzielen …» – «Und geschlechtsspezifische Unterschiede gibt es nicht?», fragt der Journalist. «Nein, so generell würde ich den Satz von damals heute nicht wiederholen.» «Physische Unterschiede», fügt sie an, gebe es schon – und überrascht mit etwas Unverfänglichem: «Frauen haben eine andere Stimme.» Mit der «Schreikraft des Bundeskanzlers» könne sie nicht mithalten.[30] Sie meint Gerhard Schröder.

Der «Satz von damals» zeigt die Halbwertzeit Merkelscher Positionen: Sechs Jahre sind, gemessen an anderen Richtungswechseln, schon eine lange Zeit: eben «damals».

Schnelle Karrieren haben kleine Takte. Merkel will die Zeit bis zur Machtübernahme im Land nutzen. Sie probt CDU-Latein, und alles, was sie dazu sagt, klingt wie auswendig gelernt oder angeleint: Die Alphawölfin mit dem fremden Habitus, der Männer verunsichert, soll an der kurzen C-Leine laufen. Sie, die sich doch zu Hause schon, wie Eppelmann es schildert, «die Glaubenskämpfe gespart» hatte. Die Durststrecke für die hungrige Wölfin zwischen 2000 und 2002 ist auch deshalb Stress, weil die Männer in der Partei sie nicht nutzen, um wirklich zu ergründen, wer ihre Chefin ist. Die Vorsitzende wiederum macht Anpassungsübungen, weil sie gewählt werden muss. Die Kandidatur von Edmund Stoiber zeichnet sich ab; Merkel bekommt noch mehr Zeit; die Vorbehalte der Männer abzubauen. Im Tiefkühlwortschatz klingt das anders: «Eine Truppe zu einer gemeinsamen Position zu bringen und zu

30 *Der Spiegel* 51, 2002, S. 35.

motivieren, um dann Ergebnisse zu erzielen.» Das klingt nach Industrie-produktion, wenn wir die Militärvokabel beiseite lassen. Ob die Füh-rungsaufgaben leichter oder schwieriger werden, hat sie ein Journalist gefragt, als sie die Parteispitze erreicht hatte. Ihre Antwort wischt das angebotene Entweder-Oder vom Tisch: «schöner».[31]

Wenn Anfang 2000 oder 2001 nach ihrem Politikentwurf gefragt wird, sind die Antworten klischeehaft und pauschal. Es ist nicht ihr Pro-gramm, das sie da vorstellt, sondern das CDU-Programm. Sie startet ei-nige Versuchsballons in der Warteschleife: die «Wir-Gesellschaft», die «Neue soziale Marktwirtschaft», ein Erhard-Revival, lauter Aktionen in Richtung Partei, die sie zur Kanzlerkandidatin machen soll.

Ihre Förderer aus der Startphase in der Westpolitik meidet sie konse-quent. «… sie ist leider noch nicht einmal hier gewesen», sagte Lothar de Maizière, der ihr den ersten offziellen politischen Job gegeben hat. «Ich habe das Gefühl, dass Angela Berührungsängste hat mit allen Leu-ten, die sie in ihrer Karriere gefördert haben oder mal wichtig waren.»[32]

Genau das ist es, würde eine aufrichtige Angela sagen; du bist nicht mehr wichtig.

«Sie ist wie eine Westpolitikerin geworden», sagt Lothar de Maizière 2002. «Sie hat Spaß daran wie jemand, der eine Marionette bewegt. Wenn ich an dieser Strippe ziehe, dann wackelt 's da. Es ist der Spaß an der Herrschaft über die Mechanik, aber auch an der Herrschaft über Menschen.»[33] Sechs Wochen nach dem *Spiegel*-Artikel mit de Maizières enttäuschtem Fazit wird die CDU-Vorsitzende selbst mit dem Marionet-tenvergleich konfrontiert. Der Journalist zitiert nur den harmlosen Ein-stieg in das Gleichnis. Die Anwendung, dass es um Herrschaft über Menschen geht, lässt er weg. Seine Frage «Trifft Sie das?» kontert Merkel ohne Zögern: «Es würde mich treffen, wenn ich mich in den letzten zwölf Jahren nicht verändert hätte. Dass ich meinen Weg gehe, kann man auch als Lob auffassen.»[34]

31 Ebenda, S. 35.
32 *Der Spiegel* 45, 2002, S. 52.
33 Ebenda, S. 52.
34 *Der Spiegel* 51, 2002, S. 35.

Die Antwort gibt Rätsel auf. Marionetten gleich Menschen? Herrschaft ein Handpuppenspiel? Sie weist das Gleichnis nicht zurück. Von wo nach wo sie sich entwickelt hat und wofür sie sich gelobt fühlt, bleibt unklar. Das ist bester Merkel-Stil. Die Steigerung fehlt auch nicht: «Dass ich meinen Weg gehe, kann man auch als Lob auffassen.» Kann man. Muss man aber nicht. Ein Politikerleben, das nach dem Chefplatz in der stärksten Nation Europas strebt, ist mit dem eher romanhaften Motto ‹mein Weg› aus Bürgersicht eher beunruhigend egozentrisch beschrieben.

Merkel macht in den Jahren ihrer Suchbewegung in Richtung Kanzlerschaft öfter solche erstaunlich ichbezogenen Bemerkungen. Hauptsache, ich kann meinen Rhythmus durchhalten, sagt sie, und die Assoziation ist: Wir sehen einem Leistungssportler zu, der sich verbessert und uns teilhaben lässt an seinen höchstpersönlichen Leistungsbedingungen, an seinem Ego-Entwurf. Dass ihre Zielvorstellung mit dem höchsten Wohl des Landes zu tun hätte, dass ihre Anstrengung gar den Bürgern und ihrem Wohl gälte, ist nicht die Botschaft, die sie verbreitet.

Die Formel von der ‹modernsten Volkspartei Europas› als Zielgebiet der CDU taucht in Papieren und Reden auf. Wer die neuzeitliche Debatte um ‹Das Moderne› kennt, wird seine Fragen, welche Variante von Modernität die Aufsteigerin meint, nicht los.

Die Unruhe der Beobachter legt sich nicht, wenn die Karriereplanerin Merkel im Gespräch sagt, «Netzwerke spinnen, Deals machen», das könne sie nun auch – «inzwischen ganz gut sogar».[35] Ein Kanzler als *Dealmaker*? Kein Journalist fragt kritisch nach, ob das die Idealfigur für eine Staatslenkerin sei. Die Praktikantin im Vorzimmer der Macht hat auch bei Journalisten viel Kredit. Keiner will auf der falschen Seite stehen, wenn sie es doch schafft. Die Widersprüche zwischen Härte und Naivität machen den Beobachtern ihres Politikstils sehr zu schaffen.

---

35 *Der Spiegel* 45, 2002, S. 52.

Die Iden des Friedrich Merz:
Wer die Faust aus der Tasche nimmt, muss gehen

«Merkel hat Merz aus dem Weg geräumt, wie man Bäume umhaut, wenn man eine neue Autobahn bauen will», schreibt *Der Spiegel*.[36]

Die ‹Causa Merz› ist in der Reihe der Gestürzten der erste große Modellfall, der alle Merkmale ihres Machtkalküls trägt. Leicht ist der Fall, wenn klar ist: Rivale, vital, vermutlich überlegen. Gefahrenstufe hoch. Schwieriger wird die Versuchsanordnung, wenn der Rivale noch für kurze Zeit gebraucht wird. Auch im Fall Merz war das so. Als Eröffnungsdrama in der neuen Epoche deutscher Politik, die Merkeljünger vielleicht ‹entschlackt› nennen würden, einer Ära, die den Eros der Macht zum Regieren nicht mehr brauchte – als Vorspiel also auf dem neuen, erst im Rohbau befindlichen Theater fand das Trauerspiel nicht nur national große Aufmerksamkeit. Als Merkels ‹neuen Deal› mochte das Geschehen freilich niemand begreifen.

Und Merkel wusste: Merz hatte – und hat bis heute, immerhin ein Jahrzehnt später – viele Anhänger. Sie gilt es, an den Verlust zu gewöhnen – und da taucht dasselbe Problem auf wie beim Kohl-Überfall: Komplizen müssen her. Dazu taugen am besten – Rivalen. Ihre eigene Rivalität zu Merz war ihr Thema. Aber da gab es noch jemanden, der plötzliche Berlin-Ambitionen entwickelte und den intellektuellen Glanz von Friedrich Merz nie als Wettbewerber würde überflügeln können: den CSU-Chef Edmund Stoiber.

Die Konfrontation zwischen Merkel und Merz schwelte lange Zeit verdeckt. Sie ist wohl deshalb so viele Jahre im allgemeinen Bewusstsein geblieben, weil viele CDU-Mitglieder, Abgeordnete und Wähler den Wind des Wandels zwischen diesen beiden spürten, ohne genau erklären zu können, warum sie Merz für unentbehrlich und seine Entmachtung, die seit 2002 konsequent fortschritt, für den Verlust eines ganzen CDU-Flügels, nicht nur einer Person, hielten. Das ist bis 2012 so geblieben. Im politischen Berlin und in der politisch interessierten deutschen

---

36 *Der Spiegel* 45, 2002, S. 54.

Öffentlichkeit galt und gilt Friedrich Merz als Garant für die Werte der Volkspartei CDU – und dies als junger Politiker, nicht als konservativ festgelegter Kämpfer aus einer abtretenden Generation.

Wenn ein hochkarätiger Politikgestalter wie Merz, der vielen seiner Kollegen analytisch und visionär überlegen ist, aus der Spitzengruppe gedrängt wird, so widerspricht das seiner Eignung und seinem Nutzwert für die Partei so auffallend, dass nur eine ganz andere Kategorie als die Qualität des Bekämpften den Ausschlag für diesen Leichtsinn in der Parteispitze gewesen sein kann: Es ist das gnadenlose Machtkalkül der Parteichefin, das auf Eignung nur dann setzt, wenn die Eignung mäßig ist und die Rivalität gegen Null geht.

Viele Beobachter ahnten schon damals, 2002, dass sie hier ein erstes Beispiel für eine ganz neue Rangfolge von politischer Qualifikation und Machtsicherung der späteren Kanzlerin kennenlernten. Friedrich Merz selbst, für den dieser Politikstil ebenso neu war wie für seine Kollegen, hat das Ausbleiben von Fairness und Wahrhaftigkeit nicht kampflos hingenommen. Seine Ablösung als Fraktionsvorsitzender, so Merz im Dezember 2002, habe die Parteichefin «hinter seinem Rücken von langer Hand geplant». «Ein Großteil der Fraktion habe Merkels Spiel ‹mit geballter Faust in der Tasche› mitgemacht.»[37]

Hier taucht auch ein weiteres Dauermotiv zum erstenmal auf: die Faust in der Tasche. Nicht nur bei der intrigant vorbereiteten Präsidentenwahl, die Christian Wulff gewinnen sollte, berichten Mitglieder der Bundesversammlung, von dieser Geste aus Zorn und Ohnmacht Gebrauch gemacht zu haben. Bei vielen parlamentarischen Konflikten sahen immer wieder Abgeordnete keine andere Chance, eine ihnen verweigerte Gewissensentscheidung auf diese Weise heimlich einzuklagen. Wie es um die Reserven an Mut in den Jahren von Merkels Kanzlerschaft bestellt war, wird uns noch oft beschäftigen.

Die Degradierung von Friedrich Merz zum stellvertretenden Fraktionschef war von Merkel als Geheime Kommandosache lange vorbereitet worden. Merz konnte schließlich das Maß an Zustimmung, das ihm galt,

37 *www.spiegel.de*, 14. Dezember 2002.

überhaupt nicht mehr einschätzen. Verwundert erlebte er nach seiner Ablösung vom Fraktionschefposten eine viel deutlichere Zustimmung zu seiner Person, übrigens unter Einschluss von Helmut Kohl, als er geahnt hatte. «Inzwischen werde ihm zugetraut, einen Wertkonservatismus zu vertreten, der die Union stärken werde. Man traue ihm darüber hinaus zu, den Fehler der Partei zu korrigieren, ‹Wirtschaftspolitik als Nebensache› und ‹Ordnungspolitik als Fremdkörper› behandelt zu haben.»[38]

Zwei Jahre später tritt Merz von allen seinen Ämtern zurück. Die Hoffnung, für ihn gäbe es einen wichtigen Platz bei Kurskorrekturen der CDU, war trügerisch. Nun, 2004, gibt der Abgeordnete Merz «das zerrüttete Verhältnis zu Partei- und Fraktionschefin Angela Merkel» als Grund für seine Kapitulation an. Es wird nicht das letztemal sein, dass ein konzeptioneller Kopf aus der Partei den Versuch unternimmt, Kernbotschaften der CDU wieder in die Mitte der Parteikompetenz zu rücken. Der Wertekanon spielt für Merz und seine späten Verbündeten des Jahres 2012, die den «Berliner Kreis» gründen, im Kompentenzkern der CDU eine ebenso wichtige Rolle wie das Know-how in Wirtschaftspolitik und die Wachsamkeit in der Ordnungspolitik. Merz war auch der Mann mit dem Bierdeckel: Die Steuererklärung der Bürger müsse mit diesem Stückchen Stammtischpappe auskommen, und die Sätze müssten einfach, niedrig und gerecht sein – ein Entwurf, der die Nähe zur FDP ausgeruht und unpolemisch belegte. Beide Parteien hatten eine gemeinsame politische Geschichte im gleichen Koordinatensystem – für die neue Vorsitzende zwar Stoff vom Hörensagen, aber nicht Heimatfarben, an denen ein politisches Bekenntnis hängt.

Wer sich den Kernbotschaften der Partei widmet, der müsste auch für die Parteichefin ein Garant für Identität und Reputation sein. Wenn die Bilanz des Experten für wichtige Stabilitätsthemen der Partei nach kurzer Zeit nur noch ein «zerrüttetes Verhältnis» zur Chefin ist, dann leben beide in verschiedenen Entwürfen von dem, was CDU politisch darstellen soll. Ganz logisch fallen auch die Projekte der beiden Vorsitzenden so weit auseinander, dass man von «Zerrüttung» spricht. Die CDU der

---

38 *www.spiegel.de*, 14. Dezember 2002.

Angela Merkel, ein Projekt im Umbau, kann den Parteiarbeiter Friedrich Merz, immerhin den intellektuellen Star der Partei, nicht gebrauchen.

Das Gewicht dieser Trennung wurde von vielen politischen Kollegen und Anhängern der Partei erkannt; aber es gab Sprechverbote, die sich im Laufe der Jahre zu Wahrnehmungsverboten verfestigten. Und die sprichwörtliche Faust blieb in der Tasche. Merz wird seit seinem Ausscheiden aus der Führung der Partei die Rolle eines Gurus zugeschrieben. Seine Analysen der Finanz- und Eurokrise sind gefragt.

Rückkehrwünsche werden ihm regelmäßig vorgetragen. Im Laufe der Jahre können aufmerksame Zuhörer und kluge Fragesteller leichte Modifikationen bei den Antworten wahrnehmen. In den ersten zwei Jahren nach seinem Rückzug lieferte Merz stereotyp die Antwort: «Nicht unter Frau Merkel.» Klarer Fall also. Ihr Wortbruch spielte für Merz eine zentrale Rolle. Ihre Unberechenbarkeit, die wertneutrale Verfolgung ihrer Machtinteressen, hinter denen Sachfragen immer zurückstehen mussten, war in seinen Augen eine CDU-fremde Welt.

Als etwas mehr Zeit ins Land gegangen und die Lücke, die Friedrich Merz hinterlassen hatte, immer spürbarer geworden war, konnte man bereits längere Gespräche über die Bedingungen führen, unter denen Merz in die Berliner Politik zurückkehren könnte. «Wenn man mich ruft», hieß nun für einige Zeit die Formel.

Gegen Ende des Jahres 2011 sprach Merz dann in einem Kreis alter Parteifreunde in Berlin von seinen Überlegungen, im Wahljahr 2013 nach gewonnener Wahl ein Ministeramt anzustreben. Immerhin gibt es nun genug Freunde, die das wissen. Im Kanzleramt wird man zur passenden Zeit darüber nachdenken, ob es sich bei dieser Lust auf Rückkehr um eine Drohung oder eine Verheißung handelt.

Rückblickend auf die ersten Jahre des neuen Jahrtausends müssten sich viele führende CDU-Politiker unvergessliche Lektionen zum Thema Neue Führung geholt haben. Auch Friedrich Merz hätte als Spurenleser im Kreis um die CDU-Chefin warnende Botschaften aufnehmen können. Niemandem konnte es entgehen, dass Merkel an einer unverwundbaren Tarnkleidung für ihren Durchmarsch zur Spitze arbeitete und dass sie bei der Wahl ihrer Mittel auf Moralzitate setzte, wenn die Partner unbelehrbar schienen – ein Verfahren, das die spätere Kanzlerin bis heute perfektioniert hat wie einen Tarnkappenbomber, wenn es um das Sprengen ethischer Kastelle aus der West-Tradition geht. Noch die ‹Causa Wulff› hat ihr Profil aus diesem Täuschungsmanöver.

Die CDU-Vorsitzende kämpft um einen klaren Rang in der Führungsgruppe; das Gerangel um die Kanzlerkandidatur für 2002 spiegelt die Zerrissenheit des Rudels, das die Täterin als ständige Quelle gemischter Gefühle nicht aus seiner Mitte ausschließen kann. Alle fühlen sich schlecht, weil allen die Tat auf dem Gewissen lastet. Unbefangene Angriffslust in Richtung des Kanzlers Gerhard Schröder und seiner rot-grünen Mannschaft kommt nicht auf. Da hat es der Kanzler leicht. «Frau Merkel macht ihre Fehler selbst», bemerkt er genüsslich am 21. Februar 2001 im Magazin MAX. Roland Koch, hessischer Ministerpräsident, spricht vier Wochen vorher ganz entspannt und sichtlich gönnerhaft mit Spiegel-Redakteuren von dem Kandidatentrio Merz, Stoiber, Merkel: «Alle drei sind prinzipiell dazu in der Lage.»[39] In einem Klima aufgeregter Befangenheit und lädierten Selbstvertrauens findet keiner der führenden Mitspieler in der CDU nach Kohl die Energie, eine neue Selbstbeschreibung der Partei zu suchen. Davon profitiert die Exotin, die niemand wirklich kennt. Sie ist einfach da, und niemand hält für möglich, dass sie freiwillig wieder geht. Aber manche im Führungskreis reiben sich immer mal wieder verwirrt die Augen: Kann es denn sein, dass sie eines Morgens aufwachen, und alle 82 Millionen Deutschen mit ihnen, und die Grenzgängerin mit dem Saunabeutel sitzt im Kanzleramt?

Während die neue Vorsitzende ihre Warteschleifen dreht, ist der Alltag der andern, unter denen sie die Neue ist, ihr ständiger Begleiter. Ihr Platz ist der komfortabelste, sie ist Chefin. Die Garantie für ihre Ankunft hier war dieselbe wie jener Bonus, mit dem sie weiterfahren wird bis ins Kanzleramt, ein paar Runden später. Keiner hat ihr auf diesem Kurs in die Kommandozentrale eines immer noch fremden Landes das High Potential-Profil als Topguide mitgegeben in dem Sinne: Die Firma glaubt an dich! Deine Vita strahlt auf allen Stationen bis hierher Kompetenz und

39 zitiert bei faz.net/aktuell/politik/zitate.union debattiert ueber fuehrung.

Stärke aus! Deine Mitarbeiter lieben dich! Sie bewundern dich und eifern dir nach. DU bis es, die die company zu neuer Stärke führen wird. DU gehörst zu uns.

Nein, das hat keiner gesagt. Und gedacht hat es wohl auch keiner. Es gab im Gegenteil viele Zweifel an der Kompetenz der Bewerberin aus einer kontrovers gepolten Kultur. Aus Bündnissen, die für Deutschlands Freundesnetz eher die Nachtseite besetzten. Im politischen Personal, das die Aufsteigerin passierte, gab es seit ihrem Start eine Mischung aus Ratlosigkeit und der Vermutung, dass der singuläre Fall der undurchschaubaren Angela eines Tages wie eine Seifenblase platzen werde.

Dass das ‹Mädchen› Angela Beute machen, am Ziel das ganze Land beherrschen wollte, das war dem einen oder andern schon einmal durch den Kopf geschossen. Dass man ohnehin gemeinsam in einer neuen Zeit und auf neuem Gelände unterwegs war, so dass alle ein wenig zu Fremdlingen wurden, fühlten die meisten in den Wendejahren. Nur Angela Merkel wusste: Hier darf jetzt überhaupt nichts mehr danebengehen, nachdem fünfunddreißig tönerne Jahre hinter ihr zu Bruch gegangen waren. Ihr Impuls war damit das Ticket, mit dem sie allen Mitläufern überlegen war und blieb. Das Ticket trägt den leisen Aufschrei der Revolution: Jetzt kannst du keinen Schritt mehr zweimal tun. Nichts darf vergeblich sein.

So ungefähr sieht das innere Fitness-Konzept der Exotin Angela aus. Es ist wie eine stählerne Rüstung. Nur so lässt sich erklären, warum niemand wirklich wagte, sie mit unseren dringenden Fragen aufzuhalten. So haben wir diese Fragen immer noch. Und wir werden sie ihr stellen.

Erstes Wetterleuchten: Vorspiele für den Abschied von der Marktwirtschaft

Ideenleasing im CDU-Themenpark:
Merkels Ankündigungsdemokratie

Angela Merkels erste Karrierejahre in der Westpolitik können am besten unter dem Motto verstanden werden: Testfahrerin auf dem Gelände der West-CDU. Für die kühle Angela hieß das: Vokabeln lernen. Sie hat den *Alien*-Faktor, ihre Fremdheit in den Augen der selbstbewussten West-Politiker, intuitiv wahrgenommen und gewusst: Dagegen gibt es nur ein Gegengift – die geschmeidige Attitüde der Lernerden, die mehr großäugig schaut als großspurig redet.

Das Schicksal machte der Fremden Angela gleich zwei Geschenke, die ihrem Image bei den fremden Kollegen aus der Rechthaberwelt einen starken Schub lieferten. Das erste war die unerledigte Vaterbindung der aufstrebenden CDU-Funktionäre, und das zweite waren die Proberunden in der Opposition, die das Mädchen aus Anderland konsequent für ihre Anpassungsstrategie nutzte.

Die Vaterbindung zu knacken, war für die ‹Tochter› mehr eine Sache der Agenda für morgen als eine traumatische Zumutung wie für ihre männlichen Kollegen. Angelas Gewissen war von der Aktion, den Weg freizuschaufeln für die eigene Karriere, schon deshalb nicht belastet, weil sie keine Alternative zur Absetzung des mächtigen Parteichefs sah. Was ‹alternativlos› sei, hat sie mit steigender Macht immer öfter der gesamten Republik erklärt; es war immer das, was man im kleinsten Kreis bereits beschlossen hatte, ohne noch andere fragen zu wollen. Aber die junge Ostpolitikerin kalkulierte ein, dass sie die aufstrebenden Talente der West-CDU und vor allem jene, die im Zwiespalt von Loyalität und feindseligen Gedanken lebten, in ihrer Schuld wissen durfte. Für einige Jahre ersparte ihr das Reibungsverluste bei ihrem schnellen Aufstieg und mäßigte den Groll, mit dem die eingespielten Ämterjäger ihren, Angela

51

Merkels, Schnelldurchgang zu begehrten Positionen in der Hierarchie begleiteten. Die schlimme Tat, zu der jedem ihrer Kollegen der Mut fehlte, machte das System Westpartei für Angela Merkel über Jahre durchlässiger als für jeden andern.

Ob sie überhaupt ihren relativ störungsfreien Lauf bis zum Parteivorsitz und wenig später zur Fraktionsführung und in die Kanzlerkandidatur geschafft hätte, wenn sie nicht von befangenen potentiellen Vatermördern umgeben gewesen wäre, die jeden Tag wussten: Keiner von uns hätte getan, was sie getan hat; Feiglinge sind wir; wer will es tollkühn nennen, diese Frage zu stellen? Zumindest wäre die Antwort eine Erklärung für vieles, was die Männer in der CDU bis heute mit gemischten Gefühlen und schwankendem Selbstbewusstsein kopfschüttelnd betrachten.

Der Chor der Merkel-Anhänger ist ja längst ein gemischter Chor, der nur angesichts feindlicher Zwischenrufe aus anderen Parteien ins Unisono einschwingt. Überschwang hat die Kollegen für Merkel selten begleitet. Greift eine Frau zur Waffe, die kein Mann vor ihr aufgehoben hat, so bleibt bei den Männern neben der akuten Erleichterung viel Scham zurück: Sie hat unsere Arbeit getan, das heißt auch: Ihr ist eine Menge unerwarteter Aktionen zuzutrauen; sie ist eine gefährliche Frau.

Die Waffe, die alle liegengelassen haben, aufheben: Ehrhart Neubert, ein Ostpolitiker, der Angela Merkel lange kannte, hat zu dieser Szene eine bemerkenswerte Entsprechung geliefert. «Sie hat die Macht, die andere zurückgelassen haben, einfach aufgehoben»,[40] sagt er zu Merkels traumwandlerischem Aufbruch ohne erkennbares Ziel nach dem 9. November – als die ersten Helden der Einigung schon wieder in ihren stillen Büros saßen ohne den Hunger nach Macht, als Helden der Freiheit.

Angela brach jetzt auf, nicht vorher, als die andern alle draußen waren, und hob sie auf, die liegengelassene Macht. Weil es diese Geschichte gibt, hat die eben vorgeschlagene andere Geschichte eine hohe Wahrscheinlichkeit: Die Frau, die nach der Waffe greift, die kein Mann berüh-

---

40 Matthias Geyer, «Angela rennt», *Der Spiegel* 45, 2002, S. 50, auch *Spiegel special* 4, 2005, S. 30 unter dem Titel «Die Fremde».

ren will. Welcher Mann will schon bei solchen Verlierergedanken ertappt werden? Also konnte und kann Angela, inzwischen Kanzlerin, sicher sein, dass keiner ihrer männlichen Kollegen das Thema aufgreifen wird.

In den Testrunden von 1998 bis 2002 und nach der erneut verlorenen Wahl bis 2005 probiert Angela Merkel alle CDU-Klassiker, die sie vorfindet, aus – und schickt ein paar Themen in den Probelauf, von dem sie meint, damit könne die CDU Wähler zurück- oder neu hinzugewinnen.

Der Thementest zeigt überdeutlich den kardinalen Unterschied zwischen dem, was Westpolitiker als Motiv zum Einsatz für ihre Partei nennen würden: Die Ideen müssen passen, die Überzeugungen müssen mit meinen übereinstimmen, die Ziele für das Gemeinwesen, in dem die Partei arbeitet und mit anderen Parteien konkurriert, sollten zu meinen Zielen für dieses Land und seine Menschen passen.

Angela Merkel hat von Anfang an eine gemischte Motivation. Einerseits will sie in der Partei als Aufsteigerin erfolgreich bleiben. Dafür ist es förderlich, wenn sie den Kollegen zeigt: Eure Ideen könnten auch die meinen sein. Die Kausalität ist also genau umgekehrt wie im Normalfall, der lauten würde: Die Ideen der Partei gefallen mir und könnten meine werden. Also arbeite ich hier mit und steige auf, wenn ich die Mitspieler überzeuge, dass sie mich brauchen.

Es ist genau diese Umkehrung der Motive, die der Newcomerin eine Art Überlegenheit verschafft, die ihre Kollegen als exotisch empfinden – oder zumindest als nie gesehen. Die Neue hat weniger Stress, das spüren die meisten. Sie geht kühler als die Westmitglieder mit Wertfragen und Dogmen um. Wieder fällt einem Eppelmann ein: Angela hat sich die Glaubenskämpfe drüben einfach erspart. Ein *Déjà-vu* auch hier. Ihre neuen Kollegen bei der gesamtdeutschen CDU beobachten: Sie scheint brennende Wertfragen überhaupt nicht zu kennen. Stattdessen relativiert sie ständig: Wenn du dazu eine Position einnehmen willst, dann kann sie heute so und morgen so sein, je nach Beleuchtung, Temperatur und Kraftfeld, in denen die Fakten erscheinen, so kann Angela Merkel gelassen erklären – fast ein bisschen genervt, weil es doch so selbstverständlich ist. So selbstverständlich, dass sie eigentlich nie darüber spricht: disponibel bleiben ist wichtig, nie vorauseilend Urteile fällen, die man dir später vorhält, niemandem ein Versprechen geben, an das er dich morgen oder viel später erinnern wird, wenn es für dich nicht mehr passt. «Hab ich das gesagt?» fragt Angela Merkel immer mal wieder Journalisten, die ihr ein Zitat vorlegen. Bleiben die Fragesteller bei dem gezeigten Wortlaut, dann liefert Merkel eine neue Variante, die jetzt besser passt. «War ich dort?» fragt sie ebenfalls oft, wenn jemand das belegen kann. «Wenn die andern das sagen, dann werde ich wohl dort gewesen sein.» Sie möchte nur ausdrücken, dass es sie überhaupt nicht mehr interessiert. Damit ist das Gewicht aus der Frage rausgeblasen wie die Luft aus dem Luftballon.

Die junge Aufsteigerin hat häufig andere Prioritäten im Kopf als ihre Mitstreiter. Aber seit Anfang des neuen Jahrtausends beherrscht sie die Hauptvokabeln. Ihre Aufmerksamkeit für die Glaubenssätze der Partei ist jedoch nie so groß wie jene für die Konstellationen von Bewerbern für Ämter, die auf der nächsthöheren Ebene liegen, wo sie selbst morgen Platz nehmen will. Nachdem die Standards ihr bekannt sind, mit denen die CDU im Markt der politischen Überzeugungen auftritt, sucht Angela Merkel ein neues Testgelände auf, das sie braucht, um Gegner zu testen und zu überholen und um die Masse der Parteifunktionäre in ganz Deutschland für spätere Kandidaturen auf ihre Seite zu ziehen.

Nach der verlorenen Wahl 2002 muss eine kernige Botschaft auf den großen Foren der Verlierer vertreten werden. Zwei Niederlagen in Folge reichen. Merkel überrascht mit einer These, die zu ihrem moderat-unverbindlichen Themenmix nicht passen will. Die polarisierende Verschärfung ihrer Botschaft wird sie erneut benutzen, wenn es um den endlich kleinformatigen, mit der FDP als Juniorpartner vorgesehenen Wahlsieg von 2009 geht. Auch da trägt sie Thesen vor, die nur sehr bedingt zu ihren eigenen Einsichten passen. 2002 schon hat sie die Heraufkunft eines «christdemokratischen Zeitalters» angekündigt. Ein gewisser Überraschungseffekt kann bei dieser Botschaft nicht ausbleiben, weil das ‹Christdemokratische›, schon gar im Jahrhundertformat, nicht zu Merkels Kernwortschatz gehört. Aber jetzt geht es um die Wiedererkennbarkeit der Partei in ihren traditionellen Klischees, und die Vorsitzende liefert – zumindest auf den großen Bühnen.

CDU und CSU, so Merkels ergänzender Slogan, sind der «Reformmotor», der das Land nach vorn bringt. Auf dem Parteitag 2003 scheint die Chefin endlich voll im CDU-Werbetext angekommen, und der Jubel in der Tagungshalle ist deshalb so groß, weil die spröde Fremde endlich die Sprache der Partei gelernt zu haben scheint. Die CDU habe den «geistigen Führungsanspruch», so ruft sie den Delegierten im Saal zu, und selbst ein Satz wie «Schröder macht alles kaputt» muss nun sein, auch wenn er im taktischen Gesamtkonzept der Merkelschen Erfolgslinie eigentlich keinen PLatz hat: viel zu eindeutig. Viel zu festgelegt.

Aber die Entfesselung von viel altvertrautem CDU-Wortschatz – «neue Gründerjahre!» –, flankiert von der «Neuen sozialen Marktwirtschaft» hatte eine Gesamtstimmung der Delegierten, deren massives JA Merkel für ihre Machtzukunft brauchte, zum Ziel.

Endlich nicht mehr ein paar Grad unter der ersehnten Stallwärme mit der unterkühlten Vorsitzenden unterwegs, sondern angekommen im rauschhaften Festival, das morgens noch den nüchternen Namen ‹Parteitag› trug: Eben weil die kühle Chefin nun diesen Temperaturanstieg zuließ, fiel der Beifall umso dankbarer aus. Vielleicht, dachten manche, gehört sie doch irgendwann ganz zu uns. Für das angestrebte Ziel, die Kanzlerschaft, war es kein zu hoher Einsatz, bilanzierte Merkel im Stillen. Niemand weiß genau, an welchen von den präsentierten Glaubenssätzen sie wann geglaubt hat. Was wir aber wissen ist, wie schnell und wie schmerzfrei die Machtpolitikerin Merkel sich von all jenen Zukunftsvisionen getrennt hat, wenn erkennbar wurde: Das läuft nicht. Sie liefert keine Erklärungen, sie gibt niemandem Rechenschaft über ein Scheitern oder Abrücken von vorher zentralen Zielen. Sie wechselt einfach die Position, schaltet kommentarlos um. Was nicht geht, wird fallengelassen. Da es sich nie um Bekenntnisse handelt, kostet das nicht viel Kraft.

Mit dem Wachstum ihrer Machtfülle hat sie dann die großen Worte nicht mehr nötig. Sie bewirbt sich ja nicht mehr um Ämter, sondern alle Welt fantasiert, welche Ämter man für sie erfinden könnte. Profilierungstestläufe hat sie nicht mehr nötig. Als «Königin von Europa» (*Die Welt*) greift sie nur noch bei taktischer Dringlichkeit zum Weichzeichner, um zum Beispiel einen kläglichen Kompromiss der Profi-Retter Europas in ein «Meisterstück» umzufälschen.

Bevor diese internationale Alleinstellung der deutschen Kanzlerin erreicht wird, greift die Testfahrerin nach Themen, die so klare Konturen haben, dass sie sicher sein kann zu erfahren, ob mit diesen Tankern christdemokratischer Nachkriegsgeschichte überhaupt noch Fahrt und Kurs zu machen ist. Wie passt ein Ludwig-Erhard-Revival zu Merkels Plan, die ‹modernste Volkspartei Europas› zu kreieren? Will sie nur sichergehen, das todsichere Mehrheitsthema zu finden, egal wo, das ihr dann endlich den Kurs erlaubt, auf dem sie sich beliebig schnell und beliebig weit von jedem CDU-Erbe entfernen kann? Oder ist «Ludwig Erhards zaghafte Erbin»[41] tatsächlich auf eine Entdeckung gestoßen, die sie in der Sache fasziniert – anders als all die Slogans, mit denen sie ihr Wahlvolk begeistern konnte, ohne selbst begeistert zu sein? Die ‹Neue soziale Marktwirtschaft› hat Merkel schon vor 2003 in ihr Testprogramm aufgenommen, ohne mit dem Verweis auf Ludwig Erhard eine neue Pionierstimmung in der CDU wecken zu können. Zugleich wollte sie den Garanten des Deutschen Wirtschaftswunders nicht so schnell aufgeben; denn die Abgrenzung zur SPD, die nach der Großen Koalition den Weg für einen kleinen, gefügigen Partner freimachen sollte, war über den Besitzanspruch auf das Erbe Ludwig Erhards doppelt gesichert: Das Staunen in der CDU über den Rückgriff der fremdsozialisierten Chefin auf den Garanten des westlichen Wirtschaftswunders versprach eine Image-Korrektur für Merkel, die sie gar nicht auslassen konnte. Das Ansehen der Vorsitzenden, so Merkels Idee, würde von der Glaubwürdigkeit der Autorität am fernen Horizont profitieren. Die doppelte Sicherung erfasste die kleine FDP gleich mit, die zwar Ergänzungen zum Erhard-Portrat aus ihrer eigenen Geschichte liefern konnte, aber nicht Widerspruch. So erwies der Rückgriff auf den Wundermacher Erhard sich zumindest in der Planung als Mehrzweckwaffe. Aus der Partei selbst konnte man die News zunächst im Flüsterton hören, so als wäre über einen Alleingang der Chefin zu berichten: ‹Sie liest jetzt Ludwig Erhard.

41   www.welt.de, 24. November 2008.

Sie entwirft eine Neue Soziale Marktwirtschaft.› Eine Mitteilung, in der Bewunderung für die Wandlungsfähigkeit der eigensinnigen Vorgesetzten mitschwang: geheime Kommandosache! Erhard-Renaissance! Nicht weitersagen! – Die klassischen Brandbeschleuniger liefen also gleich mit.

Die Testfahrerin im CDU-Themenpark ist einige Jahre in einem Geschäft unterwegs, das man Ideen-Leasing nennen kann: Ganz nebenbei erwirbt sie bei diesem *Pick-up and push away*-Business neue Kompetenzen, die für den nächsten Karriereschritt nützlich sind: Angela Merkel lernt Ankündigungsdemokratie. Sie macht nämlich die Erfahrung, dass schon nach kurzer Zeit niemand mehr Rechenschaft über ihre vorgestern geäußerten Gedanken verlangt. Wo ist sie geblieben, die Neue Soziale Marktwirtschaft? Wo hat sie es aus den Augen verloren, das ‹Christdemokratische Jahrhundert›, immerhin ein faustdickes Epochenprojekt? Niemand fragt. Das macht die Markttesterin noch unabhängiger. Selbst ihr Tauchgang in den Rheinischen Kapitalismus, ihr Überraschungs-Retro zu Ludwig Erhard, den sie von allen CDU-Leuten der Gegenwart wahrscheinlich am wenigsten kannte, blieb exakt von da an folgenlos, als sie den Beistand aus den Ewigen Jagdgründen der West-CDU als unergiebig erkannt und entsorgt hatte.

Die Dichte der Merkel-Zitate aus den Ahnengalerien und Ikonensammlungen der alten CDU nahm rasant zu, nachdem Gerhard Schröder mit seiner Agenda 2010 tief ins Jagdrevier der CDU vorstieß. Auch wenn es niemand so nannte: Schröder vollzog einen Rechtsruck, an dem er scheiterte. Dieser Rechtsruck bestätigte eine ganze Handvoll Glaubenssätze der Marktwirtschaftler aus CDU, CSU und Liberalen. Merkel öffnete den Waffenschrank der Christdemokraten und fand keine Allzweckwaffe jüngeren Datums – nicht zuletzt deshalb, weil sie selbst in der Großen Koalition bereits mit einem sehr diskreten Linkskurs ins Revier der Sozialdemokraten eingebrochen war. Was tun?

Merkels Idee muss es wohl gewesen sein, alle traditionellen Stärken von CDU, CSU und Liberalen in einer offensiven Ankündigungspolitik zu sammeln, um die Truppen rechts von dem nach rechts gerückten Bundeskanzler unter bewährten Formeln zu sammeln. Reinrassige Merkel-Botschaften hatte selbst die Kanzlerin der Großen Koalition nicht entwickelt, und selbst wenn: Das Bild der Vorsitzenden und großkoalitionären Kanzlerin schillerte noch immer in den Köpfen ihrer Partei. Nur die alten Botschaften konnten die Mehrheit mobilisieren. Das grüne Lager blieb einstweilen Reserve für besondere Aufbrüche. Wenige Jahre später sollte ganz Deutschland verstehen, welche Epochenwende die Herrscherin zur Entmachtung der grünen Partei inszenieren würde.

Was die Testfahrerin Merkel im Themenpark ihrer ehrwürdigen Partei ohne jede Ehrfurcht aber mit kühlem Kalkül sichtet, ist nichts anderes als in der Geistesgeschichte des Abendlandes die ehrwürdige Runde der «Auctores», der Autoritäten, die jeder kannte, der an der Geschichte mitschreiben wollte. Schon in der griechischen Antike begegnen uns Mythen, die das Bild konkret machen: Da flieht Aeneas aus dem brennenden Troja, seinen Vater Anchises auf den Schultern und seinen Sohn Askanios an der Hand. Wer heute lebt, steht auf den Schultern seiner Vorgänger, dieses antike Geschichtsgleichnis lebt in vielen Varianten in allen Völkern. Angela Merkel spürte, dass die Zuflucht bei den Autoritäten der Partei, in die sie selbst erst spät verschlagen worden war, den Halt in den Herzen der Menschen geben kann, den sie als Kopfperson nicht liefern konnte.

Wer die Toleranz der Presse mit Merkels Probeflügen in angestaubte CDU-Ideen-Archive beobachtet, der fragt sich, ob sie einen Bonus hatte? Ein Freifahrticket für ein paar Proberunden im Themenpark der CDU? Und machte sie in der Großen Koalition etwas anderes? Schauen, was geht, mitmachen, wo Widerstand sinnlos ist. Abwarten, bis mehr Macht angesammelt ist. Das ‹Fremde›, das sie abstrahlt, mag ihr lange einen gewissen Höflichkeitsabstand, ein Geduldsprogramm der Journalisten garantiert haben. Warum? Weil sie immer wieder aus der Routine der Westpolitiker ausbrach, und zwar in gegensätzliche Richtungen. Einmal so naiv, dass ein Schutzmechanismus beim Fragesteller ansprang, und ein andermal so hermetisch, dass der Gesprächspartner zurückwich, als habe er an ein Trauma gerührt, das schmerzt. Der Merkel-Bonus also: ein Paradox. Die Gesamtwirkung dieser bis heute singulären und rätselhaften Führungsfrau in der deutschen Politik beruht ebenfalls auf paradoxen Effekten, die wir ergründen müssen.

Erlkönigin auf der Rüttelstrecke:
Testfahrerin Angela Merkel im Themenpark der CDU

Noch einmal gewinnt Angela Merkel Zeit in der Warteschleife. Rot-Grün regiert, und Merkels Testfahrt im Themenlager der CDU geht weiter. Noch einmal probiert die Chefin die traditionelle C-Botschaft aus: Das Jahrhundert der Christdemokraten stehe am Horizont.

«Ich bin der festen Überzeugung, dass wir vor einem christdemokratischen Zeitalter stehen», meldet die Parteichefin am 4. Oktober 2002. Nach einer Präsidiumssitzung greift sie voll in das Traditionsvokabular der alten CDU. Journalisten protokollieren diesen Auftritt: ‹Die Union müsse mehr zu denen gehen, die uns noch nicht ausreichend zuhören›, umschrieb sie wolkig den Marsch zum Säkulum der Union. Sicherheit, Eigenverantwortung und Geborgenheit seien konservative Werte, für die die CDU stehe und die gerade in Zeiten des Wandels gefragt seien. Doch müssten diese immer wieder überprüft werden – genauso wie die drei Wurzeln, die Merkel unter der Frage «Was ist christdemokratisch» benannte: «sozial, liberal, christlich».[42] Es ist einer jener Auftritte, die bei vielen Mitgliedern der Partei für Erleichterung sorgen: Da sind sie ja noch, die altvertrauten Bekenntnisse: Das klingt in den Ohren besorgter Beobachter der Vorsitzenden besser als die Formel von der «modernsten Volkspartei Europas», ein Ziel, in dem jede Wertangabe fehlt. «Modern» ist eben nicht zwangsläufig sozial, liberal und christlich.

Merkel ist nicht mit Bekenntnissen beschäftigt, wenn sie die Werte-Trias sozial, liberal, christlich zitiert. Sie tut das nicht besonders häufig. Der Zweck ist immer, ein Balancespiel im Gleichgewicht zu halten, das für die letzte Etappe der Testfahrt im Themenpark der CDU genau die richtige Mischung aus vertrauten und neuen Botschaften liefert.

Dafür nimmt sie sogar Lieblingsbegriffe ihrer schärfsten Kritiker auf wie Jörg Schönbohms ernste Mahnung zum ‹Tafelsilber›, die freilich weniger höfische Anklänge meint als das nie zur Disposition stehende Basislager an Werten, das keiner ‹Modernisierung› zum Opfer fallen dürfe.

---

42 www.spiegel.de, 7. Oktober 2002.

Merkel weiß, wie ernst diese Warnungen zu nehmen sind – noch. Wenige Jahre später wird sie selbst ihre Höflinge ausschwärmen lassen, um die konservative Melodie entschieden zurückzudrängen. Noch ist es zu früh dafür, das weiß sie. Noch liefert sie einen Mix aus Anpassung und Wiedererkennbarkeit der überlieferten Parteidoktrin, mit der sie siegen will. Sie ist Beobachterin, immer noch, und das ist ihre Erfolgsgarantie. Sie ist nicht verstrickt in die Parteiengeschichte wie alle ihre Kollegen. Die Partei ist nicht in ihrem Herzen, sie ist in ihrem Kopf. Sie schwimmt nicht mit, sie begleitet den Geleitzug am Ufer. Ein Bild aus der Welt der Flößer an der Wolga wäre ihr vielleicht vertraut: die Männer auf den Flößen im Strom, und die Mannschaften am Ufer, die den Kurs der Baumstämme mit Seilen sichern.

Das ist eine wortkarge Welt, in der Sehnsüchte nach Geborgenheit nur nachts durch die Köpfe wandern. Merkel hat viel von dieser Welt verstanden, aber danach fragt hier niemand. Ihr Führungskonzept, über das sie so gut wie niemals redet, hat viel von dieser männlichen Welt aufgenommen. Im Herbst 2002, weit weg von den Brudervölkern ihrer Kindheit, muss sie brüderlich reden mit denen, die wie Jörg Schönbohm Generäle in dem Krieg waren, der auch Angela Merkels Leben entscheidend geprägt hat. ‹Ihr sei daran gelegen›, sagt sie im Oktober 2002 nach verlorener Wahl, das «konservative Tafelsilber in vollem Glanz» erscheinen zu lassen. Sie fügt aber auch ausdrücklich hinzu, das heiße auch, dass «das liberale und soziale Tafelsilber gepflegt werden muss».[43] Konservativ, sozial und liberal, da ist das Christliche schon wieder wegrationalisiert. Das liberale Tafelsilber, so wissen wir inzwischen, erlitt das gleiche Schicksal dann, als der pflegliche Umgang mit diesem hohen Gut Regierungsprogramm geworden war, ab 2009. Einen ernsthaften Verlustkommentar für das verlorene oder vernachlässigte Tafelsilber gab es nicht. Es ging wie mit allen Projekten, die als Testfahrt angelegt waren, nicht als Credo. Nachrufe von Regierungsseite wurden nicht geliefert. Was sich von selbst erledigt, muss man nicht kommentieren, wird die Kanzlerin denken. Dass ein Deutschland ohne Liberale in eine Balance-

---

43 www.spiegel.de, 7. Oktober 2002.

störung driftet, hat der Führungskreis der CDU noch nicht wahrgenommen; oder es gibt Gründe, die Debatte darüber nicht freizugeben.

Das ‹christdemokratische Zeitalter› ist einer von vielen Versuchsballons gewesen, die so taktisch wie das ‹Tafelsilber› Reverenzen an eine CDU austeilten, die schon nicht mehr die CDU der neuen Chefin war. Die Kläger wie Merz, Schönbohm, Koch spürten das und zogen einer nach dem andern ihre Folgerung daraus, dass ihre Partei nicht mehr ‹ihre› Partei war. Die Loyalität zur politischen Heimat, die Anhänglichkeit verband die Garanten der erfolgreichen Parteigeschichte eben nicht mit Angela Merkel, sondern ganz klar miteinander. Dieser Zwiespalt ließ Angela Merkel immer wieder zu Zitaten aus der Wertegeschichte der CDU greifen, um die Unruhe ihrer Kollegen zu beschwichtigen. Wer behauptet, in diesen Jahren der rot-grünen Koalition habe die CDU sich an überholten Positionen abgearbeitet, der entdeckt bei genauerem Hinsehen lauter Stellvertreterkriege in der Partei. Die starken Männer um Angela Merkel, von denen die Grüne Christa Sager schon 2002 meinte, sie könnten «vor Kraft nicht laufen» und hätten die Parteichefin regelrecht «eingebunkert»,[44] liefern Zwischenrufe und Störfeuer zu allen Themen, weil sie die Ahnung beschleicht, auch bei der nächsten Wahl könnte die raffinierte Machtspezialistin sie übereilen. Ihr Startplatz war geradezu das Kandidatenticket, auch wenn das Staunen über diesen Aufstieg sich immer noch nicht gelegt hatte.

«Raffiniert – und häufig genug ruppig – organisierte die CDU-Vorsitzende ihren Aufstieg von der Generalsekretärin über den Parteichefsessel bis hin zur faktischen Kanzlerkandidatin der Union. Dabei hat sie viele Parteifreunde gedemütigt», schreibt *Der Spiegel* 2004. «Es sind Opfer, die jetzt zu Tätern werden, Verlierer von gestern, die noch einmal aufbegehren. (…) Allmählich zeigt sich, dass die großen Siege der Angela Merkel ihren Preis fordern. Sie bekam immer beides – den Fraktionsvorsitz und damit den erbitterten Gegner Friedrich Merz, sie stutzte den mächtig rivalisierenden hessischen Ministerpräsidenten Roland Koch auf Provinzformat zurück und spürt ihn nun ebenso heftig im Nacken wie

44   www.spiegel.de, 2. Dezember 2002.

den CSU-Sozialexperten Horst Seehofer (...). Ihr beherzter Griff nach dem Parteivorsitz drängte den Vorgänger Wolfgang Schäuble an die Peripherie der Union (...).»[45]

Roland Koch, unter dem Motto ‹Die Starken gehen›, leitet heute den Konzern Bilfinger Berger – von Provinzformat kann keine Rede sein. Und Wolfgang Schäuble, der schon Kohls Kronprinzensaga gelassen hinnahm, bleibt der imponierende Sonderfall in diesem unfairen Spiel: Ihn knackt sie nicht, an ihm kommt sie aber auch nicht vorbei. Er ist ihr, schlicht und einfach, überlegen – wenngleich das ihren Politikstil, ihre Wertneutralität und ihre Falschmünzerei mit Zitaten aus dem Kanon ethischer Gebote nicht stoppen konnte.

Merkels Führungsstil ist schon vor ihrer ersten Kanzlerschaft in der Großen Koalition als «geradezu raubtierhafter Instinkt für Macht»[46] entwickelt. Zwischen 2002 und 2005 überwiegen auch in der Programmatik der Partei längst die taktischen Züge. Leidenschaft für Sachfragen ist der späteren Kanzlerin schon jetzt fremd. Kleine Formate in der Sacharbeit langweilen sie. Ihr Ziel ist Weltpolitik.

Die Konfliktfreude der Vorsitzenden nimmt zu, je länger sie die Spitzenämter innehat. Sie genießt es, unberechenbar zu erscheinen, wie sie vergnügt im kleinen Kreis erzählt. Obwohl sie von sich sagt, dass sie ‹vom Ende her denke›, also das Ziel wichtiger nehme als den Weg, startet sie oft riskante Manöver, die sie nach kurzer Zeit als nicht nutzbar wieder aufgeben muss. Es mag mit ihrer ‹Fremdheit› zusammenhängen, dass sie Kritiker eher zu entfernen trachtet, als sie einzubinden. Sie ist die Newcomerin, und sie hat längst erfahren, dass sie mit jener Loyalität nicht rechnen kann, auf die SPD-Chef Schröder ebenso setzen kann wie ihr einstiger Mentor Helmut Kohl. Beiden Männern hat Angela Merkel von Anfang an die Härte und Kälte voraus, mit der sie Sympathien auf Eis legt. Ihre ersten Lektionen im Leben waren ja diese: Wer vertraut, kann verraten werden. Wer Versprechungen macht, gerät in Abhängigkeit. Wenn man ihre «kalte Hundeschnauze» fürchtet, so ist ihr das recht.[47]

---

45 Christine Eichel, zitiert in: *Der Spiegel* 32, 2004, S. 23.
46 Ebenda.
47 Ebenda, S. 25.

Der Parteitag von Leipzig 2003 schien alle Attacken und Intrigen gegenstandslos zu machen; und doch gewann der Widerstand der Männer in CDU und CSU gegen die plötzlich sehr konkret werdende Aussicht einer Kanzlerkandidatin nun erst an Schub.

Nicht nur die Routine der Grabenkämpfe zwischen den Unionsparteien verlangte wieder ihr Recht. Auch die Befriedung der Männer, die ihre Anciennitätsrechte gegen Merkels Status einer Spätbewerberin verteidigten, dauerte kaum länger als der Schlussapplaus nach Merkels Rede in Leipzig. So kontrovers die Positionen zur Sozial- und Gesundheitspolitik traditionell waren, sie erschienen wie ein leichtes Spiel, das man mit Bravour beherrscht. Der neue Kampfplatz aber führte die Kontrahenten zusammen: Wer zuletzt kommt, kann nicht auf den höchsten Platz streben. Was zählen dann noch dreißig Jahre Knochenarbeit in einem geordneten Aufstieg bis in ehrenvolle Mandate? Merkels Turbo-Aufstieg erschien den verdienstvollen Ministerpräsidenten mittleren Alters als eine Zumutung. Nach der Euphorie von Leipzig wurde 2004 ein Jahr der Konflikte – die umgehend von den Wählern mit einem steilen Absturz bestraft wurden.

Am meisten überrascht in jenen Turbulenzen, die das Rivalenrudel im Jahr 2004 auf die Spitze treibt, dass die vier Herren aus dem «Andenpakt»[48] konsequent vermeiden, politische und programmatische Einwände gegen Merkels Politikstil vorzutragen. Die seit ihrer politischen Frühzeit miteinander verbundenen Vier werden alle Ministerpräsidenten: Peter Müller im Saarland, Christian Wulff in Niedersachsen, Roland Koch in Hessen und Jürgen Rüttgers in Nordrhein-Westfalen. Alle scheinen entschlossen, sich die Tür zur Merkel-Ablösung denn doch wenigstens halb offen zu halten : Wer weiß, was die Geschichte bringt. Die Auseinandersetzung in der Sache treibt nur Merz auf die Spitze. Er ist es, der wenigstens eine Vokabel aus dem totgeschwiegenen Katalog der Vorwürfe gegen die Parteichefin auf dem Parteitag 2003 in den Saal wirft: «Entsozialdemokratisierung» heißt das Stichwort, das er als Motto für die Parteireform der CDU wählen möchte.

48 1979 gründeten einige hoffnungsvolle Mitglieder der Jungen Union den Andenpakt. Der Männerbund blieb mehr als zwanzig Jahre geheim, die Mitglieder schworen sich ewige Loyalität. Doch nun haben sich die Herren entzweit.

Er kann nicht ahnen, wie aktuell dieses Vorhaben schon ab 2005, dem Starttermin der Koalition mit den Sozialdemokraten hätte werden können – als Immunschutz gegen die Sozialdemokratisierung der CDU, die dann erst richtig in Fahrt kommt. Der Parteitag spürt den Alarmstoff nicht, der in dem Weckruf steckt: ‹Entsozialdemokratisierung›. Das Gegenteil wird schon bald ganz oben auf der Agenda der Parteiengeschichte stehen.

Merkels politisch gut versorgte Kritiker haben ihre eigenen Gründe, ihren Argwohn und ihre Besorgnis zum Thema Merkel auch dem Missverständnis der Presse zu überlassen. Dort heißt es dann immer wieder, es gehe um Eifersüchteleien, enttäuschte Aufstiegshoffnungen und gekränkten Stolz der dominanzgewohnten Männer.

Aber das Schweigen der Männer ist auch Strategie. Die Vorsitzende weiß, dass man sie mit Geringschätzung kommentiert, aber sie kann nicht offen reagieren, solange niemand offen spricht. Roland Koch sah sich jahrelang als potentieller Nachfolger und logischerweise Kanzlerkandidat. Christian Wulff hat sich durch jahrelange Pro-Merkel-Statements auf den zweiten Platz vorgearbeitet. Einhellig ist unter den unruhigen Nachfolge-Aspiranten die Diagnose ‹Führungsschwäche›. Der Vorwurf ist so etwas wie ein Ersatzbefund für viele Aktionen und Nichtaktionen, von denen die Männer sagen: ‹Hätt ich anders gemacht› oder ‹Was will sie damit erreichen?›

Die exotische Komponente in Merkels Handlungsstil durchschlägt auch die Wahrnehmungsgewohnheiten ihrer männlichen Konkurrenten. Die Vorgesetzte bleibt angefochten und ständig auf der Hut; sie taktiert, um ihren persönlichen Stil so weiterfahren zu können, wie sie es als Testfahrerin zwischen den beiden deutschen Lagern gemacht hat. An den Rivalen interessiert sie nur das, was ihr eigener stärkster Impuls ist: der Wille zur Macht. Merkels Machtwille wird nicht gebremst durch irgendein Credo, wie es die Konkurrenten mit sich tragen; Merkels Machtwille IST ihr Credo. Kein Bekenntnis hindert sie.

Die Quelle ihrer Überlegenheit bleibt das, was ihr fehlt: Pathos, Hingabe, Loyalität. Was ab und zu wie Loyalität aussieht, ist kalkuliertes Kopfprodukt: «Den brauch ich noch», lautet das eisige Fazit. Viele in ihrem Machtapparat haben das erlebt; wenige gestehen es sich ein, es gibt ja die Faust in der Tasche.

Noch aus der Opposition nutzt Merkel die Bundesratsmehrheit von CDU und FDP, um Horst Köhler zum Bundespräsidenten zu nominieren. Die gemeinsame Kandidatenkür von CDU/CSU und FDP soll ein Signal für die nächste Bundestagswahl sein. Merkel absolvierte gerade ihre marktliberale Testfahrt und war für einen Kandidaten von außen offen. Die Marktwirtschaft hereinzuholen ins Präsidentenamt, das war neu, es sollte durchaus ein Signal der «Modernisierung» sein: Nicht mehr präsidiale Würde, sondern der kühle Sachverstand des ehemaligem Präsidenten des Deutschen Sparkassen- und Giroverbands sollte Nüchternheit statt Pathos ins höchste Staatsamt bringen. Eine Versachlichung, die mit der ursprünglichen Verfassungskonzeption des höchsten Staatsamtes nicht mehr viel zu tun haben sollte.

Intrigen um diese stark parteipolitisch und zukunftsgerichtete schwarzgelbe Initiative gab es genug. Die parteipolitische Machtergreifung im Vorfeld war gleichzeitig stärker als bei früheren Präsidentenwahlen.

Dass unter Merkels Führung das Präsidentenamt eine neue Definition erfuhr, zeigt deutlich erst der ‹Dreierpack› jener Wahlentscheidungen, die bis zur Neuwahl im März 2012 zwei Rücktritte vom hochkalkuliert vergebenen Amt und damit zwei unvollendete Amtszeiten hervorgebracht haben.

Zufall? Es lohnt sich, die drei Szenarien im Zusammenhang zu analysieren.[49]

Die überparteiliche Kanzlerin:
Ideentransfer aus der SPD

Die Große Koalition ist Merkels Einstieg in ein gemischtes Politikprogramm, das sie von vielen Kompromissen in der eigenen Partei freistellt. Nun ist sie Kanzlerin, und die Kooperation mit dem politischen Gegner wird als Wählerauftrag gerechtfertigt und muss nicht täglich verteidigt

49   Siehe S. 195ff.

werden. Ihre eigene Partei hat Grund zur Dankbarkeit und zunächst wenig Anlass, zu den Rivalitäten der Jahre 2002 bis 2005 zurückzukehren.

Die Ankunft in einer generell als Ausnahmefall verstandenen Koalition bietet in Wahrheit für die Kanzlerin die passgenaue Chance, um ihre Vorstellung von parteiübergreifender Politik zu verwirklichen.

In Ihrer Regierungserklärung kündigt die Kanzlerin eine ‹Koalition der neuen Möglichkeiten› an. Mit einer komfortablen Bundestagsmehrheit von 72 Prozent, flankiert durch eine satte Bundesratsmehrheit, in der jedes Bundesland durch mindestens einen der beiden Regierungspartner vertreten war, durfte die Erwartung der Bürger auf eine erfolgreiche Zusammenarbeit geradezu unausweichlich erscheinen.

Angela Merkels Zielformel, ‹durchregieren› sei das, was sie eines Tages zeigen wolle, fällt vielen Beobachtern wieder ein, als die Regierung an den Start geht.

Für Angela Merkel bietet sich eine Auswahl von Profilierungschancen, die sie konzentriert einsetzt. Das Bild der traditionellen CDU wird konsequent in Richtung SPD-Domänen ausgeweitet. Ursula von der Leyen verändert energisch das Image der Familienpolitik: Sie liefert einen Mix von neuen ideologischen Botschaften und Projekten, die zum Teil bis zum Jahr 2013 auf ihre Einlösung warten. Die Richtung soll neu sein, Berufsarbeit von Frauen soll selbstverständlich werden. Die Logik für das Kinderleben: massiver Ausbau der Krippenplätze bis 2013, Einführung eines Elterngeldes, von sogenannten Vätermonaten. Damit besetzen die Familienministerin und die Kanzlerin zwei wichtige Reviere, die traditionell bei SPD und Grünen – und sehr ausgeprägt in der untergegangenen DDR – politische Kernprojekte waren. Die gemeinsame Attacke der siebenfachen Mutter von der Leyen und der Kanzlerin auf emotional hochgeladene Spielfelder der Grünen und DDR-Linken, Felder, auf denen längst die SPD auch ihre Pflöcke eingeschlagen hatte, entfachte heftigste Debatten auch außerhalb der politischen Community. Rückholbewegungen von seiten der Parteien, die sich als Pioniere der Themen Frauenarbeit und Kinderbetreuung sahen, fanden kaum statt. Die Eroberung des gesamten Themenspektrums um Mütter, Kinder, Familie und ein neues Vaterbild für die CDU gelang planmäßig. Die Frauen der Mittelschicht fühlten sich an letzte Kapitel der Emanzipation erinnert, und kaum einer fragte, ob die Entlastung der Eltern und das Glück der Kinder tatsächlich aus dem Stadium des politischen Versprechens in die Nähe erlebbarer Wirklichkeit rückte. Es war ein ideologischer Sprung der «verspäteten Partei» CDU in die Gegenwart der andern Parteien, die zunächst zu überrascht waren, um ihr Ideeneigentum zurückzufordern.

Die Wertedebatte, die aus der medizinischen und kinderpsychologischen Wissenschaft bislang ein zuverlässiger Begleiter und Kontrolleur sozialistisch angereicherter Lebensidyllen gewesen war, lebte nicht wirklich wieder auf.

Das Projekt Neubewertung der Familie und Freiheitszugewinn der Frauen war ein klar definiertes Kampffeld von Kanzlerin und Familienministerin.

Ähnliche Raubzüge in den Revieren der Grünen und der SPD folgen diesem Modell. Die Aufmerksamkeit der kritischen Öffentlichkeit wird durch die Entschiedenheit des Zugriffs auf ‹neue Themen› für die alte CDU eingeschläfert. Wer will schon bei den Ewiggestrigen sein, wenn die Parteichefin und nun sogar Bundeskanzlerin die ‹modernste Volkspartei Europas› verspricht? Selbst die Nachfrage, wie viel oder wie wenig von den 2005 bis 2009 entworfenen Szenarien für Elternglück und Kinderschicksal zum Jahr 2013 abrufbar sein wird, unterbleibt. Der Aktionismus der Ministerin, die pure Dichte ihrer Varianten und ihre beinahe tägliche Präsenz in den Medien schafft eine konspirative Atmosphäre, die zum früheren CDU- Werkzeugkasten nicht gehörte. Dabeisein, Jasagen, über angesetzte Summen staunen, die nun endlich den richtigen Weg finden, und endlich in vorderster Linie vom modernen Profil der ‹alten› Volkspartei profitieren, das stärkt auch das Selbstbewusstsein.

Die Kanzlerin konzentriert sich in den Jahren der Großen Koalition auf internationale Auftritte, die mehr Symbolpolitik als Sachpolitik liefern: Der Riesenstrandkorb im Ostseebad Heiligendamm ging durch die Weltpresse. Dass es die G8 waren, die dort tagten, und was sie dort beschlossen, weiß heute nur noch das Fachpersonal. Die Kanzlerin hat einige Gründe, die Beziehung zu den USA persönlich zu pflegen – mit dem inneren Vorbehalt, dass Regierungen wechseln. Außenminister

Steinmeier ist ein fairer und ruhiger Partner; Merkel überlässt ihm sensible Themen wie Syrien – schon damals heikel –, um dann aber internationale Beziehungen, die ihr selbst wichtig sind, wie jene zu Russland, Empfang des Dalai Lama und die bedingungslose Solidarität mit Israel, als Kanzlerpositionen zu verankern. Das Kapitel Große Koalition zeigt Merkel entschieden bei der Arbeit an ihrem internationalen Profil.

Schon jetzt wird deutlich, dass innenpolitische Streitfälle ihr keine Leidenschaft abnötigen. Sie kalkuliert kühl, wann ein Entgegenkommen im Bündnis mit der SPD für das Zukunftsimage der CDU nützlich ist. Emotionen beim Thema Mindestlohn überlässt sie den Parteiexperten. Sie nimmt an dem Thema nur insoweit teil, als eine Positionsverschiebung vielleicht von Nutzen ist: Und schon wird ein kleiner Schritt auf die Anhänger zugetan – klein genug, damit später, in der nächsten Regierung, noch eine weitere Annäherung dazukommen kann. Auch die kaum vertretbare Rentenerhöhung am Ende der gemeinsamen Regierungszeit, 2009, fügt ein weiteres Puzzlestück in das sich wandelnde Szenario der CDU. Überall besser rauskommen, als man reingeht, das ist ein Prinzip der Machtpolitikerin Angela Merkel. Sie strapaziert sich nicht mit Emotionen; lieber rechnet sie den optimalen *Approach* an das nächste Thema durch.

Atompolitik ist, in diesem Sinne, ein Thema für spätere, vermutlich wichtigere Augenblicke. Die CDU muss auch wiedererkennbar bleiben, das weiß die Chefin. Zu viele neue Positionen schwächen das Vertrauen. Die SPD ist aus rot-grünen Zeiten bei ihrem Votum zum Ausstieg gefangen. Merkel weiß, dass die Umweltlobby unter Umständen ein schwerer Gegner sein kann, wenn es misslingt, sie angriffsartig zu umarmen. Niemand kann ausschließen, dass die Kanzlerin schon 2009 die Chance in Reserve halten wollte, mit dieser überwältigenden und hochemotionalen Wahrheit die gültige Kernkraftposition der CDU zu schleifen.

Der Glücksfall, in den Wogen der Finanzkrise einen Finanzminister zu haben, der seine Brillanz mit heißem Herzen national und europäisch entfaltet, mag Angela Merkel in den Jahren 2008 und 2009 oft zum Durchatmen ermuntert haben. Ihr blieben, wie sie das später in der Euro-Krise weitergeführt hat, die symbolischen Statements an die Bürger, deren Wortlaut festgelegt war: «Die Sparguthaben sind sicher», ein Satz, der auch eine kühne, unbeweisbare Behauptung aufstellt, hatte auch deshalb befriedende Wirkung im Lande, weil er so karg daherkam wie die meisten Merkel-Sätze, nicht schneidig und selbstverliebt wie hundert Steinbrück-Statements, sondern glanzlos, aber von spürbarer Wichtigkeit für die ängstliche Gemütsverfassung der Deutschen.

Die Planwirtschaft der Werte: Das System M entsteht

In beiden Krisen, der weltweiten Wirtschafts- und Finanzkrise von 2008 und der Staatsschuldenkrise, die bis heute andauert, hat Merkel wieder von jenem Widerspruch profitiert, der sie überlegen macht: Sie hat schon in der DDR keinen der Herrschenden bewundern können, weil ödes Mittelmaß produziert wurde – auch dort, wo das Böse sich in diese Welt der Apparatschicks wie selbstverständlich einschlich. Sie profitierte seit ihrer Ankunft in den politischen Zirkeln des vereinigten Deutschland von diesem Wissen: Die meisten sind durchschnittlich, lass dich nicht zu Bewunderung hinreißen, sei einfach besser, genauer, konsequenter in deiner Analyse der jeweiligen Umstände, die deinen Siegesplan gefährden oder begünstigen.

Merkel, so darf man vermuten, hat keinen ihrer politischen Wegbegleiter bewundert. Sie blieb dadurch frei, wie sie selbst es beschrieben hat: eine Beobachterin.

Aber die Bindungskraft des Vertrauens, das sie selbst sich verbot, kam und kommt deshalb auch bei denen nicht an, die sicher wissen: Ohne Vertrauen gibt es keine Verantwortung, und ohne diese kein Gelingen.

Plötzlich wird klar, warum die Politikerin Merkel nach dem Seitenwechsel in idealen Konstellationen für ihren Machterhalt agiert: Ihre Mannschaft ist im Westen geprägt und liefert all das zu, was die Chefin abgeworfen hat, um allen überlegen zu sein: Loyalität, Vertrauen, Berechenbarkeit, Verlässlichkeit. Das Privileg, schwer lesbar zu sein, behält die Chefin für sich. Ihre Erfolgsformel ‹Macht ist besser als Ohnmacht› sieht sie auch bei ihren Mitarbeitern bestätigt: Wer sich ausliefert, gibt

Macht ab. Ausgeliefert, so hat Merkel in ihrer DDR-Geschichte gelernt, sind vor allem jene, die sich für traditionelle Werte entscheiden: Treue, Zuverlässigkeit und Lesbarkeit.

Im Herrschaftswissen von Angela Merkel gefährden diese Tugenden die Machtoption: Berechenbare Chefs haben offene Flanken, sobald ihre Mitarbeiter zu Rivalen werden, weil sie die Allmacht des Vorgesetzten nicht mehr als Schutz empfinden.

Der Erfolg von Angela Merkel im Westen der Republik beruht auf diesem Mix von Werteabstinenz und Wertetradition, der sich zwischen ihrer Machtphilosophie und der CDU-Tradition ergab. Bis heute hat kaum einer der Mitspieler am Hofe Merkel die Zeit gefunden, dieses Erfolgsgeheimnis der CDU-Chefin zu begreifen. Merkel hat viele Gründe, hierzu genau nicht das abzuliefern, was in ihrer Philosophie gestrichen ist: ein Bekenntnis. Obendrein ist nicht sicher, ob sie das Geheimnis durchschauen möchte.

Was Merkel stark macht, ist Werte-Immunität. Sie hat alles, was der totalitäre Staat seinen Bürgern vorgaukelte, was er in Paraden und Kundgebungen inszenierte, als faulen Zauber erkannt. Beobachten war ihr wichtiger als Kommentieren. Dissident zu werden, kam in ihrem früh skizzierten inneren Compendium über Wege zur Macht nicht in Frage. Auflehnung ohne Erfolgschance erschien der jungen Angela Kasner als Ohnmachtsprogramm. Schon ihr Staat bewies ihr aber täglich, dass die Plätze an der Macht in jedem Fall bessere Startplätze für ‹die Zeit danach› sind. Das Bild kann nur in der Diktatur entstehen, und es ist schwer lesbar: Sich nicht verstricken in die Apparate der Gewalt und nicht ins Lager der Ohnmächtigen überlaufen – das bietet den höchsten Freiheitsgrad, wenn eines Tages der Eiserne Vorhang sich öffnet. Es ist eine Philosophie ganz ohne Pathos, die Merkel in ihrem Ost-Kokon entwickelt hat.

Was sie wusste und was sie beim Überwechseln antraf, passte auf eine wahrhaft exotische, im Westen nie erlebte Weise zusammen. Ihr Relativismus der Werte wirkt als Quelle von Überlegenheit, und die Westpolitiker der CDU fühlen ihre eigene Werte-Uniform plötzlich wie eine schwere Rüstung aus lauter Handicaps. Wer, wenn wir eine mittelalterliche Reminiszenz benutzen wollen, als gerüsteter Ritter von seinem ebenfalls in Metall verpackten Schlachtross fiel, war nicht mehr in der Lage aufzustehen, geschweige denn sein Pferd allein wieder zu besteigen.

Werte und Tugenden, Abmachungen über das, was für alle gilt und alle bindet, werden in der Begegnung mit der Frau aus Anderland zu Handicaps.

Es geht aber nicht um Lektionen, die wie eine zu schwere Rüstung abgelegt werden könnten: Es geht um das, was der Philosoph und Soziologe Arnold Gehlen ‹Hintergrundserfüllung› genannt hat. Die Verstörung unter den Westpolitikern, ihre Handlungshemmung, ihr Ohnmachtsgefühl kann nun verstanden werden: Sie möchten ihr Credo weiter verbindlich halten, da es viel mehr ist als ein parteipolitisches Bekenntnis.

Nur der Machtwille Angela Merkels ist verantwortlich für ihre Zitate aus den Glaubenssätzen der West-CDU, der sozialen Marktwirtschaft. Immer wenn Merkel diese Vokabeln in ihre Reden einstreut, klingen sie auswendig gelernt; die Konsistenz mit allem andern, was sie vorträgt, fehlt. Dennoch ist ihr dankbarer Beifall sicher: Vielleicht, so die Hoffnung der Parteifunktionäre, kommt die neue Herrin doch noch in der Wertelandschaft an, wo sie alle sich auskennen.

Auf den ersten Blick erstaunlich ist es, dass ausgerechnet Joachim Gauck, ein Mann aus demselben Teil Deutschlands wie Angela Merkel, in Worte fasst, was kein Westpolitiker beschreiben kann oder zu beschreiben wagt: «Ich respektiere sie, aber ich kann sie nicht richtig erkennen.» Ein Satz von mythischer Wucht – denn natürlich würde er Angela Merkel auf der Straße erkennen.

Was Gauck ausspricht, ist ja das *Undercover*-Element in Merkels Auftreten: Keiner soll sie wirklich erkennen, sie will schwer lesbar sein. Was Gauck, im Gegensatz zu allen braven Merkel-Jüngern, anmeldet, ist schlicht die Normalität: Zeig mir dein Gesicht, ich kann dich nicht erkennen. Zeig mir auch deine Ziele, deine Wertvorstellungen, dein *Commitment*, das du mit andern teilst, für eure gemeinsame Sache. Genau dieses Verlangen liegt quer zum Machtkonzept der Kanzlerin, in dem so viele nie ausgeprochene Grundsätze schlummern: Lass dich nicht ausrechnen, verhülle dein Gesicht, um nicht gestellt zu werden.

Was Joachim Gauck sagt, ist umso erstaunlicher, weil er aus demselben System, in dem auch Merkel lebte, gegenteilige Konsequenzen für seine Wertordnung gezogen hat.

Joachim Gauck will nie mehr sein Gegenüber nicht erkennen. DDR-Alltag war genau dies: lauter Leute in Deckung, Verratene und Verräter, oft beides in einer Person. Nicht erkannt werden, immer unter der Maske bleiben, das war Alltagsprogramm für die meisten. Wer erkennbar wurde, wie Joachim Gauck, weil er sich nicht versteckte, geriet in die Racherituale der Staatsmacht. In Freiheit, so meint Gauck mit seinem schmerzlichen Satz über Angela Merkel, darf man doch erkennbar sein für die andern – und darf man sein Gegenüber erkennen – mit unverhülltem Gesicht und unverstellten Absichten. Wenn die Freiheit das nicht bringt – was bringt sie dann?

Angela Merkel hat für sich die umgekehrte Konsequenz gezogen. Wo alle durch eine Werteordnung verbunden sind, die Pathos produziert, da wird man nie ganz dazugehören, wenn man die Lektionen des Misstrauens, des Wegtauchens, der Tarnkappe gelernt hat. Also ist man ohne das Westgepäck mächtiger als das Kollektiv der Westler – zumal sie alle die Philosophie der Angela Merkel nicht durchschauen. Was sie vor allem unterschätzen: Angela Merkel war nicht auf dem Weg ‹nach Hause›, als sie in den Westen kam; ‹zu Hause› waren hier die Männer, die sich bald als ihre Rivalen aufbauten, konsterniert, kannitverstan, wie wenn ein *Alien* in ihrer Mitte gelandet wäre. ‹Ich kann sie nicht richtig erkennen›, warum hat das keiner dieser Männer gesagt, warum hat keiner gefordert: Gib dich zu erkennen, öffne das Visier? Weil sie alle mit der Gefährdung ihrer eigenen Macht beschäftigt waren.

Insofern hatte Joachim Gauck die besseren Erkenntnisgrundlagen: Er wollte nicht Merkels Machtpositionen für sich; er wollte, was nur ein freier Mensch fordern kann: Wenn du bei uns große Politik machen willst, dann gib dich zu erkennen.

Immerhin eine niederschmetternde Erkenntnis, dass keiner aus der Sphäre der Freiheit die richtige Frage stellte: ‹Wer bist du?›

Sich zu erkennen geben, das gehörte ebenfalls in der mittelalterlichen Welt der schwer gerüsteten Ritter dazu, wenn man eine Kraftprobe vorbereitete. Auf Rufweite gaben sich die Rivalen zu erkennen. Dazu gehörte ihre Herkunft, der Name und der Anspruch, mit dem sie den Kampfplatz betraten. Im Lichte solcher Traditionen des Respekts erscheint es grotesk, dass die unbekannte Fighterin, die undurchsichtig in die eingespielten Konkurrenzen eintrat, von niemandem aufgefordert wurde, ihr Gesicht zu zeigen. Alle hatten ihre eigenen Interessen und Phobien, und jeder war zu feige, und das über Jahre, die Frau vom anderen Stern zu stellen: ‹Wir respektieren dich› – das wäre die Gaucksche Annäherung gewiesen. ‹Dies vorweg gewährt, möchten wir dich bitten: Gib dich zu erkennen.›

Die Kanzlerin enteignet SPD-Botschaften: Die Parteigrenzen verschwimmen

Auch die schwarz-rote Koalition von 2005 bis 2009 war für Angela Merkel noch Testgelände: Alle Fenster in die Zukunft öffnen, ohne den Regierungspartner von heute zu verprellen. Wer weiß, mit wem die Reise übermorgen weitergeht. Beide Partner in der seltenen Konstellation kümmern sich um ihr Image für die nächste Wahl; keine schädlichen Kontroversen aufbauen, viele Optionen für das Regieren nach der nächsten Wahl zumindest offenhalten. Die Folge: Keine Einigkeit bei den Analytikern dieser gemeinsamen Zeit von Angela Merkel, Frank-Walter Steinmeier und Peer Steinbrück. Die Kanzlerin auf Testfahrt hat es vermieden, mit scharfem Profil in den klassischen Kampfthemen aufzutreten. Sie begann mit der Perfektionierung ihres Politikstils: abtasten, wie weit die Positionen auseinanderliegen; das eigene Expertenlager den kontroversen Part vortragen lassen, ohne Stellung zu nehmen und zum Schluss – so dass da wieder alle spüren: ein Fenster geht auf – gibt es dann zum Beispiel den Mindestlohn für einige Branchen. Nun weiß jeder: Das ist ein Signal. Die Testfahrerin liefert keine glühenden Kanzlerworte, sondern sie gibt der Kugel, die schon rollt, einen unmerklichen letzten Schubs: Es hat sich so ergeben, dass jetzt ein paar Bereiche Mindestlohnlizenz erhalten; das heißt immerhin: Ein Alleinstellungsmerkmal der SPD ist plötzlich in Auflösung; die Kanzlerin cancelt einen Streit, der verlässliche Profilierung für beide Seiten erlaubte – und zieht damit, ganz sachte, der SPD ein Stückchen Boden unter den Füßen weg.

Sie tut noch mehr: stimmt einer knackigen Rentenerhöhung zu, auch dies nahe am Auslaufdatum der Regierungszeit, damit das Wählergedächtnis die Wohltat abspeichern konnte. Merkel bewies auch großes Geschick in der Okkupation von Themen, die aus der rot-grünen Phase vor ihrer Kanzlerschaft noch halberledigt herumlagen; Themen mit rotgrünem oder SPD-Profil, die schon bald niemand mehr als Übernahmen aus dem sozialdemokratischen Credo erkennen konnte: Es dauerte nicht lange, und die gesamte Aufwertung weiblicher Berufstätigkeit und frühkindlicher Betreuung waren CDU-Domänen geworden. Faktisch wird mehr SPD- als CDU-Politik gemacht, aber die verdeckten Neueinfärbungen – aus Rot mach Schwarz – führten zu einer Marginalisierung der Parteienunterschiede, die ehemals für den vertrauten Ja-Nein-Kontrast von Regierung und Opposition gestanden hatten.

Der allgemeine Eindruck, begünstigt von ersten Krisenreaktionen der Regierung auf die Finanzkrise, die man noch eine ganze Weile als eine ‹Krise der anderen› verkaufen wollte, war ein Abschleifen der Kanten beider Parteien. Die Krise bot für dieses Aufeinanderzurücken das kardinale und – im Kanzlerdeutsch: ‹alternativlose› – Harmoniekonzept, von dem eine allgemeine und neue Beliebigkeitserfahrung ausging: Eigentlich wollen doch alle dasselbe, vielleicht sind die unversöhnlichen Gegnerschaften der ‹Volksparteien› schon Vergangenheit? Was da im Wählerkopf in Gang gesetzt wird, hat die Kanzlerin selbst bei ihrem Amtsantritt programmtisch befeuert: ‹Kanzlerin aller Deutschen› wolle sie sein – was auch ohne ihren erklärten Willen der Fall gewesen wäre – und was daher ihre Vorgänger nie als Spezialität verkündet hatten. Sie hätte auch sagen können: Kanzlerin aller Parteien; damit wäre sie der Brisanz ihres speziellen Machtkonzeptes schon nähergekommen.

Die Ergebnisse der Regierungsarbeit verteilten sich wie zufällig so auf die beiden Parteien, dass die CDU für die positiven, die SPD, zum Beispiel mit der Rente ab 67, für die negativen Nachrichten stand. Der Bundespräsident, von CDU und FDP als Finanzfachmann ins Amt geschoben, leistete sich die Freiheit, zwei Gesetze abzulehnen – für die Kanzlerin ein gar nicht unerwünschter Beleg seiner Unabhängigkeit. Die SPD-Justizministerin durfte den Negativeffekt für sich verbuchen. Horst Köhlers Entschlossenheit, zur Not ‹auch unbequem› zu sein, sollte sich später dann als tückisch erweisen.

Der auffallendste Positionswechsel der CDU in Richtung SPD-Konzept ist aber der Totalverlust der CDU-Position beim Projekt Gesundheit. Die zunächst völlig unversöhnliche Debatte, die schon vor dem Start der Großen Koalition Züge eines Glaubenskampfes hatte, in dem auch die FDP eine wichtige Rolle spielte, endete mit einem faulen Kompromiss, dem Gesundheitsfonds, der nichts von dem Befreiungsschlag brachte, den die Liberalen anstrebten: Entkoppelung der Gesundheitsbeiträge von der Steuer. An keiner Stelle war der alte Gegensatz zwischen sozialdemokratischer Staatsmedizin und liberaler Bürgermedizin so erbittert. Merkel hatte in ihrer liberalen Testphase trotz unglücklicher Begriffswahl – ‹Kopfpauschale› – allem Anschein nach auf das Projekt gesetzt. Es sollte Leuchtkraft vor allem von seiten der Liberalen entwickeln und etwas einleiten, was tatsächlich einen Genesungsprozess des Systems Staatgesundheit hätte einleiten können. Daniel Bahr, der Gesundheitsminister der schwarz-gelben Koalition, war schon als Gesundheitspolitischer Sprecher der FDP und später als Staatssekretär ein kenntnisreicher Kämpfer für dieses Modell. Merkel wurde bald stiller; auch unter dem weniger spottanfälligen Label ‹Gesundheitsprämie› war das Sozialpaket mitten ins sozialdemokratische Heiligtum der Staatsversorgung ohne Rücksicht auf den Kollaps eingebrochen. Es wurde von der versierten Ulla Schmidt gestoppt.

Die Kanzlerin hatte längst unmerklich Abstand genommen, als das bürokratische Monster ‹Gesundheitsfonds› von weitem in Sicht kam. Niemand stellte eine Niederlage von Angela Merkel dort fest, wo sie soeben gescheitert war: in der Herzkammer marktwirtschaftlich-liberaler Politik. Mit diesem Vorhaben, das auch mit anderen Ländern Europas und der Schweiz abgestimmt war, verlor die ‹Neue soziale Marktwirtschaft›, Testfahrtthema der Merkel-Jahre zwischen 2002 und 2005, ihr wichtigstes Projekt. Merkel machte sich schon vorher unsichtbar; sie wiederholte ihre Bekenntnisse der früheren Jahre nicht mehr. Im Februar 2007 wurde das sozialdemokratisch dominierte Konstrukt durchgesetzt; der Gebührenanstieg ging weiter; die Kostenlawine rollt. Die schwarz-gelbe Koalition griff 2009 das zukunftssensible Thema nicht mehr im Grundsatz auf. Merkel hatte schon mit dem Start in diese Konstellation der ungleich großen Partner ein viel weitergehendes Projekt auf ihrer verdeckten Agenda: Alle Parteien, außer den Linken, in ein Boot – mit Themen, zu denen sie in den Jahren der Großen Koalition auch noch die Kernkraft zählte. Die CDU-Position vom ‹ausgewogenen Energiemix› hatte für Merkel auch die Funktion, eine Wirtschaftsklientel mit vertrauten Nachrichten zu versorgen, der sie auf der andern Seite den Einstieg in Mindestlöhne zumutete.

Kernzitate aus der traditionellen Westorientierung der CDU hatte die spätere Kanzlerin schon als Oppositionschefin abgeliefert, als sie 2003 zum Thema Irak wissen ließ, die CDU Deutschlands stehe fest «an der Seite Amerikas». Kanzler Schröder hatte eine gegenteilige Haltung vertreten, und Merkel präzisierte in einem Wortlaut, den man später so von der Kanzlerin Merkel nicht mehr hören würde: Es sei «unverantwortlich, den Einsatz militärischer Gewalt als das letzte Mittel kategorisch auszuschließen».[50] An diesem Satz lässt sich Angela Merkels Kunst der sehr allgemeinen Aussage zu einem sehr konkreten und aktuellen Thema studieren: Sie nimmt Stellung zu einer fingierten Behauptung, um die es gar nicht geht. Es ist kein Gegenüber sichtbar, das empfohlen hat, militärische Gewalt kategorisch auszuschließen – zumal wenn sie das letzte Mittel ist.

Die Kanzlerin nimmt scheinbar Stellung zum konkreten Fall Intervention der USA in den Irak. Sie sagt aber etwas viel Allgemeineres, sozusagen eine Binsenweisheit, die jeder Zuhörer bestätigen würde. Die Merkelsche Kunst besteht in der Scheinverbindlichkeit einer Aussage, mit der sie sich zum anstehenden Dissens im Grunde gar nicht äußert. Niemand wird sie, irgendwann einmal, auf diese Aussage festnageln können. Und sie behält recht: Schon bald wird sie mit einem neuen Präsi-

50 «Offener Brief» von Angela Merkel, zitiert in: *Die Welt*, 29. März 2003.

denten der USA Kontakte pflegen müssen, in denen eine verbindliche Aussage zu Bushs Interventionsentscheidung stören würde. ‹An der Seite Amerikas›, wie sie in gezielter Ungenauigkeit gesagt hat, sieht auch Obama Deutschland gern.

Die Regentschaft der Angela Merkel ist von zunehmender Virtuosität in «schwimmenden» Statements geprägt. Dutzende vager Aussagen, die niemanden beunruhigen und keine Gegenrede wert sind, machen die Auftritte der Kanzlerin auch für die Journalisten immer wieder zum *Déjà-vu* im Kammerton: Hat sie das nicht schon in der letzten Pressekonferenz gesagt? In Brüssel, in Paris? Sie will nicht überraschen – außer wenn es um Erwartungen der Finanz- und Politgemeinde zum unwahrscheinlichen Versandbeschluss für das nächste Europaket wohin auch immer geht.

Genau diese Kammertonlage hat zu dem Eindruck beigetragen, die Chefin aus Deutschland habe das Zeug für eine Königin Europas: Sie liefert eine Spielart von Scheinbeständigkeit an das Publikum, während das Bühnendach längst Feuer gefangen hat. Ihre vielfache Erfahrung ist: Man kann die Dinge nur wenig beeinflussen. Oft ist es von Vorteil, das Tempo herauszunehmen. Was am Ende herauskommt, wird vor allem denen zugeschrieben, die sich nicht zu früh festgelegt haben. Das ist Merkels Kalkül.

Wer da nach mehr Führung fragt, müsste wissen wohin er führen will? Dahin, wo 's hingeht, würde Merkel in einem gelösten Moment sagen. Lass das Schwimmen gegen den Strom. Sei bei denen, die nicht ins Unrecht geraten. Dann kannst du jeden Tag neu aufbrechen. In der Großen Koalition hatten beide Parteien sozialpolitische Geschmeidigkeit entwickelt – die SPD aufgrund ihres Traumas mit Schröders Agenda 2010, die Rot-Grün die Macht gekostet hatte, und Merkels CDU auf dem Hintergrund der eher schwachen Resonanz der christliberalen Testfahrt der Oppositionschefin vor 2005.

Mit Blick auf die nächste Bundestagswahl produzierten beide auch so etwas wie eine Selbstblockade: Keiner wollte vorpreschen und noch mehr Wählergunst verspielen, als in der allzu großen Nähe mit dem ehemals politischen Gegner ohnehin verlorenging.

Der Staat rückt vor und schwächt die Parlamente

Für Angela Merkel bot dieses erste Kapitel Kanzlerschaft auch die Chance, die außer ihr wohl niemand verstand: Mit der Opposition relativ friedlich Politik zu machen – was noch keiner wissen konnte: viel friedlicher als anschließend mit dem angeblichen ‹Wunschpartner› FDP – und damit die Aufweichung der Parteigrenzen vorbereitet zu haben, die im Merkelschen Machtkonzept eine zunehmende Rolle spielen sollte.

Die Friedfertigkeit der Regierungsparteien in der Großen Koalition strahlte auch aus auf die politische Stimmung der kleinen Oppositionsparteien. Da gibt es Beifall für Guido Westerwelle von den Grünen, je nach Thema. Dass Opposition die Verpflichtung zur Gegnerschaft in Richtung Regierungslager bedeute, gerät immer wieder in Vergessenheit. «Unter der Großen Koalition bildet die Opposition keine Reserve-Regierung», erklärt der Politologe Herfried Münkler am 15. September 2009 im Gespräch mit tagesschau.de. Fünf Parteien als potentielle Mitspieler im Regierungslager können nicht unterscheidbar genug sein, um Gegnerschaft glaubwürdig zu inszenieren. Schnittmengen bilden sich, es gibt keine klar definierten Lager mehr. Im letzten Regierungsjahr fliegen die Fetzen in einem TV-Trio von Westerwelle, Lafontaine und Trittin wilder hin und her als in einem ‹Duell› von Frank-Walter Steinmeier, Kanzlerkandidat der SPD, und der Kanzlerin Angela Merkel. Die Ränder der Parteien kommen ins Schwimmen. Jede, außer der Linken, hat Optionen im Regierungslager und würde sich hüten, den Wunschpartner oder Retter von morgen durch gegnerische Parolen zu verstimmen.

Während die beiden ‹großen› Parteien von einst beide Federn gelassen und Sympathien füreinander entwickelt haben, gelingt es den ‹kleinen› in der Opposition nicht, auch nur einige gemeinsame oppositionelle Positionen zu entwickeln. Jeder kämpft für sich. In der Wahrnehmung der Kanzlerin ein disponibler Haufen, den man je nach Thema auseinanderdividieren oder zusammenführen kann. Die Auflösung der festen Parteigrenzen bringt Merkel dem Status näher, den sie in der nächsten Regierung als Kanzlerin erreichen will: nicht mehr Kanzlerin aller Parteien, sondern Kanzlerin aller Europäer. Nicht, weil Europa ihr Traumkontinent ist, sondern vor allem, weil es die nächstgrößere Dimension von Machtfülle ist. ‹Durchregieren› meint auch dies: die Parteigrenzen je nach Bedarf verschieben und durchlässig machen. Prinzipiell – und damit steht sie zunächst auf dem Boden des Grundgesetzes – muss jeder mit jedem regieren können. Aber die Merkel-Variante sieht in einem kleinen Detail anders aus: nicht jeder mit jedem, sondern alle unter Merkel. Mit dem Fortgang ihrer Kanzlerschaft werden die Probeläufe in Richtung Allparteien-Beschlüsse häufiger.

Der brisante Aspekt dieser Frage, ob neue Schnittmengen und Wählerbewegungen sowie Profilkorrekturen und ‹Modernisierungs›-Aktionen à la CDU die Demokratie stärken oder schwächen, ist im allgemeinen Bewusstsein noch nicht angekommen. Die Kanzlerin verweist regelmäßig auf den hohen Rang der Krisenbeschlüsse, für die sie übergreifende Mehrheiten wünscht. Nur wenige Abgeordnete erinnern regelmäßig daran, dass der demokratische Diskurs gefesselt wird, wenn über Schicksalsfragen der Nation nicht mehr kontrovers diskutiert werden darf. Das Gewicht der Entscheidungen, die seit einigen Merkel-Jahren immer häufiger einer staatstragenden Mehrheit aus allen Parteien anempfohlen werden, ist ja in Wahrheit gerade nicht ein Argument, den demokratischen Wettbewerb an die Kette zu legen. Weniger Wettbewerb im Parlament heißt mehr Staat. Und ernster: Weniger demokratisches Ringen im Wettbwerb schmälert auf jeden Fall die Chancen der gesuchten besten Lösung – gelegentlich sogar die Chancen der Wahrheit. Nur weil alle Lager ihm zustimmen, wird ein Beschluss nicht tragfähiger. Nur weil viele Abgeordnete ihre kritische Distanz zu einem Thema opfern, um das Majoritätsdogma zu erfüllen, werden die Auswirkungen einer Entscheidung nicht vor Irrtum geschützt. Im Gegenteil: Ein Allparteien-Dogma bei komplexen und eigentlich strittigen Entscheidungen schläfert die Sensibilität für Fehler ein und schmälert das Verantwortungsbewusstsein des einzelnen Volksvertreters.

Schließlich: Eine politische Führung, die immer häufiger und immer unbefangener für eine neue demokratische Welt der einigenden Mehrheitsbeschlüsse plädiert, zeigt wenig Respekt vor der Stimmenvielfalt und der gesammelten Kompetenz der Mandatsträger. Eine solche Führung zeigt, das sie die große Errungenschaft demokratischer Legitimation für ihr Handeln einem Prinzip unterordnet, das ihr mehr bedeutet als die demokratische Ordnung: Die Staatsmacht selbst wird von einer Führung, die immer wieder alle kontroversen Einsichten an einen einzigen Konsenstisch zwingt, höher geschätzt als die Macht des Souveräns, der Mandatsgeber der Abgeordneten ist, des Bürgers.

Beinahe unmerklich okkupiert der Staat Freiheitsräume, die ihm nur von Fall zu Fall gewährt und wieder entzogen werden könnten, wenn die demokratische Auseinandersetzung ihr Recht behielte. Wie durchschlagend das Revanchebedürfnis einer kleinen Gruppierung sein kann, die als Regierungspartner immer wieder vom Wettbewerb ausgeschlossen wird, hat der Befreiungsschlag der FDP bei der Präsidenten-Nominierung nach dem Rücktritt des ehemaligen Merkel-Kandidaten Wulff gezeigt: Die Verpflichtung auf gehorsames Mitspielen unter dem Kommando der Kanzlerin wurde abrupt gecancelt, durchaus im Namen der Demokratie.[51]

Die drei Oppositionsparteien in der Regierungszeit der Großen Koalition haben von dem neuen Umgang mit demokratischen Spielregeln durchaus etwas gespürt. «Die parlamentarischen Regeln sind auf den Hund gekommen!», schimpft der FDP-Rechtspolitiker Max Stadler. Und Christian Ströbele, grüner Abgeordneter, wirft immerhin der Partei, mit der er selbst schon in Koalitionen unterwegs war, der SPD, vor, sie habe in diesen Jahren 2005 bis 2009 ohne Rücksicht auf das Parlament regiert. «Das Parlament hat in der Großen Koalition nicht nur erheblich an Bedeutung verloren», so Ströbele, «sondern ist gerdadezu beiseitegedrückt worden.»[52]

Immerhin gelten diese Urteile aus verschiedenen Lagern der Opposition einer Gruppierung, die nicht auf eigenen Wunsch zur Regierungskoalition geworden war. CDU und SPD hatten zuvor keinen Anlass gehabt, ihre Schnittmengen zu kultivieren oder gar ihre politischen Ziele

---

51 Zur Vorgeschichte des FDP-Coups siehe S. 159ff.
52 Vgl. Corinna Emundts, www.tagesschau.de, 15. September 2009.

einander anzupassen. Die gemeinsame Geringschätzung für eine Opposition aus lauter Kleinen mag sich auch deshalb bei beiden Regierungsparteien schnell durchgesetzt haben, weil beide immer noch im Bewusstsein «großer» Volksparteien regierten.

Der Trend, das Parlament zu vernachlässigen und die Opposition geringzuschätzen, ist nur schwer einzelnen Personen in der Regierung zuzuordnen. Dass die Kanzlerin sich dieser Entwicklung auf keinen Fall verweigert hat, zeigt die Zeit ihrer zweiten Kanzlerschaft – nun mit einem Partner, dessen grandioses Zwischenhoch in der Wählergunst ihn als Stimmenlieferanten qualifizierte. Ob sich das Thema Liberalismus für die Kanzlerin tatsächlich schon am Start dieser Koalition erledigte wie andere Themen ihrer Testfahrt durch das Biotop CDU, ist eine viel brisantere Frage als die meisten Beobachter denken.[53]

Nicht Sachpolitik, sondern Machtpolitik: Merkels Punktlandung in der parteilosen Mitte

Merkels Umgang mit den Autoritäten, die nicht die ihren sind, auf den Bühnen der Macht ist weder von Pathos noch von Ehrfurcht geleitet.

Schon vor ihrer ersten Kanzlerschaft mischt sie das Westvokabular der Volksparteien relativ kühn. Unter Rot-Grün sieht sie das Land in desolater Verfassung: «wirtschaftlich, sozial und moralisch». Für Merkel ist das eine kühne Trias, eindeutig CDU-Vokabular, bei dem sie das Risiko eingeht, nach der Moral gefragt zu werden. Darum fährt sie in eine andere Richtung fort, die ganz im Merkel-Ton eine weitere Begriffsmischung liefert, um dann aber doch bei ungewohnten Appellen zu landen. Deutschland, so ihre nächste mutige Ankündigungsfigur, brauche «die Rückkehr des Politischen. Denn Politik hat die Aufgabe, Weichen zu stellen (...) und den Menschen eine Vision, eine Hoffnung, eine Richtung zu geben.»[54] So klingt Merkel-Themenmix mit CDU-Sound.

53 Siehe dazu S. 84, 136–140, 154–164.
54 *Die Zeit*, 27. November 2008.

Die Wahl 2009 kommt in Sicht, als die Kanzlerin der Großen Koalition alles auf eine Karte setzt. Worte wie seltene Erden – Moral, Hoffnung, Vision – schieben sich da zwischen unterkühlte Merkel-Prosa, wo Politik «Weichen stellt» und «über den Tellerrand» geschaut wird, alles in einem Atemzug. Ist sie jetzt richtig angekommen in der Mitte der Partei? Oder bleibt der Eigensinn, mit dem sie immer noch und für immer dem eigenen Projekt Aufstieg einen höheren Rang einräumt als jeder Moral, jeder Hoffnung und jeder Vision?

Einmal im Spitzenamt angekommen, lässt die Kanzlerin den Testfahrtmodus nur noch nebenher laufen: Dresden 2006 ist der Parteitag, an dem sie Reformdebatten gelassen an die Ministerpräsidenten delegiert. 2007 findet sie zu dem Passepartout, das immer passt: die Mitte. Ein Motto *for all seasons*, rund, nicht kantig, parteienübergreifend nutzbar; denn dass sie in die Mitte will, wird auch die SPD von Zeit zu Zeit mitteilen. Auch das abgelegte Testvokabular der Proberunden im CDU-Wortschatz wird rundgeschliffen wieder vorgelegt: Aus der ‹Neuen Sozialen Marktwirtschaft› wird kurzerhand die ‹menschliche Marktwirtschaft›.

Eine Kapitulation? Nur wer die Testfahrerin nicht aufmerksam beobachtet hat, kann zu diesem Irrtum kommen. Die Zukunftskanzlerin präsentiert nach ihren Testläufen nicht ohne inneres Vergnügen jetzt genau das, was geht. Menschliche Marktwirtschaft in der Mitte. Das heißt immerhin: Keine Kampfansage mehr, sondern der Weg des geringsten Widerstands. Sie hat es mit dem Höhenflug probiert, aber die Botschaften waren nicht ihre eigenen. Kalkulierte Politik reißt niemanden mit. Der exhumierte Erhard wurde von Merkel bald als persönliches, verspätetes Bildungserlebnis erkannt; die Neue Soziale Marktwirtschaft ein Konstrukt, nach dessen Inhalten niemand fragen durfte – und das christdemokratische Jahrhundert ein Etikettenschwindel, der zum Projekt ‹modernste Volkspartei Europas› so wenig passen wollte wie zu der kopfstarken Durchstarterin vom anderen Stern.

CDU-Traditionen passen nicht zu Merkel; und Merkel passt nur sehr bedingt zur CDU. Sie selbst weiß das seit langem. Sie hat der CDU – und ihrer eigenen Karriere – den Gefallen getan, das für alle, die schon länger da waren, vertraute Milieu bei allen Gelegenheiten zu zitieren. Nun macht sie Bilanz und wirft den ganzen christsozialen und christliberalen Plunder über Bord: Eine «menschliche Marktwirtschaft der Mitte» soll das Ziel sein – und niemandem fällt auf, dass dies kein parteispezifisches Label mehr ist, sondern eines, das sich für jede demokratische Partei eignet. Damit ist Merkels Projekt der überparteilichen Kanzlerschaft auf eine tragfähige Basis gestellt. Der Charme, den die *Undercover*-Spielerin genießt, geht auch von der sprachlichen Harmlosigkeit der neuen Zielmarkierung aus: *Down to earth*, guter Bodenkontakt, werden viele Parteikollegen gedacht haben.Nicht mehr das Jahrhundertformat, nicht mehr die Ahnenreihe, nicht mehr der kühne Wurf über alle Ressorts, der nichts anderes war als ein Themenkatalog von Merkels Gastpartei, den die Journalisten sich am Jahrtausendanfang immer wieder geduldig angehört hatten.

Die auf den Boden gebrachte Alltagsrhetorik passt jetzt für jeden Wähler: eine menschliche Marktwirtschaft mit einer Partei der Mitte. So schlicht war der Auftritt der CDU seit Jahrzehnten nicht. Das Steile ist weg, das Intellektuelle ist raus, das mit dem neoliberalen Steuerzauber in einem einzigen höhnischen Satz von Gerhard Schröder erledigt worden war: ‹Der Professor aus Heidelberg›, Paul Kirchhof, wurde von einem Augenblick zum andern als ein elitärer Fehlgriff aus dem Tableau der CDU gefegt. Und Merkel gehorchte postwendend. Fallenlassen oder Halten sind in der Geschichte von Merkels Aufstieg zwei Seiten derselben Medaille. Nicht moralisch, nicht ethisch, nicht im Sinne von Humanitas oder Gerechtigkeit wird über Fallenlassen oder Halten entschieden, sondern einzig unter dem Aspekt: Schaden oder Nutzen für die Machtgeschichte der Angela Merkel.[55]

Merkels Politik ist nicht Sachpolitik, sondern Machtpolitik. Machtpolitik muss eindeutige, schlichte Bilder liefern, wie sie schon vor der Wahl 2009 beginnen, den Auftritt der Merkel-Partei zu bestimmen: eindeutige Bilder, denen in Augenblicken großer Entscheidungen keine Partei widersprechen möchte. Dass es so kommen wird, denkt vor dem ersehnten

55   Siehe den Teil «Stunden der Wahrheit», S. 165ff.

Sieg 2009 noch keiner in der CDU – oder ein paar von den Leuten mit der Faust in der Tasche? Eine Partei, die aufhört sich in der Sache zu unterscheiden, muss unser Misstrauen auf sich ziehen: Es könnte sein, dass sie den Wettbewerb ersticken will. Es könnte sein, dass sie alle andern unter ihre soften Flügel saugen möchte: menschliche Marktwirtschaft der Mitte. Aber wer siegen will, schiebt allen Argwohn auf später auf. Die Kombination, in der die Kanzlerin der Großen Koalition sich der kleinen näherte, erinnerte doch noch an die liberale Begleitmelodie der früheren CDU-Jahre; also waren die meisten am Machthunger beteiligten Sieger von morgen mehrfach motiviert für eine günstige Prognose.

Niemandem fiel in den Monaten vor der Wahl 2009 auf, dass die Kanzlerin schon vor dem Koalitionsstart, den jeder für logisch hielt, eine Absicht, mit der FDP zu regieren, erst sehr spät und ganz verhalten einfließen ließ. Wer das bemerkte, sah die neuen Puzzlestücke einer nach allen Seiten offenen Kanzlerschaft schon zusammenrücken: Der verhuschte, fast vertuschte Abschied vom designierten Finanzminister Kirchhof, der dem liberalen Spektrum zugeordnet werden konnte, war schon symptomatisch. Jeder abhängige Merkel-Anhänger konnte hier den kalten Hauch der Macht schmecken.

Was die Wähler und Mitglieder der CDU als eine Weiterführung der Kanzlerschaft mit Qualitätsverbesserung – ‹natürlicher› Partner – für den Herbst 2009 voraussahen, hatte für die Kanzlerin selbst schon ganz andere Konturen. Eine neue und mächtigere Etappe ihrer Kanzlerschaft rückte heran. Die Kombination mit den Liberalen, die von einem Allzeithoch berauscht mit mehr als 14 Prozent zum Wahlerfolg von CDU und CSU beitrugen, war in den Augen der Kanzlerin schon zum Zeitpunkt der Wahlen kein Sachprojekt mehr, da sie sich nach ihrer Thementestfahrt im Garten der CDU von Sachpolitik verabschiedet hatte. Der geplante Machtzuwachs in den nächsten Jahren würde über Ankündigungs- und Symbolpolitik laufen, das muss der Kanzlerin schon am Wahlabend klar gewesen sein.

Schon ein Jahr vor der Wahl, die Schwarz-Gelb an die Macht bringt, mehren sich die Zeichen, dass die Kanzlerin auf die Krise mit zunehmender Handlungsscheu antworten wird. Was sich in der Euro-Krise noch verschärfen wird, beginnt schon 2008: Die Krise, das sind die andern. «Die Krise wird zur Lizenz für politische Passivität», schreibt *Die Zeit* am 27. November 2008. Die Kanzlerin muss ihre Richtlinienkompetenz ohnehin nicht wahrnehmen; was sie nach außen sagt, trägt die Handschrift des Finanzministers.

Die Große Koalition erweist sich auf den letzten Metern vor der Wahl als ein Glücksfall für die themenscheue Kanzlerin. Eine wachsende Selbstsicherheit der Deutschen scheint sich abzuzeichnen. Bevor die Freien Demokraten mit Themen auftreten, die in der Arbeitsteilung vor der Wahl abgestimmt wurden – Steuersenkungen zum Beispiel –, entwickelt die Regierungspartei CDU unter Merkel eine optimistische Selbstbeschreibung von ihrer Garantieleistung ‹in der Mitte›. Die deutsche Regierung übt sich ein in eine Botschaft, die ihre Mitverantwortung für die europäische Krise kleinhalten soll: Stabilitätsanker wolle das Land sein, Bremser im Schuldensog.

So wenig politisches Handeln wie möglich, scheint die Devise für die Zeit nach dem Wahlsieg zu sein. Die ‹menschliche Marktwirtschaft› ist zugunsten der ‹Mitte› aus dem Wortbaukasten verschwunden. Der Markt, auf dem sich die erste, fast möchte man sagen ‹Alleinregierung› der Kanzlerin Merkel bewegt, ist eine Ankündigungsbühne, auf der sich niemand festlegt. Keine falsche Bewegung, wird das Motto dieser Regentschaft für die nächsten Jahre heißen. Denn die Überraschungscoups, die ganz großen Machtschübe hat sich die Kanzlerin vorbehalten, aber davon weiß am Wahlabend 2009 noch niemand etwas.

Die Zeit des ‹Durchregierens› beginnt für Angela Merkel. Ihre Geringschätzung des kleinen Koalitionspartners, der mit Siebenmeilenstiefeln zugestiegen ist und dabei tonnenweise Selbstwertgefühle getankt hat, kommt mit einer Verspätung bei den Betroffenen an, wie es nach großen Triumphen üblich ist. «Wir haben es zu spät bemerkt», sagt der Generalsekretär Lindner selbstkritisch nach mehr als einem Jahr.

Welches Ziel verfolgt die Kanzlerin mit der unerwarteten und quasi geheimen Entmachtung der Liberalen? War sie nicht selbst einmal eine Verfechterin liberaler Positionen, die ihre Kritiker sogar mit der Verdachtsvokabel ‹neoliberal› belegten? Die ‹Mitte›, wie sie die Kanzlerin

85

fährt, schließt liberale Positionen nicht ein, sondern aus. Sie lässt auch das Konservative draußen. Merkel hütet sich, Genaueres zur Definition der ‹Mitte› zu sagen. Die Formel blockt Wertediskussionen ab und lässt nach allen Seiten Spielraum für Annäherungen und – Merkels Spezialität – für Enteignungen politischer Konzepte aus allen Lagern. Merkel ist eine Schweigerin, und sie genießt es, dem Irrtum Nahrung zu geben, das Schweigen sei Führungsvakuum. Wer sie beim zehnjährigen – nein noch nicht – ‹Thronjubiläum› der Führungsschwäche verdächtigt, bekommt die ungerührte Antwort: «Man bekommt beim Schweigen ganz gut ein Maß für die Zeit.»[56] Ob das den Kunden ihrer Schweigerunden genauso ergeht, interessiert sie nicht.

Was die Presse gelegentlich ‹Gelassenheit› nennt, kann in den Augen der Regierten wie Gleichgültigkeit wirken. Die Chefin fährt einen geräuscharmen Energiesparkurs. Wer sich aufregt, gehört nicht dorthin, wo sie sich aufhält: in die Mitte. Werte-Debatten sind von gestern. Die Herrin der führenden Partei lebt längst im postideologischen Zeitalter. Die magische ‹Mitte› erlaubt punktuelle Ausbrüche in alle politischen Lager, um Beute zu machen: Der Gral der Grünen, das Atomthema, konnte so im Überraschungsangriff zum Credo der Kanzlerin werden – nicht der CDU, die es mit Merkel teilen darf. Aber weitere Beutezüge im sozialdemokratischen Revier haben wie jener grüne Jagdtriumph der Chefin nur das eine Ziel: alle in einer ‹Mitte› zu versammeln, die nicht mehr Parteigelände ist, sondern Domäne der Kanzlerin. Sie nähert sich diesem Ziel mit verschiedenen Mitteln: Auch der Konflikt um den Euro wird, wie das Thema Energie, immer häufiger zum Gegenstand parteienübergreifender Jasager-Abstimmungen. Bis schließlich keiner mehr Lust auf eine eigene Meinung hat? Oder bis sich keine Partei mehr zutraut, ein eigenes Feld zu besetzen und dafür Wähler zu gewinnen?

Schon fehlt der Mut bei den Experten, die überfällige Frage zu stellen: Wie kann die politische Führung vorgeben, die ‹Mitte› zu besetzen, während sie zugleich im demokratischen Abseits, mittels Gesetzesbrüchen und ökonomischem Kahlschlag die Zukunft des Landes und seiner

56   Vgl. dazu www.fr-online.de/10-jahre-cdu-vorsitzende-merkel-der-stern-ueber-der-mitte

großmäuligen Klimaversprechen aufs Spiel setzt? Ist das die Politik der Mitte, auf die wir uns einstellen sollen? Etikettenschwindel also und illusionäre Wohlstandsvernichtung mit Staatsstreichcharakter?

Die Illusion der ‹Mitte›, wie sie das Kanzleramt verbreitet, bündelt alle Signale, die nach ‹Maß und Mitte› klingen, also Heimatgefühle bei der CDU, Retro-Träume bei der nach links gerückten SPD, Aufwertungsphantasien bei den Grünen, Versöhnungsbereitschaft bei ein paar Linken. Nur die Liberalen sind mit ihrem Trauma beschäftigt, von der Chefin ausgetrickst und zu blauäugig gewesen zu sein, es rechtzeitig zu bemerken. Die Liberalen brauchen ihre Racheakte, um wieder an ihre Mission – mitten in den Bürgerfreiheiten, nicht in Merkels magischer Mitte – zu glauben. Ob die Liberalen sich erholen, wird der Maßstab sein, ob die enteignete Republik ihren Menschen zurückgegeben wird.

Neues Design für die Waffenkammern der Macht

Die Kanzlerin greift nach Europa

Angela Merkel hat in der Euro-Krise einen taktischen Vorteil: Sie ist so wenig Europäerin, wie sie Konservative ist. Dass die Kanzlerin sich einmal die Chefrolle in Europa zutrauen würde, war 2008, als die Finanzkrise die nationalen Haushalte erreichte, nicht erkennbar. Angela Merkel war nicht immer eine krisenfeste Politikerin. In der Finanzkrise ab 2008 bewegte sie sich auf dem glatten internationalen Finanzparkett noch zögerlich tastend und ineffizient, wie *Der Spiegel* notierte: «Sie muss Deutschland durch die Krise bugsieren, und eigentlich schlüge jetzt die Stunde der Kanzlerin, aber sie verhält sich, als hätte sie den Gong nicht gehört. Aus dem Kanzleramt kommen weder große Worte noch große Taten.»[57] Nicht eine große Rede habe sie bisher gehalten, so das Magazin weiter: Deutschland gerate durch sein Zögern in die Isolation und verliere massiv an Einfluss in der Weltpolitik.

Hätten die Autoren damals gewusst, welche Geister sie riefen, hätten sie womöglich vorsichtiger argumentiert. «Madame No» hieß Merkel damals in der Überschrift des Beitrags. Die, die keine Milliarden für die Konjunktur zur Verfügung stellen wollte, und die zu Hause zögerlich Konjunkturpakete schnürte, während sie andererseits Geld in die Bankenrettung investierte.

Nicolas Sarkozy hatte damals noch wenig Sympathie für die Krisenstrategie seiner Amtskollegin: «Frankreich arbeitet daran, in Deutschland denkt man nach.»[58] Merkel ließ die intelligente und ironische Verbalattacke vorüberziehen.

---

57 «Madame No», *Der Spiegel* 49, 2008, S. 22.
58 Ebenda.

Sarkozy wollte Geld von Deutschland, für die europäische Konjunktur. Merkel wollte es ihm nicht geben. Sie setzte auf einen nationalen Sparkurs, um Deutschland durch die Krise zu bringen. Mit Europa, Kohls Projekt, fremdelte sie. Es galt, wiedergewählt zu werden, und wiedergewählt wird man als Kanzlerin im eigenen Land.

Die Strategie ging auf. Merkels Sparkurs war es zwar nicht, der den bedrohten Exportweltmeister verlustärmer durch die Krise führte als jedes andere europäische Land, sondern die Stärke der einheimischen Wirtschaft. Abwarten, ohne klare Positionsmeldungen zu geben, mitstimmen, wenn es unausweichlich wird: Das war Merkels Gastrolle in Europa-Themen.

Zeit war, was sie brauchte: Sie musste üben. Dass die deutsche Verweigerungshaltung Europa noch tiefer in die Krise führen würde, war absehbar. Schon Ende 2008 mahnte der Wirtschaftsnobelpreisträger Paul Krugman, Deutschland müsse sich seiner Rolle in Europa endlich bewusst werden: «Europa hat ein großes Problem mit der Zusammenarbeit. Jedes Land ist in Sachen Defizit und Wirtschaftsleistung für sich allein deutlich schlechter gestellt, als wenn die Europäische Union gemeinsam handelt. Zusammenarbeit ist also von entscheidender Bedeutung. Wenn sich aber Deutschland, die größte Volkswirtschaft, dem verweigert, gibt es keine Kooperation.»[59]

Europa hatte, ohne deutschen Machtanspruch, für die Kanzlerin wenig Charme. Deutschland stand im weltweiten Vergleich gut da, und schon bald hatte Merkels Zurückhaltung den gewünschten Effekt: Die Konjunktur im Land lief störungsfrei. Das Ausbleiben von Steuersenkungen, ein Wahlversprechen des Koalitionspartners, erschien plötzlich gerechtfertigt. Ebenso die Auszahlung des Kindergeldes nur noch bis zum 25. Lebensjahr, die ausbleibende Erhöhung der Freibeträge oder die Aussetzung der Pendlerpauschale. Merkel, 2009 als krisenimmun wiedergewählt, konnte sich anderen Dingen zuwenden.

Mit ihrer Autorität im Land wuchs auch Merkels internationales Ansehen wieder. Je schlechter es Europa ging, desto besser ging es Deutsch-

---

59 «Verständlich, aber kleinlich», *Der Spiegel* 51, 2008, S. 74.

land: Während ab Oktober 2009 die griechische Tragödie Europa in Atem hielt, ging es mit der deutschen Konjunktur aufwärts. Als 2010 mit Portugal und Irland weitere Staatspleiten drohten, und auch Spanien und Italien ihre Haushaltsdefizite nicht mehr beschönigen konnten, war Deutschland zum starken Mann Europas geworden. Vorbei war es mit den anmaßenden Sprüchen des Nicolas Sarkozy: Europa brauchte die Kanzlerin nun.

Plötzlich galt Merkel wieder als mächtigste Frau der Welt: die, die ihren Haushalt im Griff hatte. Nun ergriff sie ihre neue Rolle als europäische Sparmeisterin. Europa interessierte sie immer noch nicht, doch jetzt gab es etwas zu gewinnen: internationale Machterweiterung. Endlich wieder ein Spiel mit ihr als Spielmacherin. Europa, am Tiefpunkt angelangt, war bereit für Merkels Machtkonzept. Und Merkel war bereit für Europa.

Was seitdem unter dem Motto «Stabilisierungsmaßnahmen» in der Eurozone beschlossen wurde, spiegelt den Transfer des Merkelschen Politikstils auf Europa wider. Je mehr die Hilfsmaßnahmen für die überschuldeten Staaten ausgeweitet werden, desto deutlicher wird Merkels Handschrift. Die wiederholte Erhöhung des Euro-Rettungsschirms verstößt nicht nur gegen bestehende EU-Verträge. An die Hilfsmaßnahmen sind inzwischen auch Kontrollmechanismen geknüpft, die der europäischen Idee die Seele austreiben – und obendrein finanzpolitisch keinen Sinn machen.

Euro-Rettung: Lizenz zur Rechtsbeugung

Als die Stimmen gegen weitere Griechenland-Hilfen 2011 immer lauter wurden, begann die Umdeutung der europäischen Staatsschuldenkrise zur «Euro-Krise». Die Kanzlerin konnte sicher sein, dass ihre neue Formel die Wertgaranten der alten Republik ins Herz treffen würde. Da Krisen Retter brauchen, verlangte die «Euro-Krise» nach der «Euro-Rettung». Damit wurde eine jener pseudomoralischen Argumentationsblasen aus dem Handbuch autoritärer Machtapparate in den Meinungsmarkt geschickt, die jeder Handlung den Anschein der «Alternativlosigkeit» verleihen: «Europa ist ohne den Euro nicht denkbar», sagte Merkel der Presse in Berlin einen Tag nach dem EU-Gipfel in Brüssel im Juli 2011. Dort hatten sich die meisten der 27-EU-Staatschefs entgegen allen früheren Verträgen praktisch zu einer Haftungsgemeinschaft erklärt.

Auch wenn dies wohl der schwärzeste Tag in der jüngeren europäischen Geschichte war: Das Kind war schon deutlich früher in den Brunnen gefallen. Wie schon auf nationaler Ebene ist die Regierung Merkel auch in der Euro-Zone bereit, bestehendes Recht auszuhebeln. Das beginnt damit, dass die sogenannte No-bailout-Klausel in Artikel 125 des «Vertrags über die Arbeitsweise der Europäischen Union» den Partnerstaaten verbietet, die Haftung für die Schulden anderer Staaten zu übernehmen. Schon der Europäische Finanzstabilisierungsmechanismus (EFSM) stand damit rechtlich auf schwankendem Boden. Er war aber immerhin noch teilweise durch eine neue EU-Verordnung gestützt worden, die die Kreditvergabe an Mitgliedsstaaten der Euro-Zone erlaubte.

Noch einen Schritt weiter gingen die EU-Staaten dann unter Wortführerschaft von ‹Merkozy› mit der Europäischen Finanzstabilisierungsfazilität (EFSF). Ihr liegt überhaupt kein auf Europa-Recht fußender Rechtsakt mehr zugrunde, sondern eine ausweichende Vereinbarung der am Euro beteiligten Staaten nach Völkerrecht. Eine solche Vereinbarung konnte den Verstoß gegen den Vertrag von Lissabon verschleiern: Das Volumen der Kredite zu erhöhen, die zuvor durch ein rechtsbeugendes Ausweichmanöver möglich geworden waren. Die EFSF garantierte schon in ihrer ersten Stufe Kreditausfallbürgschaften in Höhe von bis zu 440 Milliarden Euro. Mit der zweiten Stufe wuchs das Volumen sogar auf 780 Milliarden Euro an.[60]

Bei so viel vermeintlicher Großzügigkeit gegenüber den Pleitestaaten hatte Merkel freilich bald ein Glaubwürdigkeitsproblem im eigenen Land: Wie sollte sie den Wählern, denen sie seit 2008 ihre Sparpakete als Erfolgsrezept der nationalen Krisenbewältigung verkauft

---

60   «Volles Risiko für die Euro-Rettung», www.focus.de, 29. September 2011.

hatte, diese horrenden Ausgaben begreiflich machen? Schon die freimütige Bankenrettung hatte ihr reichlich Kritik eingebracht. Sie stand im Kontrast zu ihrer im Wesentlichen auf die Bürger abgewälzten Sparpolitik. Nun sollte gleich eine ganze Währung gerettet werden. Also musste, wieder einmal, eine Sprachregelung her. Die fand Merkel, indem sie nun ihrerseits die Banken zur Kasse bitten wollte. Jene Banken, die sie zuvor noch als tragende Säulen der Wirtschaft nach Kräften unterstützt hatte. Die freiwillige Beteiligung privater Gläubiger an der zweiten Aufblähung des Rettungsschirms aber verkam zur Luftnummer. Stefan Homburg, Direktor des Instituts für Öffentliche Finanzen der Leibniz-Universität Hannover, erklärte dem *Spiegel* in einem Interview: «Das Ganze war ein Schauspiel, das vor allem die deutsche Öffentlichkeit beruhigen sollte. Merkel wollte eine verpflichtende Beteiligung, Sarkozy wollte gar keine. De facto hat sich Sarkozy durchgesetzt.»[61]

Warum die freiwillige Beteiligung weiter nichts war als ein Sedativum für die erhitzten Gemüter im Land, begründet Homburg mit einfachster betriebswirtschaftlicher Logik: «Banken können sich nicht freiwillig beteiligen. Ein Vorstand ist auf das Wohl seines Unternehmens verpflichtet, nicht auf das Gemeinwohl. Verzichtet er zu Lasten seiner Gesellschaft auf Forderungen, ist das Untreue und strafbar.»[62]

Selbst wenn sich Merkel mit ihrem Vorschlag der verpflichtenden Beteiligung durchgesetzt hätte, wäre das Instrument jedoch ungeeignet gewesen, erläutert der Ökonom weiter. Die Idee der Marktwirtschaft beruhe letztlich darauf, dass Gläubiger sich ihre Schuldner sorgfältig aussuchen – weil sie sonst allein auf den Forderungen sitzenbleiben. «Die staatlichen Rettungsmaßnahmen setzen Fehlanreize, die die Finanzmarktprobleme immer weiter verschärfen»,[63] warnt Homburg.

---

61 «Das System wird gesprengt», *Der Spiegel* 26, 2011, S. 66.
62 Ebenda.
63 Ebenda.

Merkels ‹Meisterleistung›:
Ein deutscher Maßanzug für Europa

Die wiederholte Aufstockung des Rettungsschirms setzt also falsche Anreize. Was als Rettungsaktion verkauft wird, führt die jüngste Euro-Politik in eine Sackgasse. Die Blockade für die bedrohten Länder wird ausweglos durch die Auflagen, die vor allem auf Betreiben Angela Merkels an die sogenannten Stabilisierungsmaßnahmen geknüpft sind.

Auf dem EU-Gipfel in Brüssel wurde im Januar 2012 der neue Vertrag über den permanenten Krisenfonds ESM «Europäischer Stabilitätsmechanismus») endgültig gebilligt, der ab 2013 die EFSF ersetzen soll. Er verpflichtet die Staaten zu einer «soliden Haushaltspolitik» – geknüpft unter anderem an Merkels Modell der Schuldenbremse. «Bundeskanzlerin Merkel nannte es eine ‹Meisterleistung›, dass der Pakt nach so kurzer Zeit beschlossen wurde. (…) Die EU sei ein ‹kleines, aber feines Stück› weiter auf dem langen Weg, der erforderlich sei, damit Europa wieder Vertrauen gewinne»,[64] zitierte FAZ online die Kanzlerin weiter. Merkels «klein, aber fein» könnte als Satire durchgehen, wenn das Publikum durchschaute, was wir seit Spaniens unbekümmerter jüngster Defizitmeldung (voraussichtlich 5,8 Prozent im Jahr 2012 anstatt der vereinbarten 4,4 Prozent) wissen. Aber das Publikum will nicht wissen, was es weiß. Welches Vertrauen also meint die Kanzlerin? Vertrauen in eine quasi-staatlich gelenkte Wirtschaft auf EU-Ebene? Eine Wirtschaft, die nicht mehr nur einem einzelnen Staat, sondern weiten Teilen Europas mit der wirtschaftlichen Handlungsfreiheit das wichtigste Hoheitsrecht nimmt? Merkels Schuldenbremse ist nichts anderes als eine autoritäre Strafandrohung von zweifelhafter Wirkung. Als Quelle für Wirtschaftswachstum ist sie ganz und gar nicht geeignet.

Experten wie der Großinvestor George Soros nehmen sich das Expertenrecht, am finanzpolitischen Sachverstand der Kanzlerin zu zweifeln. Soros betrachtet die Sparvorgaben, die auf dem EU-Gipfeltreffen im Januar 2012 beschlossen wurden, als den «Beginn eines Teufelskreises, den

---

64 «EU-Gipfel beschließt Fiskalpakt und ESM-Vertrag», www.faz.net, 30. Januar 2012.

sich jeder leicht ausmalen kann. Wenn ein Land nur noch spart, sinkt die Nachfrage massiv, und damit brechen die Gewinne der Unternehmen ein. Also kürzen die Firmen die Löhne und Gehälter ihrer Angestellten, die dadurch weniger Geld in der Tasche haben. So sackt die Nachfrage noch weiter ab, und das Wirtschaftswachstum bricht ein. John Maynard Keynes, der legendäre Ökonom, hat es ganz verständlich zusammengefasst: Sobald die private Nachfrage schwächelt, muss die Politik dieses Defizit ausgleichen. Nur die Deutschen scheinen ihm nicht zugehört zu haben.»[65]

Die Kanzlerin glaubt an die Wirkung von Strafandrohungen – wenn nicht bei den Schirm-Adressaten, so doch bei den deutschen Wählern. Sie haben ihren Sinn für Strafen schon in der ersten Finanzkrise geschärft. Eine fatale Kommunikationspolitik, die auf Machterhalt zielt und die Euro-Länder umso tiefer in die Krise führt: «Diese Krise ist immer noch nicht vorbei, und wir müssen weiter staatliches Geld ausgeben, um den Schleudergang zu stoppen. Erst danach können wir die Richtung ändern. Sonst wiederholen wir die Fehler, die Amerika 1929 in die Große Depression geführt haben. Das versteht Angela Merkel einfach nicht»,[66] so George Soros im Februar 2012.

Merkels Sparlogik konnte den Auswirkungen der Finanzkrise in Deutschland standhalten, weil sie dort auf eine starke Wirtschaft traf, die sich schon seit 2006 nach marktwirtschaftlichen statt politischen Spielregeln krisenfit gemacht hatte. Soros gehört zu jenen Experten, die das unbestimmte Unbehagen vieler Bürger stärken. Fachkenner dieses Kalibers könnten der Kanzlerin gefährlich werden: Sie agieren außerhalb der Politik, und sie sind immun, weil unabhängig. Fraktionsabweichler kann die Kanzlerin – noch – ausgrenzen. Einen Soros nicht. Ein Soros hat bei klugen Bürgern mehr Autorität als sie. Der mangelnde Sachverstand, den er und andere Experten bei der Kanzlerin diagnostizieren, bliebe der für Politiker erlaubte Normalfall. Gefährlich wird die Mischung mit der Arroganz der Macht. Anmaßung bei mangelnder Expertise: eine explosive Mischung, wenn es um die Zukunft eines ganzen Staatenbundes geht.

---

65   «Angela Merkel versteht nicht», *Der Spiegel* 7, 2012, S. 70.
66   Ebenda.

Der Vertrag über den Krisenfonds ESM wurde auf dem Brüsseler Gipfel im Januar 2012 von einem anderen Pakt begleitet, ohne den er gar nicht erst durchsetzbar gewesen wäre: Der sogenannte Fiskalpakt ist der erste Schritt zu einer Zentralmacht in Europa. An ihm beteiligen sich – erneut über einen völkerrechtlichen Vertrag – voraussichtlich 25 EU-Staaten.

Eine Änderung der EU-Verträge, wie sie für den Fiskalpakt ursprünglich angestrebt worden war, konnte aufgrund der Verweigerung des britischen Premierministers David Cameron nicht durchgesetzt werden. Er hatte zur Bedingung gemacht, dass die City of London aus künftigen Finanzmarktregulierungen wie der geplanten EU-Finanztransaktionssteuer ausgenommen würde. Camerons Veto gilt vielen Konservativen – nicht nur in Großbritannien – als Heldentat. Scheint er doch momentan der einzige EU-Staatschef zu sein, der sich dem Machtkonzept der «Königin von Europa» entzieht. Eine Zeitlang wurde die Kanzlerin auch im Ausland oft als «Eiserne Lady» betitelt. Cameron hat dieses schiefe Bild geradegerückt: Er steht in der Tradition der Eisernen Lady Margaret Thatcher.

Die regierungskritische Presse in Großbritannien sieht Great Britain nun innerhalb der EU zum Zuschauer degradiert.[67] Ob diese Stimmen Recht behalten, wird sich zeigen.

Angela Merkel vermeidet jede Stellungnahme zu ihrer UK-Niederlage. Der Rückzug der britischen Regierung aus dem Risiko-Gambling der Europäer soll nicht als Signal verstanden werden, denn das Veto traf Merkel empfindlich: Eine neuerliche Änderung des EU-Vertrags von Lissabon, so stellte sich heraus, würde Jahre dauern. Damit waren die weiteren «Stabilisierungsmaßnahmen» hinfällig. Es blieb der kurzgeschlossene Um-weg über das Völkerrecht. Bereits im Oktober 2010 hatte Merkel deshalb mit Nicolas Sarkozy im französischen Badeort Deauville eine Vereinbarung getroffen, in der beide Länder schnelle Vertragsänderungen forderten.

Die Vizepräsidentin der EU-Kommission, EU-Justizkommissarin Viviane Reding, fand damals deutliche Worte für den Alleingang der beiden

---

67 «Der Mann, der nein zu Europa sagte», www.spiegel.de, 9. Dezember 2011.

Staatschefs: «Mit Schimären von neuen Verträgen zu kommen, scheint mir absolut unverantwortlich. (...) Haben die beiden denn nicht verstanden, dass wir zehn Jahre gebraucht haben, um den Vertrag von Lissabon unter Dach und Fach zu bekommen? Und dass dieser Vertrag genug Elemente besitzt, um Rettungsmaßnahmen abzusichern? (...) Europäische Entscheidungen werden nicht in Deauville getroffen, auch nicht von zwei Mitgliedern allein.»[68]

Ein frühes, vielsagendes Zeugnis dafür, dass in der EU auch kritische Beobachter sitzen, die Merkels Europa-Konzept nicht teilen.

Keine Zeit für Demokratie: Der europäische Zentralstaat

Das Ziel des Fiskalpakts ist Kontrolle. Die Starken bestrafen die Schwachen – oder auch nicht, wie das jüngste Defizit-Zitat von Spanien zeigt. Der Pakt ist vor allem ein Täuschungsmanöver an die Adresse der Bürger: Er soll die deutsche Dominanz in Europa sichern.

Die «Finanzunion» wird «nach und nach zu einem Gebilde, das finanzpolitisch einem Staat näher ist als einer lockeren Gemeinschaft»,[69] schrieb die *Financial Times Deutschland* schon im Juli 2011. In Merkels Europa herrscht Kontrolle – nicht nur über den Sonderfall Griechenland, sondern nach dem Willen der Kanzlerin pauschal über alle potentiellen Sünder. Merkel lässt keinen Zweifel daran, dass die deutschen Überlegungen «auf eine allgemeine Aufsicht über Staaten hinausliefen, die Auflagen aus internationalen Hilfsprogrammen nicht einhalten». Daraus folgt, wie die Kanzlerin weiter ausführte, «dass sich die Staaten zu strikteren Regeln zum Defizitabbau als bisher bekennen.»[70]

Die geplante Abstrafung von Sündern durch die EU-Kommission und den Europäischen Gerichtshof ist ein autoritäres Konstrukt, dem einmal mehr die rechtliche Grundlage fehlt. Vom volkswirtschaftlichen Unsinn der Strafen einmal abgesehen: Was nützt es, ohnehin schon überschul-

68 «EU-Kommissarin Reding greift Merkel scharf an», www.welt.de, 27. Oktober 2010.
69 «Die Finanzunion ist da», *Financial Times Deutschland*, 25. Juli 2011.
70 «EU-Gipfel beschließt Fiskalpakt und ESM-Vertrag», www.faz.net, 30. Januar 2012

dete Staaten auch noch mit Geldbußen zu belegen, die den Abwärts-trend beschleunigen? Ganz im Gegenteil: Für Experten wie Paul Krug-man ist ein solches Vorgehen «eine neue Ausgeburt des Sparwahns, der ‹den Euro tötet›».[71]

Doch gerade der Kontrollfaktor ist Merkels wichtigstes Argument im eigenen Land für Fiskalpakt und Rettungsschirme. Den Wählern muss erklärt werden, warum Deutschland die finanziellen Risiken der soge-nannten Euro-Rettung überhaupt eingeht. Schon bei der Ausweitung des EFSF für das zweite Griechenland-Hilfspaket war der Bundestag ausge-hebelt worden. Der Fiskalpakt ist ein neuer Höhepunkt dieser Methode. Er umgeht das Haushaltsrecht der nationalen Parlamente aller beteiligten Mitgliedsstaaten.

Das wollte selbst Merkels eigene Partei nicht widerstandslos hinneh-men: Der Präsident des CDU-Wirtschaftsrats, Kurt Lauk, äußerte vor dem Bundestag seine Besorgnis darüber, dass Europa «mit großen Schritten einer unkontrollierten Transferunion entgegeneilt» und warnte: «Keines-falls darf die Finanzhoheit ohne demokratische Legitimation aufgegeben werden.»[72] Angela Merkel aber hat sich den Rechten des Bundestags schon in nationalen Fragen nicht gebeugt, wenn sie ihr im Weg standen. Auf der europäischen Bühne führt sie diese Politik in die internationale Dimension. Schon jetzt drängt sie die anderen EU-Staatschefs in die Ra-tifizierung von Beschlüssen ohne vorherige parlamentarische Legitima-tion auf nationaler Ebene.

Diesen Trend beobachtet der Nobelpreisträger Amartya Sen mit gro-ßer Sorge: «Das alte Prinzip keine Besteuerung ohne parlamentarische Repräsentation gilt momentan in Europa nicht. (…) Die Wirtschaftspoli-tik ist abgekoppelt von der politischen Basis. Das ist aus meiner Sicht ein Fehler und widerspricht komplett den Idealen der großen europäischen Bewegung, die sich für ein demokratisches, vereintes Europa stark ge-macht hat.»[73]

71 «Der Glaubenskrieg», www.zeit.de, 5. Januar 2012
72 «Sorgen über Aushebelung des Haushaltsrechts», *FAZ*, 23. Juli 2011.
73 «Viele Ökonomen nehmen ihre simplen Modelle zu ernst», www.handelsblatt.com, 12. April 2012.

Angela Merkel aber setzt ihren Weg zur Staatswirtschaft und zur Einheitspartei auf der europäischen Ebene konsequent fort. EU-Verträge missachtet sie genauso wie das deutsche Grundgesetz, wenn es um die Durchsetzung ihrer Ziele geht.

Der Zentralisierungsdruck erfasst auch die Schutzmächte der Geldwirtschaft: Selbst die Europäische Zentralbank (EZB), die bei ihrer Gründung explizit auf Eigenständigkeit ausgerichtet wurde, hat sich durch die Politik der Alternativlosigkeit vereinnahmen lassen: «Die EZB-Spitze hat bei der Euro-Rettungs-Hektik der Politiker mitgemacht, etwa durch Aufkäufe fauler Papiere. (...) Vor allem mit dem Antritt Mario Draghis als neuer EZB-Präsident im vergangenen Herbst hat sich der Eindruck verstärkt, die Zentralbank verstehe sich eher als Großorganisation zur Finanzüberwachung, Schuldenentschärfung, Bankenstützung und Wirtschaftsförderung denn als Garant der Geldwertstabilität»[74], resümierte die *Neue Zürcher Zeitung* im März 2012.

Europa am deutschen Gängelband

Die deutsche Kanzlerin macht sich mit dem Fiskalpakt und den Kontrollinstrumenten zur Kommando-Instanz von Europa. Wer wie Merkel das Sparen als Allheilmittel gegen die Krise predigt, tut das, was die Franzosen den «terribles simplificateurs», den «schrecklichen Vereinfachern» vorwerfen: Er verschärft die Krise. In Merkels Welt ist die untaugliche Lösungsstrategie ein Mittel zur Entschleunigung: Die Machterweiterung der Chefin braucht die Krise. Der Sparmeisterin kann keiner Verschwendung vorwerfen. Dabei verstößt der Sparzwang, den Schuldenstaaten und allen potentiellen Schuldenstaaten der Zukunft auf unbestimmte Zeit auferlegt, gegen die grundlegenden Prinzipien der Marktwirtschaft: Wachstum braucht Einkommen und Konsum. Wer beides ausbremst, schafft Planwirtschaft. Das europäische Bremskonzept der Kanzlerin schmückt sich mit Wertzitaten aus der Welt der «anderen»: Vertrauen,

---

74 «Die EU ohne verlässlichen Kompass», *Neue Zürcher Zeitung*, 17. März 2012.

Disziplin, Stabilität. Angela Merkel hat den Kanon gelernt, sie benutzt ihn als Beruhigungsmittel, ohne sich mit seiner Auslegung aufzuhalten.

Einer wie Soros, der sein Vermögen nicht mit Sparen gemacht hat, spürt Bitterkeit ob der deutschen Apostelrhetorik: «Schön, wie moralisch die Deutschen jetzt argumentieren. Moralisch, aber nicht ehrlich. Denn Deutschland war einer der Staaten, die früh gegen diese Regeln verstießen. (…) Auch die Deutschen sind nicht unschuldig. Jeder Euro-Staat hat einmal die Stabilitätsvorgaben verletzt, deswegen kam es bislang auch nicht zu wirksamen Sanktionen.»[75]

Merkels Leitmotive sind sichtbar für die, die hinschauen. Viele schauen hin. Wer kanzlernah arbeitet, sieht und schweigt. Auch das politische Europa ist voller Lemminge. Das System Merkel baut auf die Lemminge und die Handlanger. Fragen? Nicht jetzt. Der Stress in den Volten der Kanzlerin reicht. Man läuft hinterher, macht jeden Richtungswechsel mit. So wie Wolfgang Schäuble, der im April 2012 plötzlich das Ende der Finanztransfers verkündete: «Wir haben jetzt alles getan, was erforderlich ist», sagte er der *Neuen Osnabrücker Zeitung*. Die Staaten setzten die notwendigen Reformen um, man sei auf dem Weg zu einer Fiskalunion und es gebe einen starken Rettungsschirm als Rückfalloption. «Wichtig ist jetzt, dass alle ihre Hausaufgaben machen und alle aufhören, durch immer neue Forderungen, Gerüchte und Fragen das gerade aufkeimende Pflänzchen Vertrauen zu ersticken.»[76]

Da ist es wieder, das Vertrauen. Noch wenige Wochen zuvor hatte Schäuble es selbst nicht aufbringen wollen: In einem Schreiben an die Bundestagsabgeordneten hatte er Ende Februar 2012 darauf hingewiesen, die Verabschiedung des zweiten Rettungspakets sei «möglicherweise nicht das letzte Mal, dass sich der Deutsche Bundestag mit Finanzhilfen für Griechenland befassen muss».[77]

Keiner schreit auf. Schäubles plötzliche Drohung, der Ruf nach weiteren Hilfen sei zu unterlassen, war möglicherweise nichts weiter als die

---

75 «Angela Merkel versteht nich», *Der Spiegel 7*, 2012, S. 71.
76 «Euro-Krise: Schäuble schließt weitere Zahlungen aus», www.noz.de/neue-oz, 9. April 2012.
77 «Griechenland braucht noch mehr Geld», www.focus.de, 24. Februar 2012.

gängige Wahlkampfmelodie der Regierung Merkel: In Schleswig-Holstein standen am 6. Mai Landtagswahlen an, in Nordrhein-Westfalen eine Woche später Neuwahlen. In solchen Zeiten verkommt auch die Euro-Rettung im System M zur Nebensächlichkeit: der Wahlkampf, ein Europa-Moratorium. Europa aber war nie stärker gefährdet als in diesen Wochen. Die fortwährende Verschärfung des Sparkurses macht genau das wahrscheinlicher, was Merkel vorgeblich mit allen Mitteln vermeiden will: den Zusammenbruch der Euro-Zone. George Soros wies im April 2012 in Berlin noch einmal in aller Deutlichkeit darauf hin, dass alles, was zuletzt unter dem Stichwort «Stabilisierung» geschehen ist, in Wahrheit destruktiv wirkt: «Der Zusammenhalt der Euro-Zone ist in größerer Gefahr als noch vor wenigen Monaten. Das macht mir Angst. Wenn die Währungsunion zerbricht, wird auch der Schengen-Vertrag infrage gestellt werden, womöglich sogar der europäische Binnenmarkt und die Europäische Union selbst. Das alles beginnt nun, möglich zu werden.»[78]

Und Soros liefert einen Appell, den die Kanzlerin nicht übergehen kann, weil er mit dieser Warnung nicht allein steht: «Die Sparprogramme in Europa führen im Moment in eine Depression. Angela Merkel und die Bundesbank sind durchaus in der Lage zu verstehen, dass die Politik, die sie in Europa verfolgen, den Euro und die Europäische Union zerstören wird.»[79]

Der Ausstieg vom Ausstieg: Das schwarz-gelbe Bekenntnis

«Die Stromproduktion in Deutschland soll möglichst bereits bis 2030, die Wärmeproduktion bis 2040 komplett auf Erneuerbare Energien umgestellt sein»[80], heißt es auf der Website der grünen Partei unter dem Stichwort «Atomausstieg». Noch 2012 ist es dort so nachzulesen. Die Grünen leben im Entzug. Im Frühsommer 2011 war es, als ein nie simu-

---

78 «Angela Merkel will den Euro nicht zerstören», www.zeit.de, 13. April 2012.
79 Ebenda.
80 Internetpräsenz von Bündnis 90/Die Grünen, abgerufen am 13. April 2012.

lierter politischer Super-GAU den Grünen Gral mit einem Schlag ins feindliche Lager entführte. Mit einem emotionalen Salto mortale verkündet die Kanzlerin am 9. Juni 2011 den Ausstieg aus der Kernenergie bis 2022. Der Bundestag, trainiert in Merkels Politikstil der abrupten Volten, nickte den Ausstieg wenig später ab.

So funktioniert die Politik der Unverbindlichkeit: Merkel sammelt Markenkerne anderer Parteien. Unbefangen betritt sie mit fetter Beute in den Umfragewerten die nächste Arena. Was der SPD in der Großen Koalition nur halb bewusst wurde, ist spätestens mit dem Atomausstieg im Bewusstsein aller Oppositionsparteien angekommen: Was gestern noch ein Alleinstellungsmerkmal war, kann morgen schon der Kanzlerin gehören. Merkel agiert als politische Heuschrecke. Es geht nicht um die Substanz, sondern um die «Marktkapitalisierung»: das Wählerpotential einer Partei, jeder Partei.

Nur so ist zu erklären, wie die Kanzlerin von einer erklärten Befürworterin der Kernenergie praktisch über Nacht zur Vollstreckerin des Ausstiegs werden konnte.

Das Paradebeispiel dieses politischen Stils ist der Atomausstieg. Hier werden alle Faktoren von Merkels freibeuterischer Machtmentalität deutlich: Positionslosigkeit, Werterelativismus und autoritäre Anmaßung.

Am 27. April 2002 war das von der rot-grünen Bundesregierung auf den Weg gebrachte Atomausstiegsgesetz in Kraft getreten.[81] Die Novelle zum Atomgesetz von 1961 sah ein Verbot des Neubaus von kommerziellen Atomkraftwerken vor; sie setzte Fristen für die Regellaufzeit der bestehenden Atomkraftwerke von durchschnittlich 32 Jahren seit Inbetriebnahme und begrenzte die Strommenge, die insgesamt noch von den deutschen Kraftwerken bis zu ihrer Stillegung erzeugt werden durfte.

In der Zeit der Großen Koalition von 2005 bis 2009 blieb dieses Gesetz unangetastet – sehr zum Unmut der Energieversorger. Kanzlerin Angela Merkel mied das Thema Atomstrom, um die Handlungsfähigkeit ihrer ersten Regierung nicht zu gefährden. Ihr Schweigen in dieser Phase

---

81 «Der lange Streit um die Atompolitik», www.faz.net, 15. März 2011.

darf jedoch nicht darüber hinwegtäuschen, dass die Kanzlerin noch im Wahlkampf für den Fall eines schwarz-gelben Regierungsbündnisses ab 2005 andere Pläne für die Energiepolitik hatte: Die damalige Kanzlerkandidatin sicherte zu, als Kanzlerin einer schwarz-gelben Regierung die Laufzeiten der Atomkraftwerke deutlich zu verlängern. Das *Handelsblatt* gab am 5. Juni 2005 Merkels Aussage wieder, es müsse «den Kraftwerksbetreibern überlassen bleiben, die verbliebenen 17 Atomkraftwerke so lange zu betreiben, wie dies technisch möglich sei».[82]

So blieb den Energieversorgern, die durch die angekündigte Verlängerung der Laufzeiten Investitionsersparnisse in Milliardenhöhe in Aussicht hatten, nichts anderes übrig, als auf eine schwarz-gelbe Koalition nach der nächsten Wahl zu setzen: wieder eine multifunktionale Aktion, die Wählerstimmen aus vielen Lagern binden kann. Denn auch die Wirtschaft und die Bürger hätten von dieser Entscheidung profitiert: durch stabile Strompreise.

Kurz vor dem Ende der Großen Koalition, im Juli 2009, ließ die Kanzlerin verlautbaren, die weitere Nutzung der Atomenergie dürfe – ungeachtet des Atomausstiegsgesetzes von 2002 – nicht ausgeschlossen werden. Diese Äußerung folgte nur wenige Tage auf den Störfall im AKW Krümmel, der Merkel nicht sonderlich zu beunruhigen schien: Die Kanzlerin «sehe in den Pannen keinen Grund, ihre Haltung zu ändern, dass die Nuklearenergie sowohl zum Export als auch als Brückenenergie auf absehbare Zeit unverzichtbar sei»,[83] wurde Vize-Regierungssprecher Thomas Steg zitiert.

Und tatsächlich brachte Schwarz-Gelb für die Versorger zunächst die erhoffte Atempause, die im Wettlauf um die Planerfüllung bei den Erneuerbaren Energien dringend notwendig war. Im Koalitionsvertrag, der am 26. Oktober 2009 unterzeichnet wurde, legten die Regierungsparteien sich fest: «Die Kernenergie ist eine Brückentechnologie, bis sie durch Erneuerbare Energien verlässlich ersetzt werden kann. (…) Dazu sind wir bereit, die Laufzeiten deutscher Kernkraftwerke unter Einhal-

82   «Merkels Atompolitik erspart EON Milliarden», www.handelsblatt.com, 5. Juni 2005.
83   «Kanzlerin weist Umweltminister zurück», www.focus.de, 6. Juli 2009.

tung der strengen deutschen und internationalen Sicherheitsstandards zu verlängern.»[84]

Der Bundestag beschloss die Laufzeitverlängerung am 28. Oktober 2010 mit der Mehrheit von CDU/CSU und FDP: Die sieben vor 1980 in Betrieb gegangenen Atomkraftwerke erhielten Strommengen für zusätzliche acht Betriebsjahre, die neueren zehn Meiler für zusätzliche vierzehn Jahre.

Zwar müssen die Atomkonzerne als Bestandteil des Sparpakets vom 7. Juni 2010 eine Steuer auf Brennelemente zahlen, die dem Bund ab 2011 jährlich 2,3 Milliarden Euro in die Kassen spült.[85] Doch die Krise der Energiewirtschaft, ausgelöst durch einen absehbar unhaltbaren Zeitplan für die Vollversorgung der deutschen Netze mit einer Kombination aus konventionellen und Erneuerbaren Energien, aber minus Atomstrom, schien gebremst.

Die ‹Energiewende›: Merkels Moratorium der Demokratie

Es sollte nicht lange dauern, bis Angela Merkel ihre Versprechen brach. Vermittelt wurde den Bürgern das Moratorium vom 14. März 2011 als unmittelbare Folge des GAUs in Fukushima. Doch wie so oft war auch in diesem Fall die Krise nur die Gelegenheit, die der unverbindlichen Kanzlerin im richtigen Moment die Vorlage für einen programmatischen Kurswechsel lieferte. Unmittelbar vor dem GAU nämlich geriet Merkel bezüglich der Laufzeitverlängerung massiv unter Druck. Die Klagen von fünf SPD-regierten Bundesländern und 214 Bundestagsabgeordneten vor dem Bundesverfassungsgericht, die Ende Februar und Anfang März in Stuttgart eingingen, werden der rechtsskeptischen Kanzlerin kaum wichtig erschienen sein; doch auch die Wählerstimmung stand eindeutig gegen die Laufzeitverlängerung, wie wiederholte Demonstrationen

---

84 «Der lange Streit um die Atompolitik», www.faz.net, 15. März 2011.
85 Ebenda.

mit Zehntausenden Teilnehmern, in Berlin sogar 100 000 Teilnehmern zeigten.

Für Merkel dramatischer: Mitten in diesem turbulenten Szenario standen wichtige Landtagswahlen an. In Baden-Württemberg, Rheinland-Pfalz und Sachsen-Anhalt würden Ende März 2011 die Wähler an die Urnen gehen.

Als am 11. März ein schweres Erdbeben mit einer darauf folgenden Flutwelle den Atomunfall in Fukushima auslöste, stand Angela Merkel also vor der Wahl, ihre Verbindlichkeiten und den Koalitionsvertrag einzuhalten und ein Risiko für den Wahlausgang in wichtigen Bundesländern einzugehen oder die Gelegenheit zu nutzen und, wieder einmal, den Salto mortale zu schlagen.

Es sollte ihr bisher größter Coup auf dem Weg zur deutschen Einheitspartei werden: das Moratorium als Eingewöhnung, weil das Wort nur eine Minderheit verstand, und der Ausstieg sofort dazu; das Wort verstand jeder.

Am 14. März 2011, drei Tage nach dem GAU in Fukushima, ging die Kanzlerin in die Offensive und verblüffte das politische Berlin mit dem Atom-Moratorium: Sie kündigte an, die Sicherheit aller deutschen Atommeiler werde nun überprüft. Dafür werde die zuvor per Gesetz beschlossene Laufzeitverlängerung für drei Monate ausgesetzt. Die sieben ältesten Meiler sowie das Pannen-AKW Krümmel würden in diesem Zeitraum vom Netz genommen. «Alles gehört auf den Prüfstand», sagte Merkel der Presse, und es gebe «keine Tabus».[86]

Keine Tabus. Das ist Wahlkampf-Vokabular. Einmal mehr wischte die Kanzlerin ein immerhin von ihrer Koalition eingebrachtes, durch den Bundestag beschlossenes Gesetz mit einem halben Dutzend anderer, unter ihnen Aktienrecht und Verfassungswerte, einfach vom Tisch. Und stellte sich mit der sofortigen Abschaltung von sieben Kraftwerken nicht nur den Energiekonzernen, sondern der gesamten Wirtschaft als neue Herrin des Kernsektors der Industriegesellschaft vor, ohne dafür eine Rechtsgrundlage zu haben.

---

86 «Merkel kündigt Atom-Moratorium an», www.focus.de, 14. März 2011.

Rein juristisch war das Moratorium nichts anderes als ein Trick. Merkels umstürzlerischer Machtanspruch ist an ihrem Vorgehen klar ablesbar: Ihre Erklärung werde Gesetz – als sei eine Entscheidung schon rechtsgültig, wenn die Kanzlerin nur laut darüber nachdenkt. Ein Moratorium aber ist ein gesetzlicher oder vertraglicher Aufschub, und ein Moratorium für ein Gesetz kann daher nur durch eine Gesetzesänderung beschlossen werden. Die SPD und Die Linke wiesen im Bundestag darauf hin. Die Kanzlerin schüttelte genervt den Kopf.

Angela Merkels Begründung bei der Regierungserklärung im Bundestag, warum ihr Moratorium dennoch Gesetzeskraft habe, orientiert sich am Wortlaut eines Paragraphen, der für den Ernstfall gedacht ist: Die Pflicht zur staatlichen Aufsicht erlaube es dem Bund anzuordnen, dass «ein Zustand beseitigt wird», der eine unmittelbare Gefährdung darstellt.[87] Das setzt jedoch voraus, dass der weitere Betrieb eines Kraftwerks aufgrund der Lage rechtswidrig wäre.

Merkels Argumentation für das Moratorium bedeutet im Klartext also: Die Kanzlerin ist der Bund. Wahlen stehen bevor. Damit ist der Ernstfall eingetreten. Der Bund muss handeln.

Merkels Wort ist Gesetz. Wäre es nicht nach ihrem Wort, sondern nach den Fakten gegangen, hätte es kein Moratorium gegeben: Die Risiken für einen Störfall im erdbebenanfälligen Inselstaat Japan und im kontinentalen Deutschland sind keineswegs vergleichbar. Das weiß natürlich auch die Physikerin Merkel.

Die Wirtschaftsvertreter, denen sie nur Monate zuvor mit der Laufzeitverlängerung ein Wahlkampf-Versprechen eingelöst hatte, verstanden die Welt nicht mehr. Sie brauchten eine Erklärung für diese Anmaßung. Und wandten sich an Wirtschaftsminister Rainer Brüderle; der war, zu seinem Unglück, gerade greifbar.

Im Haus der Deutschen Wirtschaft saßen, noch während die Nachricht über die Kernschmelze in Japan durch die Newsticker lief, Präsidium und Vorstand des BDI zusammen. Rainer Brüderle war zu Gast und sollte über Industriepolitik sprechen. Mitten in den Sitzungsverlauf

87   «Freiwillig, nicht verbindlich», www.faz.net, 16. März 2011.

platzte die Neuigkeit über das Moratorium. Dass die Spitzen der deutschen Wirtschaft nun Fragen an den Minister hatten, liegt nahe. Und der gab, im vertrauten Zirkel, einen Einblick in den Merkelschen Machtapparat, der ihm bleiern auf die Füße fallen sollte: «Der Minister bestätigt dies», zitierte die *Süddeutsche Zeitung online* das Protokoll der Sitzung, und wies erläuternd darauf hin, dass angesichts der bevorstehenden Landtagswahlen Druck auf der Politik laste und die Entscheidungen seien daher «nicht immer rational».[88]

Motive offenzulegen, das kommt im System M einem Sprung in die offene Klinge gleich. Die Wahl in Baden-Württemberg, Tage nach der Veröffentlichung des Protokolls, verlor die CDU. Ex-Ministerpräsident Mappus – zuvor, ebenso wie Merkel, ein erklärter Befürworter der Kernenergie – schob es auf Brüderles Offenherzigkeit. Es dauerte nicht mehr lange, bis der Minister seinen Stuhl räumte.

Selbst Helmut Kohl fühlte sich angesichts des Moratoriums zu einer seiner selten gewordenen Wortmeldungen genötigt. Er sah nicht nur die Gefahren für die Wirtschaft, sondern wies noch auf einen ganz anderen Vertrauensbruch in der Regierungserklärung der Kanzlerin hin: dem an den Bürgern. Merkels Verweis auf den Grundsatz der Gefahrenabwehr («Im Zweifel für die Sicherheit»[89]) führt die Menschen in die Irre – so lässt sich die Äußerung des Altkanzlers deuten: «Das Leben ist ohne Risiken nicht zu haben», schrieb Kohl in einem Gastbeitrag für *Bild*. «Wer den Menschen das verspricht, sagt schlicht die Unwahrheit.»[90] Ein Vorwurf, der angesichts Merkels Behauptung umso schwerer wiegt, die Risiken der Kernkraft in Japan und in Deutschland seien vergleichbar: Die Kanzlerin macht mit Angst Politik.

Doch das Atom-Restrisiko war für Merkel über Nacht zum Wahl-Restrisiko geworden. Die Wahl in Baden-Württemberg ging dennoch verloren, und zum ersten Mal wurde mit Winfried Kretschmann ausgerechnet ein Grüner Ministerpräsident eines deutschen Bundeslandes.

---

88 «Brüderle: AKW-Moratorium ist nur Wahlkampf-Taktik», www.sueddeutsche.de, 24. März 2011.
89 Merkel: «Atomausstieg mit Augenmaß», *FAZ*, 17. März 2011.
90 «Warum wir die Kern-Energie (noch) brauchen», www.bild.de, 25. März 2011.

Die Gefahr einer Wählermehrheit gegen den Atomstrom, der Merkel mit dem Moratorium hatte begegnen wollen, hatte sich als real erwiesen. Offenkundig verstanden die von Fukushima erschütterten Menschen den Atomausstieg noch immer als rot-grünes Projekt. Die feindliche Übernahme der Ausstiegsidee durch das Moratorium, sie war nicht gelungen.

Die Kanzlerin musste nachlegen. Und dann wurde es bedrohlich für Claudia Roth und ihre Partei.

Der Ausstieg vom Ausstieg vom Ausstieg: Merkels Salto mortale

Wie neutralisiert man eine in Landtagswahlen überlegene Opposition, die durch die aktuelle Lage einen strategischen Vorteil hat?

Die Kanzlerin, das wurde ihr angesichts des Spotts über das Moratorium schnell klar, brauchte einen Bundestagsbeschluss, um die politischen Gegner zum Schweigen zu bringen. Sie musste die anderen ins Boot holen, um am Ruder des Atomausstiegs zu stehen. Also gab sie ein Gesetz in Auftrag, dem die Opposition, als tatsächlicher Urheber des Ausstiegs, die Zustimmung nicht verweigern konnte. Auf Kosten der Wirtschaft und der Bürger verkündete sie einen Zeitplan für den Atomausstieg, der selbst die Grünen in einen Geschwindigkeitsrausch versetzte: «Das Atomgesetz wird novelliert. Damit wird bis 2022 die Nutzung der Kernenergie in Deutschland beendet. Die während des dreimonatigen Moratoriums abgeschalteten sieben ältesten deutschen Kernkraftwerke und das seit längerem stillgelegte Kraftwerk Krümmel werden nicht wieder ans Netz gehen. (…) Wir wollen das Zeitalter der Erneuerbaren Energien erreichen.»[91]

Eine ernsthafte Sicherheitsprüfung – die offiziell der Zweck des Moratoriums sein sollte – würde anderthalb Jahre dauern, hatte die *Frankfurter*

---

91   Regierungserklärung von Bundeskanzlerin Angela Merkel zur Energiepolitik «Der Weg zur Energie der Zukunft» (Mitschrift), 9. Juni 2011.

Allgemeine Zeitung Jürgen Trittins Einwand gegen das Moratorium zitiert.[92] Doch so viel Zeit hatte die Kanzlerin nicht. Drei Monate nach Verkündung des Moratoriums hatte sie bereits entschieden, dass die inzwischen acht stillgelegten Atommeiler ausgeschaltet bleiben sollten. Abgeschaltet wurden damit auch alle Aussichten der Wirtschaft auf eine rationale Energiepolitik, ein Versprechen der Kanzlerin von 2005.

Selbst der «rot-grüne Atomausstieg der Regierung Schröder hatte den Stromkonzernen eine langfristige Übergangsphase in das Zeitalter regenerativer Energie eingeräumt», kommentierte Michael Naumann, Herausgeber des Magazins *Cicero,* Merkels Hauruck-Aktion. «Das ZK der SED hätte es nicht anders geplant und durchgezogen. Die Koalitionsabgeordneten schweigen und schweigen und nicken ab. Ihr Gesinnungswandel ist beschämend und unglaubwürdig.»[93]

Am 30. Juni, noch vor der Sommerpause, hatte der Deutsche Bundestag den Atomausstieg der Angela Merkel bereits durchgewinkt. Ihr Wort war Gesetz geworden.

Atomausstieg: Nebelbomben für das Volk

Die 180-Grad‹Energiewende› ist aber nicht nur eine parteipolitische Farce auf dem Weg zur Einheitspartei. Sie ist auch ein Sprung in Richtung Staatswirtschaft.

Michael Naumann kritisierte: «Die abrupt verordnete Stilllegung von acht Kernkraftwerken kommt einer staatlichen Enteignung gleich.»[94] Dass die Energieaktien an der Frankfurter Börse nach Bekanntwerden des Bundestagsbeschlusses zum Atomausstieg einen dramatischen Wertverlust verzeichneten, wunderte niemanden. Der Schaden trifft aber nicht allein mächtige Energiekonzerne. Mit ihnen hat Angela Merkel auch deren Anleger geschädigt.

92 Merkel: «Atomausstieg mit Augenmaß», *FAZ,* 17. März 2011.
93 «Das Schweigen der Lemminge», www.cicero.de, 1. Juli 2011.
94 Ebenda.

Kein Wunder also, dass RWE-Chef Jürgen Großmann sich fragt, wie er seinen Aktionären die Geschäftspolitik, in die Merkels Wende ihn zwingt, erklären soll. Er hat sich für den Rechtsweg entschieden und Klage gegen den Beschluss des Bundestags eingereicht. Der zu Beginn von Merkels Vorstoß reichlich desorientierte Umweltminister Norbert Röttgen, der zunächst noch ein Ausstiegsszenario nach dem rot-grünen Vorbild einforderte und nun auf der Ausstiegswelle navigierte, spülte daraufhin reichlich Oberwasser in die Richtung der klagenden Konzerne unter dem Wortführer Großmann: Diejenigen, die eine Klage in Erwägung ziehen, sollten sich Sorgen darüber machen, «ob sie sich nicht langsam aber sicher an den Rand der Gesellschaft bewegen».[95]

Die Mehrheit dieser Gesellschaft, der die Regierung Merkel mit ihrer Betroffenheitsoffensive seit Fukushima zu huldigen vorgibt, wird am stärksten unter den Folgen des Ausstiegs zu leiden haben – direkt und indirekt.

Indirekt dadurch, dass hohe Anteile der Betriebskosten der deutschen Industrie aus deren Stromkosten bestehen. Steigende Stromkosten, die angesichts der Abschaltung von knapp der Hälfte der deutschen Meiler und notwendiger Investitionen der Konzerne in Erneuerbare Energien nun deutlich absehbar sind, bleiben wirtschaftlich nicht folgenlos. Im schlimmsten Fall macht die Industrie ihre Drohung war, Produktionsstätten aus diesem Grund in Strombilligländer zu verlegen. Wenn das passiert, stehen Zehntausende Arbeitsplätze auf dem Spiel. Dass die Regierung der Abwanderung und anderen Folgen des Turbo-Umstiegs auf Erneuerbare Energien mit Subventionen begegnen will, geht absehbar direkt zu Lasten des Steuerzahlers: Subventionen müssen finanziert werden, eine steigende Steuerbelastung ist unvermeidlich. Schon durch die bisherige Förderung der Erneuerbaren Energien sind den Bürgern außerdem Zusatzkosten entstanden, die nun ebenfalls weiter anwachsen werden: «Noch stärker belastet als von der Stromsteuer werden Privathaushalte inzwischen von der Umlage nach dem Erneuerbare-Energien-Gesetz

95   «RWE-Chef warnt vor hohen Strompreisen», www.cicero.de, 21. Juli 2011.

(EEG). Sie steigt seit Jahren.»[96] Steigende Strompreise werden also nicht die einzige Sorge der Endverbraucher sein.

Es gibt nicht einmal ein konkretes Rechenmodell, das die Wende auf eine mathematische Grundlage stellen würde. Kein Wunder, denn die Gleichung würde nicht aufgehen, wie die *Financial Times Deutschland* schon ein halbes Jahr nach dem Beschluss ausgerechnet hatte: «Für den Ausbau der Netze (bis 2020 sollen über 3000 Kilometer Stromkabel verlegt werden), den Aufbau von Windparks, die Erforschung neuer Technologien und den Bau neuer Kraftwerke sind fast rettungsschirmähnliche Summen notwendig. Doch die Investoren sind leider nicht ganz so schnell und enthusiastisch wie die deutschen Aussteiger.»[97] Auch der technologische Fortschritt kann mit dem verordneten Tempo nicht mithalten. Neue Energiespeicher-Technologien (etwa Pumpspeicherkraftwerke) wären dringend nötig, um der Gefahr eines Blackouts vorzubeugen. Doch die Entwicklung dieser Technik steht erst am Anfang, und das Vertrauen in sie ist auf Sand gebaut. Ebenso wie Kraftwerksneubauten sind diese Projekte zudem regional äußerst umstritten. Der vermeintliche «gesellschaftliche Konsens» über die ‹Energiewende› verkehrt sich schon jetzt in sein Gegenteil: Vielerorts begehren die Bürger angesichts monströser Bauprojekte wie Windparks und Hochspannungsleitungen auf, die ganze Landstriche veröden und Ökosysteme ruinieren können.

Nicht einmal die behördliche Instanz der ‹Energiewende›, die Bundesnetzagentur, mochte ein Jahr nach dem Moratorium noch an den planmäßigen Eintritt ins «Zeitalter der Erneuerbaren Energien» glauben: «Es gibt Grund zur Sorge, ob die dringlichen Vorgaben tatsächlich alle bis 2015 fertiggestellt sein werden»,[98] wurde deren Chef Jochen Homann im März 2012 zitiert.

Das alles ist der Kanzlerin bekannt. Dennoch bleibt sie ihrem Stil auch beim Atomausstieg treu: Sie unterwandert die demokratische Entscheidungsfindung. Sie täuscht die Bevölkerung über die Beweggründe.

---

96 «CDU will Bürger über die Stromsteuer entlasten», *Handelsblatt*, 4./5. November 2011, S. 21.
97 «Willkommen zurück, Atommeiler», *Financial Times Deutschland*, 23. Januar 2012.
98 «Energiewende in Gefahr», *FAZ*, 26. März 2012.

Sie bricht ihre Versprechen, in diesem Fall gegenüber der Industrie. Noch schwerer wiegt die Arroganz ihres Führungsanspruchs angesichts der inhaltlichen Fehler, auf denen sie aufbaut.

Die ‹Energiewende› wird den Wählern als die Mutter aller Öko-Projekte angepriesen; mit den beeindruckenden Zielen zur Senkung der CO_2-Emissionen, beschlossen zu Zeiten der Laufzeitverlängerung, schmückte Merkel auch ihre Ausstiegserklärung. Atomausstieg aber bedeutet: Der Bau neuer Kohle- und Gaskraftwerke ist unumgänglich. Dass die Emissionen dadurch «die angestrebten Zielmarken der ‹Umweltkanzlerin› a. D. weit überschreiten werden, ist bekannt – es sei denn, der Wind weht nicht mehr, wann er will, sondern immer, und die Sonne entschiede sich, dem deutschen Pathos des Neuanfangs beizustehen und einfach nicht mehr unterzugehen», bemerkte Michael Naumann zur «Energielüge».[99]

Auch die wenigen Stimmen der Vernunft innerhalb der CDU verhallen ungehört. *Spiegel Online* fasste die anhaltende Hybris der Energielügner exakt ein Jahr nach Fukushima zusammen: «Von Problemen mit der Energiewende will man in der Bundesregierung ohnehin nichts wissen. ‹Die Energiewende ist in vollem Gang›, sagt Umweltminister Röttgen, ‹und sie verläuft erfolgreich›.»[100]

Die Wahrheit ist: Auch Politikerlügen haben kurze Beine.[101]

Normen in der Zentrifuge

Bundesverfassungsrichter Udo Di Fabio, 2012 als Kandidat für das Amt des Bundespräsidenten gehandelt, hat angesichts der deutschen Euro-Krisenpolitik nachdrücklich auf die Gefahren rechtsfreier Räume im Gefüge der politischen Macht hingewiesen. In einem Gastbeitrag für die

---

99 «Das Schweigen der Lemminge», www.cicero.de, 1. Juli 2011.
100 «Merkel hat die Energie verloren», www.spiegel.de, 18. März 2012. Die Kanzlerin reagiert auf das fortschreitende Misslingen ihrer ‹Energiewende› mit autokratischer Zentralisierung, siehe «Staatsstreich als Chefsache», S. 261ff.
101 Zur weitergehenden Zentralisierung der ‹Energiewende› im Kanzleramt siehe S. 262ff.

Frankfurter Allgemeine Zeitung vom 6. Oktober 2011 definiert er Merkels Politikstil lapidar: «reagieren statt regieren».[102]

Angela Merkel ist die Avantgardistin einer Unterwanderung. Sie stellt das Wertesystem, auf dem das Recht beruht, zur Disposition. Di Fabio diagnostiziert: «Auch das Recht gerät mit dem Staat ins Rutschen. Verliert der Verfassungsstaat seine Bedeutung, so schwindet auch jene Überzeugung (…), dass politische Macht nur rechtsförmlich ausgeübt werden dürfe.»[103] Die Botschaft alarmiert: Der Rechtsrelativismus der Ära Merkel gefährdet Nationalstaat und Staatenbünde wie die EU. Die geistigen Väter Europas haben keineswegs auf einen rechtlichen Rahmen verzichtet, der ihren Heimatländern in der Vergangenheit das Überleben sicherte.

Die europäische Idee beruhte auf einem Freiheitsgedanken, der mit einem europäischen Rechtsgedanken verbunden war: Die Römischen Gründungsverträge der Europäischen Wirtschaftsgemeinschaft (EWG) von 1957 gaben der neuen Wirtschaftszone nicht nur eine gemeinsame parlamentarische Versammlung (das heutige Europäische Parlament), sondern auch einen gemeinsamen Gerichtshof und einen gemeinsamen Wirtschafts- und Sozialausschuss. Auch der Beschluss über den gemeinsamen Markt von 1992 und die Währungsunion waren an nicht verhandelbare, vertragliche Rechte und Pflichten gebunden. Sie sollten die Grundfreiheiten der wirtschaftlichen Zusammenarbeit sichern. Der Vertrag über die Einführung des Euro legte Beitrittskriterien für die Teilnehmerländer fest. Der Stabilitätspakt schließlich sollte sicherstellen, dass die gemeinsame Währung als gemeinsame Verpflichtung zur finanzpolitischen Weitsicht verstanden würde.

Die sogenannten Rettungsschirme verstoßen gegen bestehendes EU-Recht. Damit sind sie Vorboten eines Trends.

Gerd Held warnte in einem Leitartikel für *Die Welt* im September 2011: «Die Regierungschefs schaffen sich unter dem Titel ‹Europa› eine Art ständigen Ausnahmezustand, in dem sie frei von Vertragsbindungen ‹auf Sicht steuern› können – und dies mit finanziellen Einsätzen, die die

---

102 «Ewige Bindung oder flüchtige Liaison?», *FAZ*, 6. Oktober 2011, S. 8.
103 Ebenda.

gesamte Zukunft ihrer Länder kompromittieren.»[104] Deutschland sitzt mit Merkel im Driverseat – ihr Credo: auf Sicht fahren. Die Ausnahme zur Regel machen.

Die Absprachen Angela Merkels mit ihrem französischen Amtskollegen Nicolas Sarkozy verraten die zentralistischen Ziele: Nationale Parlamente sollen «eingebunden» werden, was immer das heißen mag; eine «Wirtschaftsregierung» soll für die «Koordination» der Wirtschaftspolitik zuständig sein.

Gerd Held fasst die Bedrohung einer Europapolitik zusammen, die Rechtsbeugung und Rechtsbruch zur Normalität macht: «Dieser Politikstil transportiert einen Machtanspruch (…) ohne Bindung an Vertrag und Gesetz. Das ist ein ernster Vorgang, denn für jede moderne Demokratie ist die Bindung an Vertrag und Gesetz grundlegend.»[105]

Merkels zwischenstaatliche EU-Lobbyarbeit, mit der sie ihrer staatsmännischen Verantwortung ausweicht, ist eine Anmaßung von Macht nicht mehr nur auf bundespolitischem Terrain. Die Kanzlerin ist angekommen in der Diplomatie der herzlichen Umarmungen und Hinterzimmer-Deals. Zuckte sie bei Bushs Nackenmassage auf dem G8-Gipfel in St. Petersburg 2006 noch erschrocken zusammen, ließ sie sich, solange er im Amt war, von ihrem französischen Amtskollegen Sarkozy gern vor laufender Kamera herzen.

Inzwischen bewegt sie sich so effektiv auf internationalem Parkett, dass ihr Einfluss stetig wächst. Die Beugung von Rechtsnormen, das Aushebeln von Verträgen und Institutionen auf der Ebene der Euro-Zone ist ein erstes Signal für ihren Machtanspruch über Europa. Dass sich inzwischen sogar die EU-Kommission Merkels Diktat beugt, ist ein Beweis für die Effizienz des Systems M.

Zum neuen Frühwarnsystem in der EU, das Währungskommissar Olli Rehn im Februar 2012 vorstellte, gehört neben der Kontrolle von Defiziten auch die Überwachung von Überschüssen. Die Bundesregierung drang im eigenen Interesse nachdrücklich darauf, Überschüsse weniger

---

104 «Hochnebelzone Europa», *Die Welt kompakt*, 3. September 2011.
105 Ebenda.

streng zu bewerten als Defizite. Der Präsident des Europäischen Parlaments, Jerzy Buzek, und viele andere Abgeordnete hatten sich gegen den Vorschlag ausgesprochen, Überschüsse erst ab 6 Prozent der Leistungsbilanz anzumahnen. Merkel aber profitiert von der Regelung, die sie schließlich gegen starke Widerstände durchsetzen konnte: Der deutsche Überschuss lag im Betrachtungszeitraum bei 5,9 Prozent. «Die Lobbyarbeit der Bundesregierung hat sich gelohnt – das nützt nicht gerade der Stabilität der Euro-Zone», zitierte die *Financial Times Deutschland* sagte Sven Giegold, Mitglied der Grünen Fraktion im EU-Parlament. «Die Kommission ist vor der Bundesregierung eingeknickt", fügte der EU-Parlamentarier Udo Bullmann hinzu.[106]

Der auf Merkels Betreiben durchgesetzte Fiskalpakt, der am 13. Dezember 2011 in Kraft trat, verstößt mit seiner Fixierung auf eine Sparpolitik und die Festschreibung einer Schuldenbremse gegen den Vertrag von Lissabon. Um den Pakt nach bestehender europäischer Gesetzeslage zur legalisieren, hätte der EU-Vertrag geändert werden müssen. Nachdem Großbritannien sich jedoch vehement gegen diese Lösung gestemmt hatte, wichen ‹Merkozy› in einen zwischenstaatlichen Vertrag aus. Damit legten sie den Einfluss des Europäischen Parlaments lahm, das gegen den Fiskalpakt gestimmt hätte. Die Abstimmung mit allen EU-Mitgliedern hätte zu lange gedauert, lautete die offizielle Begründung. Ein weiterer Schritt auf dem Weg in den rechtsfreien Raum namens Euro-Zone.

Doch für juristische Petitessen bleibt einer Kanzlerin keine Zeit, die ihren Schreibtisch im größten Zimmer des europäischen Hauses aufstellen will.

Der bisher größte bundespolitische Coup der Kanzlerin war der Atomausstieg. Er markiert einen Meilenstein des Ausstiegs aus der Rechtsstaatlichkeit.

Allein die Tatsache, dass das den Ausstieg vorbereitende Moratorium vom 14. März 2011 nur drei Tage nach den Kernschmelzen im japanischen Fukushima per «staatlicher Anordnung»[107] vollzogen wurde, be-

106 «Brüssel vertuscht deutsche Sünden», *Financial Times Deutschland*, 16. Februar 2012.
107 «Abschied vom Rechtsstaat?», *FAZ*, 26. August 2011, S. 9.

wertet der ehemalige Präsident des Bundesverfassungsgerichts, Hans-Jürgen Papier, kurz und klar: «Es ist verfassungsrechtlich selbstverständlich, dass die Bundesregierung nicht die vorläufige Außerkraftsetzung eines Gesetzes anordnen kann.»[108]

Doch auch die qua Amtspflicht geäußerten Zweifel von Bundestagspräsident Norbert Lammert an der Rechtmäßigkeit der Nacht-und-Nebel-Aktion hatten keine erkennbare Wirkung auf den Beschluss der Regierung Merkel. Das Moratorium kam, begleitet von der verräterischen Äußerung des Bundesumweltministers Norbert Röttgen: «Wir lösen uns von der Gesetzeslage.»[109] Der Rechtsbruch wurde als Reaktion auf die öffentliche Empörung der Experten lediglich durch eine juristisch anmutende, gemessen am Gesetzestext aber nicht legalisierbare Nebelbombe verhüllt. Die Regierung berief sich nur wenige Tage später plötzlich auf den Paragraphen des Atomgesetzes, der die Abwehr unmittelbarer Bedrohungen regelt.

Diese Bedrohung jedoch ist in Deutschland nicht gegeben. Die Risiken sind nicht vergleichbar mit denen in Japan: Das Kraftwerk befindet sich in einem Gebiet mit hohem Erdbebenrisiko und stand kurz vor der Abschaltung. Es war in den Sechzigerjahren errichtet worden und verfügte keineswegs über die Sicherheitsstandards neuerer Kernkraftwerke, die die meisten deutschen Meiler erfüllen.

Wie gleichgültig die rechtliche Grundlage des Moratoriums der Kanzlerin wirklich war, wurde deutlich, als sie die juristische Diskussion darüber unisono mit ihrem Umweltminister als «spitzfindig»[110] bezeichnete. Der Rechtswissenschaftler Bernd Rüthers widersprach in der *Frankfurter Allgemeinen Zeitung*: «Es geht um nichts weniger als um einen gezielten Verfassungsbruch von Seiten der Regierung.»[111]

Wie ernst ist es einer Regierungschefin noch mit dem Rechtsstaat, wenn sie die Besorgnis über rechtsbrecherische Methoden unter ihrer Führung mit dem Vorwurf der Haarspalterei zurückweist?

108 «Merkels Kehrtwende in der Atompolitik», www.focus.de, 17. März 2011.
109 «Der schwache Bundestag», *Wirtschaftswoche*, www.wiwo.de 16. März 2011.
110 «Abschied vom Rechtsstaat?», *FAZ*, 26. August 2011, S. 9.
111 Ebenda.

Dass Angela Merkel es nicht einmal mit rechtskonform ergangenen Beschlüssen ihres eigenen Parlaments so genau nimmt, wenn die Gunst der Stunde anderen Meinungsprofit in Aussicht stellt, zeigte sich auch am Beispiel der Wehrpflichtaussetzung. Erst am 28. April 2011 änderte der Bundestag das Wehrpflichtgesetz mit Wirkung zum 1. Juli desselben Jahres. Das Bundeskabinett beschloss dessenungeachtet schon im Dezember 2010, bereits ab dem 1. April 2011 keine Wehrpflichtigen mehr einzuziehen. Merkels Erfüllungsgehilfe bei diesem Kabinettstückchen war der damalige Bundesverteidigungsminister Karl-Theodor zu Guttenberg, der bald darauf zur Verkörperung von Merkels Moral- und Rechtsverständnis werden sollte. Es gibt wenig zu rütteln am juristisch eindeutigen Vorwurf des Plagiats, wenn eine Doktorarbeit in weiten Teilen abgeschrieben wurde. Doch Merkel gilt der Rechtsbruch eines Kabinettsmitglieds noch längst nicht als Nachweis für die Untauglichkeit als Bundesminister: «Ich habe keinen wissenschaftlichen Assistenten oder einen Promovierenden oder einen Inhaber einer Doktorarbeit berufen»,[112] stellte die Kanzlerin nur Tage vor dem Rücktritt des Ministers fest. Sogar nachdem der Fälscher selbst am 1. März 2011 die finale Konsequenz gezogen hatte und zurückgetreten war, mochte die Kanzlerin nicht anerkennen, dass Rechtsbrüche einen Ausschluss aus der Bundespolitik rechtfertigen: «Die Türen zur Politik sind ihm aus meiner Sicht nicht verschlossen»,[113] sagte sie am 4. März 2011 den *Stuttgarter Nachrichten*.

Das Instrumentarium des Finanzministers Wolfgang Schäuble ist ein wenig subtiler als das der Kanzlerin: Ergeht ein Erlass des Bundesfinanzhofs, der die Regierungspläne durchkreuzt, kontert Schäuble gern mit einem Nichtanwendungserlass an seine Behörden. So geschehen etwa im Mai 2011, als die Richter entschieden, dass die Kosten eines Zivilprozesses steuerlich absetzbar sind, wenn die Klage nicht offenkundig aussichtslos ist. Daraufhin erhielten die Finanzämter Post vom Minister, in der sie aufgefordert wurden, das Urteil «über den entschiedenen Einzelfall hinaus nicht anzuwenden».[114]

112 «Ablauf der Plagiatsaffäre», www.focus.de, 11. Mai 2011.
113 Zitiert in ebenda.
114 «Wie Schäuble Urteile vom Tisch wischt», www.sueddeutsche.de, 20. Januar 2012.

Vehement weigert sich Schäuble, den Steuerzahlern – denn sie sind es, die in der Regel von den betreffenden Urteilen des Bundesfinanzhofs profitieren würden – ihr von der übergeordneten Instanz zugesprochenes Recht zu lassen. Experten sehen darin eine Amtsanmaßung des Ministers: «Der Bundesfinanzhof entscheidet nur über Rechtsfragen. Seine Entscheidungen auf den Einzelfall zu beschränken und die Anwendung für vergleichbare Fälle auszuschließen, missachtet die Stellung der Judikative»,[115] sagte Uwe Rauhöft, der Geschäftsführer des Neuen Verbands der Lohnsteuerhilfevereine, der *Süddeutschen Zeitung*.

Der Finanzminister verstößt mit seinen Nichtanwendungserlassen auch gegen den Koalitionsvertrag der Regierung: Dort hatten die Kabinettsparteien sich verpflichtet, auf solche Querpässe in der Regierungspolitik weitgehend zu verzichten. Die *Süddeutsche Zeitung* notierte im Januar 2012: «Allein in dieser Wahlperiode, die gerade einmal zur Hälfte vorbei ist, ergingen bereits acht solcher Erlasse, zwei allein in den letzten Wochen.»[116]

Der Etatist Peer Steinbrück, SPD-Finanzminister a. D., hatte sich während der Großen Koalition ebenfalls großzügig dieses Mittels bedient. Auch seine Chefin hieß damals Angela Merkel. Dramatischer noch ist der Generalangriff von Merkels Stoßtrupp auf das Rederecht von Abgeordneten Im Bundestag. Am 11. April 2012 beschloss der für die parlamentarischen Regeln zuständige Ausschuss mit den Stimmen von Union, FDP und SPD einen Entwurf zur Neufassung der Geschäftsordnung: Nur noch von den Fraktionen vorab bestimmte Abgeordnete sollten ans Rednerpult dürfen. Ausnahmen von dieser Regel, über die der Parlamentspräsident bisher der Situation angemessen entscheiden konnte, sollten nur noch nach Beratung mit allen Fraktionen möglich und selbst dann auf drei Minuten Redezeit begrenzt sein. Zudem sollte den Abgeordneten das Recht genommen werden, im Bundestag öffentliche Erklärungen zu Abstimmungen abzugeben. Nur eine «kurze schriftliche Erklärung»

---

115 «Wie Schäuble Urteile vom Tisch wischt», www.sueddeutsche.de, 20. Januar 2012.
116 Ebenda.

sollte noch erlaubt sein, berichtete *Spiegel online* am 14. April 2012 unter Berufung auf die *Süddeutsche Zeitung*.[117]

Der Beschluss sollte einen länger schwelenden Konflikt ersticken, der in der Debatte um die «Euro-Rettung» im Parlament aufbrach. Bundestagspräsident Norbert Lammert hatte vor der Abstimmung über den Euro-Rettungsschirm zwei Abgeordnete von CDU und FDP zu Wort kommen lassen, deren Ansichten sich von denen ihrer Fraktionen unterschieden.

Volker Kauder, Chef der Unionsfraktion und Merkels treuester Diener, hatte daraufhin verkündet: «Wenn alle reden, die eine von der Fraktion abweichende Meinung haben, dann bricht das System zusammen.»[118] Eine Bemerkung, die eine ungewollte Diagnose zum Zustand der deutschen Demokratie liefert.

Das System soll zusammenbrechen, weil gewählte Volksvertreter vor dem Parlament eine abweichende Meinung vertreten? Kauders Einlassung ist ein klares Indiz: Die Regierung Merkel hat den Pfad der Demokratie verlassen. Nur ein autoritäres System kann überhaupt in Erwägung ziehen, das Recht auf freie Meinungsäußerung in dieser Form einzuschränken und zu erzwingen, dass im Parlament nur noch auf Linie argumentiert werden darf. Merkels Truppe stellte sich mit diesem Beschluss gegen die Verfassung. In Artikel 38 des Grundgesetzes steht: «Die Abgeordneten des Deutschen Bundestages (...) sind Vertreter des ganzen Volkes, an Aufträge und Weisungen nicht gebunden und nur ihrem Gewissen unterworfen.» Das Parlament soll mit der Aushebelung dieser Regel um ein weiteres Stück seines Einflusses bestohlen und Kritiker zum Schweigen gebracht werden – damit die Abgeordneten sogar von den wenigen Mutigen nicht mehr zu hören bekommen, was die Regierung ihnen lieber verschweigen möchte.

Nach heftiger Kritik an dem Vorstoß legten die Fraktionsspitzen von CDU/CSU und FDP den Beschluss nach wenigen Tagen vorerst auf Eis. Nun sollen alle Fraktionsspitzen gemeinsam darüber beraten. Die Geg-

117 «Fraktionen wollen Rederecht der Parlamentarier einschränken», www.spiegel.de, 14. April 2012.
118 Ebenda.

ner einer Änderung der parlamentarischen Geschäftsordnung aber haben Wachsamkeit angekündigt: «Der als ‹Euro-Rebell› bekannt gewordene CDU-Parlamentarier Klaus-Peter Willsch sagte im Sender HR-Info, sollte die Reform wie ursprünglich geplant verabschiedet werden, müsse man das Bundesverfassungsgericht fragen, wie es die Rechtsstellung der Abgeordneten sehe.»[119]

Dass die Gültigkeit von Verträgen für Angela Merkel Spielmaterial ist, bekam im März 2012 auch die schwächelnde zweite Kraft im Kabinett, die FDP, zu spüren. Schon seit längerem hatte zwischen den Koalitionspartnern ein Streit in der Innen- und Rechtspolitik geschwelt. Er kochte hoch, als die Union mehrere Gesetzesvorhaben und Reforminitiativen stoppte, die zwischen den Koalitionspartnern bereits beschlossene Sache gewesen waren.[120]

Über eines dieser Vorhaben, das Gesetz zur Einführung der sogenannten *Blue Card*, das die Zuwanderung von qualifizierten Fachkräften aus EU-externen Staaten erleichtern soll, herrschte im Bundeskabinett bereits im Dezember 2011 Konsens. Vier Monate später verweigerte die CDU ihre Zustimmung zur Gesetzesvorlage: «Derzeit liegt alles auf Eis»,[121] zitierte die *Financial Times Deutschland Online* am 26. März 2012 Stimmen aus der FDP.

Auch andere Beschlüsse des Koalitionsausschusses wurden plötzlich von Merkels Bundesinnenminister Hans-Peter Friedrich (CSU) blockiert. Neben einer Reform des Sorgerechts für unverheiratete Eltern und einer Überarbeitung der Kronzeugenregelung gehört dazu auch ein Gesetz, das Verfassungsrechte betrifft, nämlich ein Gesetz zur Stärkung der Pressefreiheit, das unter den Koalitionspartnern längst als ausverhandelt galt.

Was zunächst wie der übliche koalitionsinterne Machtpoker anmutet, erschließt sich im Zusammenhang: Die CDU-Blockade fällt unmittelbar in eine Zeit akuter Auflösungserscheinungen bei der FDP. Der Koalitionspartner hat seinen Wert für die Regierungschefin verloren. Nur einen Tag vor dem Bericht der *Financial Times Deutschland* hatten die

119 «Parteien verwerfen Maulkorb-Reform», www.spiegel.de, 16. April 2012.
120 «Union hungert FDP aus», www.ftd.de, 26. März 2012.
121 Ebenda.

Liberalen bei den Neuwahlen im Saarland mit 1,2 Prozent der Wähler-stimmen einen historischen Tiefststand im Westen der Republik erzielt, der den Trend der Vormonate noch verschärfte.

Für den Koalitionspartner CDU/CSU war damit absehbar, dass Wi-derstand von der FDP in der öffentlichen Meinung kaum noch auf nen-nenswerte Resonanz stoßen würde. Es ist ein Leichtes, einem systema-tisch geschwächten Koalitionspartner, dem viele schon das Existenzrecht absprechen, Verträge aufzukündigen. Das gilt ganz besonders dann, wenn es sich lohnt, mit weiteren Beschlüssen auf Koalitionsverhandlun-gen mit möglichen neuen Partnern zu warten. 2012 ist für die Kanzlerin schon wahlsensible Zone.

Die Sprachregelung für diese Art von Vertragsbruch ist freilich auch in diesem Fall ein gezieltes, öffentlichkeitswirksames Blendmanöver: «Wir arbeiten in Berlin gut zusammen»,[122] ließ Merkel die Presse am Tag nach der Saarland-Wahl wissen – während ihr Innenminister schon seit Tagen damit beschäftigt war, Koalitionsbeschlüsse zu zerreißen und den ange-zählten politischen Partner mitten im Wahlkampf in Nordrhein-Westfalen damit noch unmündiger aussehen zu lassen. Die Kanzlerin perfektioniert ihren wertfreien politischen Stil. Merkels Kultur der Verweigerung von Ver-lässlichkeit gilt auch innerhalb ihres Kabinetts. Verträge verlieren ihre Bin-dungskraft, wenn sie dem Machtinteresse der Kanzlerin im Weg stehen.

Merkels Koalitionsverhalten markiert, wie ihr Regierungsstil im Allge-meinen, den Ausstieg aus einer Politik der Verlässlichkeit.

Die Leitwölfin der Bindungslosen

Aufgrund seiner fatalen Effizienz ist das System M auch auf internationa-ler Ebene erfolgreich. Die deutsche Kanzlerin wird zur Trendsetterin für europäische Nonchalance im Umgang mit Rechtsnormen und Gesetzen.

Mehr als einmal wurde das deutsche Parlament ausgehebelt. Bereits 2011 hat das Bundesverfassungsgericht sich damit beschäftigt: «Die

---

122 «Merkel: Schwarz-Gelb im Bund nicht gefährdet», www.zeit.de, 26. März 2012.

Grünen-Fraktion klagt, weil die Bundesregierung über den Europäischen Stabilitätsmechanismus und den Euro-plus-Pakt angeblich nicht informiert habe. Abgeordnete empfinden es als demütigend, wichtige Informationen zuerst aus anderen Staaten oder aus der Zeitung zu erfahren; die Bundesregierung pocht demgegenüber auf ihren Handlungsspielraum und auf die in finanzmarktrelevanten Fragen nötige Diskretion.»[123]

Die Organisation «Mehr Demokratie e.V.» kündigte im April 2012 an, sowohl den Europäischen Stabilitätsmechanismus ESM als auch den Fiskalpakt vor die Karlsruher Verfassungsrichter zu bringen, sobald die Maßnahmen ratifiziert seien. Beide verstoßen gegen das Grundgesetz, denn sie beschneiden das Haushalts- und Kontrollrecht des Bundestags, so die Prozessbevollmächtigte der Organisation und SPD-Politikerin Herta Däubler-Gmelin. «Hier wird eine rote Linie überschritten»,[124] zitierte *Handelsblatt Online* ihre Äußerungen gegenüber der *Frankfurter Rundschau*. Auch der CSU-Politiker Peter Gauweiler und Die Linke haben entsprechende Verfassungsbeschwerden angekündigt. Die Kläger können sich auf ein Urteil des Bundesverfassungsgerichts zur Griechenland-Hilfe berufen. Dort hatten die Richter verfügt, dass der Bundestag sein Budgetrecht nicht in der Substanz aufgeben dürfe, weder ganz noch teilweise.

Der CDU-Bundestagsabgeordnete Klaus-Peter Willsch ging trotz eigener Skepsis bezüglich Volksabstimmungen in komplizierten Sachverhalten noch einen Schritt weiter: «In Bezug auf den ESM sollte aber das Volk gefragt werden, weil wir damit unwiderruflich Souveränitätsrechte aufgeben, indem praktisch unbegrenzte Haftungsrisiken für die Schulden anderer Staaten übernommen werden»,[125] sagte Willsch *Handelsblatt Online*. Den Bürgern werde mit dem ESM etwas aufgezwungen, was sie nie gewollt hätten. Es seien alle Versprechen und sogar Recht und Gesetz gebrochen worden.

---

123 «Ans Eingemachte», *FAZ*, 12. Dezember 2011.
124 «Politiker wollen Merkels Euro-Kurs mit Klagen überziehen», www.handelsblatt.com, 12. April 2012.
125 Ebenda.

Auch weitere Verfassungsbeschwerden, die den verzweifelten Widerstand eines entrechteten Parlaments abbilden, werden daran wohl nichts ändern. Willschs Äußerungen haben dafür einen ganz anderen Effekt: Er war einer der beiden Abgeordneten mit abweichender Meinung zur Euro-Politik, auf deren Wortmeldungen hin der Vorstoß zur Änderung des Rederechts erfolgte.

POLITLABOR DEUTSCHLAND –
EINE DEMONTAGE

Die schleichende Entmachtung der Parteien

Wenige Monate nach der gewonnenen Wahl, im Januar 2010, wagen die Stilkritiker des Systems M erste kleine Attacken. Nun, da die Chefin nicht mehr Gefangene beim Großen Bruder ist, sondern Herrin über ein Imperium mit einem verschwindend kleinen Partner, steigt die Gefahr von Alleingängen. Der sächsische CDU-Fraktionschef Steffen Flath warnt vor einem Zusammenhang, den zunächst nur Wenige verstehen: Der «präsidiale Stil» der Kanzlerin mache die Partei nicht stärker, sondern schwächer: Ihr Profil verliere an Prägnanz, so Flath und zwei weitere Autoren in der *Frankfurter Sonntagszeitung.* Konservative und wirtschaftsliberale Wähler seien abgewandert.[126]

Die Attacke wird sich in den folgenden Regierungsjahren zu einer Grundmelodie der Merkel-Kritiker verdichten – und von der Führung, zumal von der Kanzlerin, selten und routiniert kommentiert werden. Ihr kann diese Zielrichtung von Angriffen auf ihren Regierungsstil nur recht sein; verdeckt sie doch den Klartext, den nur sehr wenige Beobachter lesen können: Es geht nicht um versprengte, zum Teil beim kleinen Koalitionspartner als Wahlhelfer für die CDU gelandete Wirtschaftsliberale und Traditionsfreunde; es geht vielmehr um einen lautlosen Umsturz in Richtung Allparteien-Regierung.

Für die Kanzlerin Merkel ist schon länger nicht mehr relevant, mit welcher Partei sie an die Spitze der Regierung gelangt; ihr Nachhaltigkeitskonzept für ihre Politkarriere ist die schleichende Entmachtung der übrigen Parteien. Schon in der Großen Koalition hatte der Thementransfer begonnen: Viel SPD-Politik, meinten einige Betrachter. Aber die Er-

---

126 Vgl. dazu www.spiegel.de, 11. Januar 2010.

folge gingen an die CDU – häufig, wie im Ressort Familienpolitik, mit SPD-Bekenntnissen von CDU-Darstellern wie Ursula von der Leyen. Der sächsische Wortführer Steffen Flath stellt derweil Fragen aus der Partei-enwelt, die im Kopf seiner Parteichefin in Berlin eine immer geringere Rolle spielt: «Wofür steht die CDU? Was ist mit dem christlichen Funda-ment? Was mit den wirtschaftsliberalen Positionen?»,[127] fragt er. Die Kanzlerin könnte ihm antworten: Hab ich doch alles durchbuchstabiert, damals, in den ersten fünf Jahren nach 2000. Und der Umstieg war leicht: Als die Themen immer internationaler wurden, interessierte mich die Parteipolitik noch weniger. Für mich brachte die Krisenpolitik den Schub nach oben; nicht mehr nur Deutschland, nein Europa wurde meine Erfolgsstraße. Übernational, international, parteienneutral.

Folgerichtig gelang es nun immer häufiger, das deutsche Parlament zu Allparteien-Entscheidungen zu ermuntern: Zu wichtig, um nur von den Regierungsparteien entschieden zu werden, lautete der Aktenver-merk zu den Milliardenthemen. Endlich, so spürten viele Abgeordnete, häuften sich wieder mal die großen Stunden mit historischen Entschei-dungen. Wer will da im Lager der Regierungsgegner angetroffen wer-den? Wenn es todernst wird, regieren alle. Notstand als Dauerzustand. Das Unbehagen schlich sich erst über Jahre heran. 2010 waren es nur die *early birds* aus der eigenen Partei, die Heimwehkranken, die vor Demokratieverlusten warnten. Im Gegenteil, so belehrte sie die Kanzle-rin: Mehr Demokratie war nie. Nur leise Stimmen fragten: Brauchen wir nicht auch in der Politik den Wettbewerb? Wo bleibt die Opposi-tion?

Die Kanzlerin könnte antworten: Auch sie ist schwächer geworden, der Klassiker früherer Jahrzehnte, Volkspartei gegen Volkspartei, SPD ge-gen CDU, und beide abwechselnd an der Regierung, im Notfall mal ge-meinsam, wie jüngst, läuft so nicht mehr. Also müsse man sich ohnehin mit mehr Optionen beschäftigen, würde die Kanzlerin sagen, wenn sie jemals etwas dazu sagen würde. Aus der Großen Koalition sind beide «Volksparteien» geschwächt hervorgegangen. Die Selbstdarstellung, in-

127 www.spiegel.de, 11. Januar 2010.

klusive fremdem Federschmuck, ist aber der CDU besser gelungen. Die Konstellation für die nächste Partnerschaft ließ Merkel zu, weil sie im Wählergedächtnis für einen guten Mix aus Markwirtschaft und Werte-Reminiszenzen verankert war.

Die Kanzlerin selbst war am Wahltermin im September 2009 schon nicht mehr in dieser Konstellation zu Hause; ihre Testfahrt durch den Themenpark der Westpolitik war ja definitiv zu Ende. Erst kurz vor der Wahl gab es von ihr ein eher hingehuschtes Reagieren auf die Frage, mit wem sie denn regieren wolle? Eher am Rande und halblaut bestätigte sie: Na ja, mit der FDP.

Die Wähler dieser Koalition liefen aus allen Richtungen zusammen, weil sie ältere Konstellationen im Kopf hatten: Wirtschaftswunderweiterso, jedenfalls nicht den neuen Themenmix aus der Großen Koalition, wo man nicht mehr erkennen konnte, wer für was steht. Die Chefin dieser neuen Koalition mit den kleinen Gelben hatte ein ganz anderes Programm für die Kombination mit den überglücklichen Stimmenlieferanten, die fest an eine Belohnung glaubten. Aber das neue Modell passte noch nicht in die Wählerköpfe. Nicht einmal als Verdacht.

Und die mächtiger gewordene Kanzlerin konnte mit stillem Amüsement zusehen, wie ihre Kritiker aus der innerparteilichen Opposition sich an den falschen Kampfplätzen positionierten: schwache 33,8 Prozent für die CDU. Aber die Macht der Kanzlerin war gewachsen, und ihr Konzept, diese Macht *undercover* in eine Richtung auszuweiten, in die bis dahin kein misstrauischer Späher schaute, um die Usurpatorin zu stellen, dieses Konzept lag fertig vor ihr. Ablenkungsdebatten über wirtschaftsliberale Positionen von gestern und konservative Mitspieler von vorgestern konnten ihr da nur recht sein. Längst hatte sie für Rückfragen mit all den alten Labels eine Standardantwort im Wortbaukasten: Sie sei doch das alles, aber nicht alles immer zugleich – mal konservativ, mal liberal, mal christlich, je nach Anlass.

Die Antwort hat ihr noch nie ein Parteifreund als Entdeckung ihrer ironischen Distanz zum Partei-Credo vorgehalten. Immer schwiegen die Zuhörer ratlos. Genausogut hätte die Kanzlerin sagen können: Ich bin ein Chamäleon, ich wechsle die Farbe je nach Umgebung. Aber seit sie den Froschvergleich des FDP-Chefs durch ihren Regierungssprecher abwehren ließ, wissen wir, dass sie Tiervergleiche nicht mag. Auf die Frage, wo man sie eigentlich wirklich und zuverlässig antrifft, könnte Merkel auch sagen: Alles ist relativ. Ja nach Luftfeuchtigkeit und Temperatur, je nach Tages- oder Nachtzeit wechseln meine Positionen – alles ist Physik.

Merkel weiß, warum sie das einsetzt, was man «das Schweigen der Kanzlerin» nennen könnte. Auch Antworten, die mehr Fragen öffnen als gestellt wurden, sind Varianten des Schweigens. Das Schweigen der Kanzlerin ist eine der unvergesslichen Lektionen aus ihrer ersten Lehrzeit, jener in der Diktatur, wo Sich-unkenntlich-Machen, schwer lesbar sein, am besten ein unbeschriebenes Blatt, die beste Strategie war. Strategien der Ohnmacht, die für den Tag X die ideale Disposition für den Aufbruch in Richtung Macht brachten.

Das Schweigen der Mächtigen, auch das hatte Angela Merkel in den ersten Kapiteln ihres Lebens gelernt, verdichtete die Abhängigkeit der Regierten. Wer dabei bleiben will mit einem Amt, sollte Fragen verschlucken – und die Faust auf keinen Fall aus der Tasche nehmen.

Die Schweigerin würde einfacher argumentieren:Wie kann ich wissen, wo ihr mich morgen antrefft? Was ich heute sage, könnte über Nacht falsch werden, alles ist relativ. Das gilt auch für ethische Positionen; Moral ist Manövriermasse, würde sie denen sagen, die insistieren: Aber irgendetwas müsse es doch geben, was immer gilt.

Ob mit oder ohne Faust in der Tasche: Auch die Rivalen fahren nach der Wahl 2009 ihren Kurs weiter – und einer wie Roland Koch weiß, was Christian Wulff schon seit dem ersten Auftritt der neuen Chefin praktiziert hat, ist auch für ihn, Koch, «alternativlos»: Anerkennung für die Kanzlerin. Deren politische Lieblingsvokabel «alternativlos» benutzt Koch denn auch in der streitigen Debatte Anfang Januar 2010. «In einer großen Volkspartei ist der Führungsstil, den Angela Merkel pflegt, alternativlos», teilt Koch mit. Und der mit neuer Hoffnung aufgeladene Rivale fährt mit einem Verbot fort, das seine Ambitionen umso klarer offenlegt: «An einem gibt es nämlich keinen Zweifel: Die CDU in Deutschland steht hinter Angela Merkel, und keiner in der Parteiführung wird zulas-

sen, dass eine Debatte über unsere Parteivorsitzende losgetreten wird» –
womit sie dann schon fast losgetreten ist.[128]

«Mehr CDU pur» forderte auch Peter Müller aus dem Saarland. Koch
und Müller haben bald nach der eigentlich ersehnten Machtübernahme
der CDU 2009 die politische Bühne verlassen. Auf offener Bühne waren
es kurz nach dem Wahlerfolg gleich drei Politiker aus dem Neuen Land
Sachsen, die den Politikstil der Kanzlerin furchtlos kommentierten: Neben Steffen Flath waren es Arnold Vaatz, bekannt für sensible Führungs-
kritik seit der Wende, und Meik Mohring, ehemals Pressesprecher von
Ministerpräsident Althaus, ein junger Mann, der seine Karriere nicht bedingungslos auf Gefälligkeitsvoten für die Kanzlerin stützen will.

Dass eine deutliche Mehrheit der Merkel-Kritiker aus den neuen Ländern kommt, immerhin mit Plädoyers zum Erosionsprozess in der Volkspartei CDU, muss jeden überraschen, der verstehen will. Newcomer
verteidigen eine Partei gegen die Absetzbewegungen ihrer Führungscrew
von den Kernbotschaften, obwohl sie selbst noch nicht so lange dabei
sind wie ihre Gegenredner, die karrieretaugliche Loyalitätsadressen ab-
liefern. Newcomer sind, eigentlich, das Korrektiv, weil sie kompromisslos verteidigen, was sie als den Gegenentwurf zur Planwirtschaft der Gü-
ter, Werte und Gedanken erlebt haben. Wer sie schon länger hatte, die
Freiheit des Handels mit Gütern, Werten und Gedanken, wird leichtsin-
nig bei der Verteidigung.

Wenige Tage nach den turbulenten Debatten der abgebrühten CDU-
ler mit den wachsamen Neuen gibt es in jenem Januar 2010 einen Auftritt der Kanzlerin im Berliner Naturkundemuseum zum Auftakt des Internationalen Jahres der Biodiversität: «Wir brauchen eine Trendwende»,
so ihre Botschaft. «Wir brauchen sie jetzt – unmittelbar und nicht
irgendwann.»[129] Es ging um Artenvielfalt, und nur einige ihrer Untergebenen, denen der Humor noch nicht vergangen war, konnten den ironischen Bezug zur Artenvielfalt im politischen Diskurs genießen.

---

128 Vgl. dazu www.spiegel.de, 11. Januar 2010.
129 www.bundesregierung.de, Rede der Kanzlerin zum Auftakt des Internationalen Jahres der
    Biodiversität 2010, 11. Januar 2010.

Und doch: Es geht der Parteiführung auch um so etwas wie Artenvielfalt. Das bisher verdeckt gelaufene Projekt der Kanzlerin, Parteigrenzen niederzulegen und «Lager» durchlässig zu machen, wird zum offiziellen Marketingkonzept der CDU. Es geht um Themenmix, Wählermix und Machtgewinn: Schon in der Großen Koalition hatte die Kanzlerin begonnen, Themen des politischen Gegners, der mitregierte, im Erfolgsfall als CDU-Angebote zu verkaufen. Anfang 2010 wird die Botschaft deutlicher: Die konservativen CDU-Wähler, so lässt die Führung sich von Wahlforschern bescheinigen, seien von nun an eher als Randfiguren zu verstehen. Die «Berliner Erklärung» aus dem Januar 2010 liefert auch eine erste, damals von niemandem ernstgenommene Erklärung für den Zermürbungskampf gegen den liberalen Regierungspartner, der noch wenige Monate zuvor als Wunschpartner genannt und von überzeugten Wählern aller Lager und Parteien der CDU an die Seite gestellt wurde. Nur wenige Monate liegt der Wahlerfolg zurück, bei dem die CDU mit ihren 33,8 Prozent nur deshalb zur Wahlsiegerin werden konnte, weil die FDP auch viele CDU-Wähler, die einen Kurswechsel wollten, in die Regierung brachte. Ebenfalls nur wenige Wochen liegt der auffallend eilig ausgehandelte Koalitionsvertrag zurück, mit dem beide Parteien eine vierjährige Zusammenarbeit festlegten.

In diesem Vertrag stand sicher nicht als eine der eiligen Prioritäten der Führungsauftrag, der im Januar 2010 die «Berliner Erklärung» eröffnet: FDP-Wähler zurückholen, lautet das Kommando. Und die Begründung überrascht: «Dabei spielt unsere Wirtschafts- und Finanzpolitik eine besonders wichtige Rolle», teilt der CDU-Generalsekretär Hermann Gröhe der *FAZ* mit.[130]

Warum wunderte sich niemand? Da hat man die Wirtschafts- und Finanzkompetenz der FDP an Bord und distanziert sich als Erstes von der Kernkompetenz des politischen Wunschpartners. Nicht erst im Jahr 2012, sondern ebenfalls bald nach der Wahl 2009 wird klar, dass die CDU auch das Credo der FDP, ein neues Steuerkonzept, zu blockieren gedenkt. Die Innovation des Steuersystems war in den ersten Wendejah-

130 Vgl. dazu und zum Folgenden www.spiegel.de, 14. Januar 2010.

ren auch ein Thema der Vorsitzenden, mit dem sie den Themenpark der CDU bereist hat. Nicht nur der später geflohene Fraktionschef Friedrich Merz durfte sein Konzept vorzeigen, auch die Entscheidung der Wahlkämpferin Merkel für den Steuerspezialisten Kirchhof wies in diese Richtung. Der Spott aus dem SPD-Lager, das sie auch weiterhin für Themen- und Wählermix brauchte, reichte aus, um das Steuerthema mitsamt dem Kandidaten verschwinden zu lassen.

Entmachtung von Parteien durch das Absaugen von Kernthemen ist auch die Essenz der «Berliner Erklärung». Auf Platz eins für das Erosionsprogramm im Markenkern anderer Parteien steht also der Partner, mit dem man zu kooperieren soeben vertraglich zugesichert hat.

Auf Platz zwei bleiben die SPD-Wähler, in deren Revier die CDU-Kanzlerin schon länger unterwegs ist. Die Übernahmen von SPD-Identity-Themen wie dem Mindestlohn werden fein portioniert; erste kleine Schritte in der Großen Koalition, weitere und größere Schritte unter Schwarz-Gelb. Die Botschaft an SPD-Wähler lautet: «Wenn du die heiligen Kühe der SPD auf der Weide besuchen willst, dann findest du sie jetzt bei der CDU. Da kannst du zugleich dem Linksruck der SPD entgehen, ohne deine sozialen Lieblingsideen aufzugeben.»

Auf Platz drei im Wählerfangprojekt tauchen sie dann doch wieder auf: die Konservativen. «Die Bewahrung der Schöpfung ist ein konservatives Thema», so der CDU-Generalsekretär. Da muss man gar nicht von konservativen Menschen reden; das Thema ist konservativ.

Die Stammwähler der CDU stehen auf dem letzten Platz des Wählerfangprogramms. Sie wählen «nicht automatisch» CDU, meint der Generalsekretär Gröhe. Und für die «Weiterentwicklung» der CDU-Politik zu werben sei schon wichtig. Auch «erläutern» müsse man diese Weiterentwicklung. Einmal so im ganz Allgemeinen gelandet und von dem Unbehagen beschlichen, dass die Parteichefin auch künftig wenig erläutern wird, liefert Gröhe einen in sich völlig widersprüchlichen Schlusssatz ab: Die Stammwähler wüssten «sehr genau, dass Politik für ihre Kinder und Enkel den heutigen Lebensbedingungen gerecht werden muss.» Was will er damit sagen? Heutige Lebensbedingungen als Transferladung für die nächste und übernächste Generation? Geht es nicht gerade um die schwierige Aufgabe, heute für die Lebensbedingungen derjenigen vorzusorgen, die dreißig oder fünfzig Jahre nach uns geboren werden?

Nehmen wir einmal an, dass der Vasall der Kanzlerin sich einfach nur schlecht gefühlt hat, während er die Klischees ablieferte, an die er selbst nicht glaubt.

Die Kanzlerin legt Wert auf eine Ergänzung ihres Abwerbeplans. Ihre Zielgruppe sind die Wechselwähler. Und wäre sie nicht ständig auf der Hut, dann hätte sie hinzugefügt: Von denen brauche ich immer mehr. Merkels flottierende Wählerherden im politischen Markt, die man mit einem kleinen kläffenden Hund hin- und hertreiben kann, heute so, morgen so. Das wäre ein Wunschbild von einer ganz neuen, immer noch tarnkappengeschützten Planwirtschaft, wo der Wettbewerb der politischen Leistungen und Versprechen keine Rolle mehr spielt, weil es nur noch eine Chefebene gibt, die keine Gegenspieler mehr hat, weil sie alle zu Mitspielern macht.

Das Programm zur Enteignung von Kernthemen anderer Parteien läuft auch in der schwarz-gelben Regierung weiter als CDU-Programm, wie schon in der Großen Koalition. Arbeitsministerin von der Leyen besetzt Mindestlohn, Hartz vier und Rente mit 67, ehemals klassische SPD-Projekte, und arbeitet mit ihrem überbesetzten Presseressort weiter an der Vermarktung ihrer zwischen den Parteien schwimmenden Beutestücke aus fremden Revieren und an ihrer eigenen Karriere.

Die sinkende Macht der Wähler

Die schwarz-gelbe Koalition von 2009 ist von Anfang an ein Paradox: eine Art ›Einparteien-Koalition‹ mit etwas gelbem ‹Gesinde›. Ihre persönliche Entourage hat die Kanzlerin als Boygroup auf die besten Plätze verteilt, wo unerschütterliche Demut belohnt wird.

Im Kanzleramt sitzt Ronald Pofalla, den auch eine extreme Entgleisung nicht aus der Kurve tragen konnte, weil die Kanzlerin «ihn noch braucht». Norbert Röttgen ist Umweltminister und sieht sich durchaus als Merkel-Nachfolger; Eckart von Klaeden wurde Staatsminister, Peter

Altmaier, Geschäftsführer der Bundestagsfraktion, ist der Troubleshooter für die Medien, und Hermann Gröhe gibt den Generalsekretär. Ein Kreis der Günstlinge, die den hohen Wegezoll entrichtet haben, der in das Zentralkomitee der Kanzlerin führt. Sie alle haben das Motto dieser Kanzlerschaft begriffen, so dürfen wir vermuten: Es geht um Alleinherrschaft. Die Vorübungen für ein politisches System, das immer mehr Allparteien-Konsens praktisch erzwingt, indem immer mehr konsengefährdete Entscheidungen als staatstragend dargestellt werden, laufen beim Thema Euro ebenso wie bei EU-Vertragsbrüchen zugunsten neuer Verträge in immer rascherer Folge. Schon gewöhnen sich die deutschen Bürger an diese Form der Zentralverwaltung in Angelegenheiten, denen sie, freigelassen, eigentlich nicht zustimmen würden.

Schon auf den ersten Metern nach der gewonnenen Wahl von 2009 aber hätten die regierungsnahen CDU-Leute staunen müssen, wie untypisch der Start in eine sogenannte Wunschkoalition vonstatten ging. Die Kanzlerin der Großen und nunmehr im Handling höchst bequemen «Kleinen» Koalition hatte die Formel «Wunschkoalition» aber nie benutzt. Warum war das niemandem aufgefallen? Weshalb kam nirgends in der Führungsspitze der Partei die Frage auf, ob die Vorsitzende mit dieser Koalition ganz andere Ziele verbände, als die gesamte Wählerschaft von CDU und FDP annahm? Fuhr die Kanzlerin vielleicht schon länger, und komplett *undercover*, ein ganz anderes Modell für Deutschlands Zukunft, das mit einzelnen Parteien so wenig zu tun hatte wie das internationale *Standing* einer Staatschefin, die das Zaudern zur Kardinaltugend geadelt hatte, weil sie nie durch entschiedene Taten auffiel?

Schon der Profilverlust der Union in der Großen Koalition fand im CDU-Lager keine mutigen Interpreten. Wer versucht hätte, das Gesamtbild der beiden Volksparteien nach ihrer gemeinsamen Regierungszeit vorurteilsfrei zu verstehen, der hätte zuerst gesehen: Beide gehen geschwächt aus der gemeinsamen Verantwortung hervor. Liegt das nur am Themenklau der CDU bei der SPD? hätte man furchtlos weiterfragen müssen. Oder, wenn es beide Parteien trifft, gilt neben den alten Regeln wechselseitiger Abnutzung der Profile ein neues Gesetz, das wir bisher nicht kannten? Vielleicht ein Gesetz, das mit dem Politikstil der Kanzlerin dieser Koalition zu tun hat? Marginalisierung von Parteiprogrammen? Planmäßige Überlagerung von nationalen Erfolgsstrategien durch übernationale, in denen die regierenden Parteien einzelner Staaten keine große Rolle mehr spielen? Und dient die Enteignung von Themen des Gegners im eigenen Land, der für vier Jahre zum Partner wird, vor allem einer Mischtechnik von geistigem Eigentum der einzelnen Parteien, die dann von Wahl zu Wahl die «Angebote» der Parteien an die Wähler immer verwechselbarer macht?

Dass ihre Kanzlerin für sich ein Karrieremodell verfolgt, das diese neue Mengenlehre braucht, können nur unabhängige Köpfe zu denken wagen, die auch die Folgerung nicht fürchten: Das Modell vom unauffälligen Verschwinden der Partei-Grenzen ist nichts anderes als ein zentralistisches Konzept, das die Bündelung aller Partei-Interessen an einer höchsten Stelle vorsieht, wo jeder sich irgendwie aufgehoben sieht, wie es in zahlreichen Allparteien-Entscheidungen seit Jahren trainiert wurde.

Parteileute wollen dieses Modell noch nicht denken. Und je länger die Regierungschefin allein ist mit diesem Ziel, desto sicherer wird die Akzeptanz einer Szenerie, in der die Gegensätze früherer Jahrzehnte belanglos werden, weil die Welt im Ganzen so kompliziert geworden ist.

Wie konsequent der zentralistische Unterstrom in der deutschen Politik von einer Koalition zur nächsten aus der deutschen Führungsetage gespeist wurde, hätte der furchtlose Beobachter auf der Suche nach Durchblick schon in den Koalitionsverhandlungen mit dem «Wunschpartner» FDP wahrnehmen müssen. Da wurde eine ganz eigenwillige Version von Kontinuität verfolgt, die klägliche Kompromisse aus der ungeliebten Großen Koalition gegen den neuen «Wunschpartner» verteidigte, als handle es sich um Ergebnisse, die auch in der neuen Konstellation und vom neuen Partner verteidigt werden müssten. Der Unterstrom der Allparteien-Akzeptanz wurde also gezielt, nicht zufällig genährt.

Dass die Rettung in Richtung Regierungsmehrheit mit dem kleinen gelben Partner überhaupt erreicht wurde, kann als Glücksfall bestaunt werden. Wichtiger aber für unser Bild vom Wähler und seiner sinkenden Macht ist die organisatorische Seite dieses Glücksfalls. Das Wahlergebnis der FDP kam ja nur zum kleinsten Teil von FDP-Wählern. Es entsprang einer spontanen Koordination verschiedenster Wählergruppen, die entschlossen waren, den Kurs der Regierung zu verändern. Die 14,3 Prozent der FDP am Wahlabend 2009 kamen von Bürgern, die an ihren Einfluss als Wähler glaubten. Das ist das eine. Das andere aber: Diese Bürger glaubten auch – noch? – an Parteienprofile, die mit Versprechen verknüpft waren. Wie lange wird das noch so sein? Wird der Anteil «zentraler» Führungsversprechen von einer politischen Chefetage aus, die den Wählern aus vielerlei informellen und anlassgebundenen Quasi-Koalitionen bekannter ist als unter einem Parteilabel, schnell wachsen?

Schon vor der angeblichen Wunschkoalition mit der FDP gab es nur verschwimmende Grenzen zu jener SPD, die vom Wahlabend an wieder als politischer Gegner verstanden werden sollte. Das TV-Duell zwischen Merkel und Steinmeier geriet eher zum Duo, und die Kanzlerin nahm gezielt das Risiko in Kauf, die klassische Wählermehrheit der CDU zu brüskieren. Ihr Satz «Ich bin keine Konservative» hatte eher gedachte Mehrheiten von morgen und übermorgen zum Adressaten als die aktuell unverzichtbaren aus der eigenen Partei.

War die CDU jemals ihre eigene Partei gewesen? Schließlich hatte ihre Testfahrt durch CDU-Gelände der aufstrebenden Vorsitzenden schon Jahre zuvor die Erkenntnis gebracht, dass die CDU-Werte für ihren persönlichen Durchbruchsplan eine Fremdsprache bleiben würden.

Da sie für die Zukunft mit wechselnden Partnerschaften rechnet, macht Merkel auch im Wahlkampf 2009 eher Kanzler Wahlkampf aus dem Geist der Großen Koalition. Sie weiß bereits, dass ihre öffentliche Reputation eine eigene Erfolgskurve durchläuft, die mit parteipolitischen Meriten absolut nichts zu tun hat. Und das entspricht ihrem persönlichen Karriereplan: unabhängig von Parteien ein internationales Renommee aufzubauen, das vom großen Format der Krisenthemen bestimmt wird, bei denen sie vor allem durch Präsenz, selten aber durch klare Konturen glänzt.

Ihr Vorwissen über die Gesichter der Macht liefert der Aufsteigerin seit ihrem Seitenwechsel aus dem Ghetto der Ohnmacht in die Zirkel der Macht einen Vorsprung vor ihren Westkollegen, der vor allem in Illusionslosigkeit besteht. In der DDR hat sie studiert, dass die Selbstinszenierung der Macht jede Qualifikation überdeckt und ersetzt. Ihren Weg in der Westpolitik des geeinten Deutschland hat sie gemacht in der Überzeugung, dass es auch im freien Teil der Welt nicht anders ist.

Ihr Credo «Lass dich nicht ausrechnen, gib keine Versprechen, relativiere alles was du siehst, auch Ethik und Moral, begreife Werte als Manövriermasse» hat sie im politischen Umgang mit der politischen Westpopulation durchgehend überlegen gemacht. Ob die Kanzlerin mit diesem neuen Politikstil eine Botin aus der Zukunft ist, der Prototyp eines Führungsprofils für eine postdemokratische Epoche, die keiner ihrer Anhänger und ihrer Gegner bisher versteht, das ist die schwebende Frage, die noch niemand formuliert.

Merkels Geheimnis – Windsbraut oder Windmaschine?

Nicht selten erscheint das Schweigen der Kanzlerin wie das Zentrum einer geheimen Mission, von der sie weiß: Noch kann sie sie mit niemandem teilen. In der Startphase ihrer Westkarriere hat sie in einem Mediengespräch gesagt, sie habe in der DDR gelernt, «zwischen den Zeilen zu lesen». Zwischen ihren Zeilen, dazu scheint sie einstweilen entschlossen, soll niemand lesen.

Wer die erste Frage stellt, muss die Anschlussfrage zulassen: Wenn die Kanzlerin sich als Pionierin einer neuen, zentralistisch regierten Epoche nach der demokratisch dominierten sieht, ist diese Zielmarke dann so etwas wie ein Programm, das vor allem ihren persönlichen Aufstieg zu neuen, noch gar nicht kreierten Ämtern sicherer machen soll? Oder entspricht ihr *undercover* eingeschlagener Weg aus der demokratischen in eine zentralistisch regierte, übernationale Staatenwelt einem Erkenntnisvorsprung, der das Unausweichliche dieses Systemwandels als politischen Auftrag versteht?

Dann wäre das Belohnungskonzept, dem ihre Personalpolitik in eigener Sache folgt, nicht mehr Gegenstand der Kritik, wie sie Altkanzler

Helmut Kohl äußert: diese «Entourage» sei «drittklassig». Der Gehorsam als Kardinaltugend ihrer Vasallen wäre dann die Top-Qualifikation für alle nächsten Mitarbeiter, deren Chefin ihre geheime Kommandosache mit niemandem teilen kann.

Die Ungerührtheit, mit der Merkel jene klugen Kritiker keines Kommentares würdigt, die eine Demokratie verteidigen, deren Leistungsbeweise sie für unsterblich halten, wäre im Lichte einer geheimen Mission der Kanzlerin nicht mehr als Hybris zu verstehen, sondern als Sendungsbewusstsein.

Auch die Aufforderung an Merkel, «mehr Führung» zu liefern, wird gegenstandslos, wenn wir sie als Geheimnisträgerin sehen, deren Projekt alle Mitspieler – noch – überfordert. Wer führt, muss informieren. Wer führt, muss kommunizieren. Wer als Führungskraft nicht kommuniziert, der «lässt kommunizieren», und die deutsche Kanzlerin hat keine Wahl, die Kommunikationsmacht an sich zu reißen, wenn sie im Kern eine Botschaft hat, die niemand kennen soll, bis die Fakten sich häufen. Und alle Partner erkennen, was da passiert ist: Marginalisierung der Parteien, Verwechselbarkeit der Programme, Nonchalance im Umgang mit Gesetzen, Aufweichung von Wert- und Normkonzepten, *no commitment*, Bindungslosigkeit als Zukunftsmotor, zentralistische Allgegenwart von Staat und Plan, Überwindung des Wettbewerbs.

Wer die Herrin deutscher Wandlungsprozesse als «unberechenbar» erlebt, der kann ihre «wankelmütige Politik» nur so lange kritisieren, wie er die uns vertrauten Maßstäbe zugrundelegt, ohne zu staunen, dass diese Messlatten offenbar allesamt für die Herrin im Land nicht gelten. Ob das eine gute Voraussetzung für erfolgreiche Führung ist, fragt kaum ein Beobachter. Ob die Verwirrung beim Zuschauen vielleicht eher im Auge des Betrachters entsteht als in den «rätselhaften Winkelzügen der Angela Merkel», wagt ebenfalls kein Analytiker zu ergründen.[131]

Die Spaltung der Eindrücke, die Merkels Geheimnis in Kopf und Herz der deutschen Bürger hervorruft, spiegelt sich in den Jahren der schwarz-gelben Koalition im Auseinanderdriften der Bewertungen für die Kanzle-

---

131 Vgl. Michael Naumann in: *Cicero*, 23. August 2011.

rin und für ihre Partei. Hohe Werte für die Kanzlerin stehen neben schwachen Zahlen für die CDU. Die Bürger wissen es also schon, ohne darüber zu reden: Merkel und die CDU sind zwei verschiedene Welten. Wenn sie die CDU bewerten, dann ist das nicht die «Merkel-Partei», sagen viele im Land. Wie lange wird es dauern, bis immer weniger Deutsche wissen, welcher Partei diese Kanzlerin angehört? «Ich bin keine Konservative», jene Vorwahlbotschaft der Kanzlerin, war ein Distanzierungsvotum in Richtung CDU. Dass die CDU nicht eigentlich, sondern eher zufällig «ihre» Partei sei, wird die Kanzlerin bei fortschreitender Weichzeichnung aller Parteigrenzen irgendwann einfließen lassen – *en passant*, wie jenen Satz am Tag ihres Staatsstreichs in Sachen Energie, den offenbar niemand hörte, jedenfalls aber niemand zitieren wollte, weil ja das Kommando Umsturz von ganz oben kam: «Ich bleibe eine Befürworterin der Kernenergie.» So Angela Merkel am Tag ihres, übrigens des einzigen bisher von ihr als persönliches Erweckungserlebnis bezeichneten brutalen Durchgriffs auf Verträge und Gesetze, denen unzählige Beteiligte bis dahin vertraut hatten.[132] Das Erweckungsdrama war Taktik.

Ähnlich wie damals wird die Kanzlerin in mittlerer Entfernung von heute, 2012, aus gesehen die Erledigung des Parteiensystems aus lauter schwächelnden Gruppierungen in einem großen, gleichviel wie dann übernational bezeichneten zentralistisch auf Kurs gehaltenen Tanker mitteilen, der schon heute den nationalen Schnellbooten mehr und mehr Kommandos liefert.

Da sie eine Schweigerin sein muss, solange ihr Geheimnis eine Zumutung für die meisten Deutschen – und viele Europäer – ist, lässt sie die meisten Appelle zu «Offenheit» und «Berechenbarkeit» vorüberrauschen. Mit wertbeschwerten Zurufen hat sie ohnehin ihre Schwierigkeiten. Zugleich ist das zuverlässige Missverstehen ihres wahren Kurses – raus aus dem System, das die Appelle und Zurufe produziert, in ein System, wo die Vielstimmigkeit kontraproduktiv erscheinen wird – der belastbarste Schutz für ihr Projekt.

132 Siehe dazu S. 108, 117f., 123ff., 186ff.

Das begleitende Paradox ist nicht ohne Charme: Die Kritiker wissen nicht, dass sie selbst es sind, die der *undercover* Reisenden die Tarnkappe reichen, indem sie täglich Kommentare aus dem vertrauten System liefern, in dem sie, die Kanzlerin, nie unterwegs war. Die Fragen aus jenem System, das sie überwinden will, kann sie, so könnte man sagen, in ihrem System gar nicht hören. Wie soll sie dann antworten? Ihr Renommee als Chefin Deutschlands und Europas profitiert von dieser Nachrichtenarmut; wenn Merkel auftritt, gibt es keine Angst vor Überraschungen.

Ihr häufigster Satz «Scheitert der Euro, dann scheitert Europa» ist abstrakt genug, um seine Schrecken gar nicht erst entfalten zu können. In den Ohren des Medienpublikums klingt er längst wie ein Refrain, eine Erkennungsmelodie, die neuerdings auch in der Variation vorliegt: «Gewinnt der Euro, gewinnt Europa.» Die Kanzlerin entschleunigt brisante Themen durch Sprachbausteine, die auch international streitbare Meetings ins milde Licht der Alltagsvernunft tauchen. Hat das versammelte Europa sich wieder einmal zum nächsten Griechenland-Paket durchgekämpft – oder auch nicht –, schließt die Europa-Chefin das Meeting mit angewinkelten Unterarmen und senkrechter Parallele der Hände, die nun einmal nach rechts, einmal nach links wandern, zu dem verharmlosenden Statement: Wir tragen unseren Teil bei (Schwenk nach rechts), und Griechenland trägt seinen Teil bei (Schwenk nach links).

Wen solche Beweisführung nicht zufriedenstellt, dem ist nicht zu helfen. Regelmäßig haben Merkels Schlusskommuniqués entwarnenden Charakter. Die erwünschte Folge: Ruhe für die nächste Etappe. Die Kanzlerin «holt die Themen runter», weil einfache Formeln nie so falsch werden können wie komplizierte. Weil sie entdramatisiert, vergessen die Beobachter immer wieder, ihre Kernfrage an die Kanzlerin des Wandels zu stellen: Ist sie die Erste, die sich dem Wind des Wandels anvertraut, oder ist sie die Windmaschine? Treibt sie den Wandel, oder treibt er sie? Ist sie die Revolution oder deren Werkzeug? Warum lässt sie so viele Antworten offen? Die Antwort der Physikerin müsste wohl sein: Um nicht falsifiziert zu werden. Wahrscheinlicher ist aber, dass sie selbst die meisten Antworten für morgen noch nicht kennt. *First things first* wäre ihr Motto, wenn sie nicht in der Schweigespirale unterwegs wäre. Eins nach dem andern, könnte ihre schlichtere Variante lauten. Was ich morgen zu den Dingen sage, kann ich heute noch nicht wissen, das ist Angela Merkels Pendant zu Adenauers Satz: «Was geht mich mein Geschwätz von gestern an?» Merkel hat schon gestern geschwiegen, also braucht sie keine ironische Distanz zu der, die sie gestern war.

Ein weiterer Refrain, der zum Verweigern von Erklärungen taugt, ist Merkels Vokabel «alternativlos». Was sie vor allem mit dieser Formel anstrebt, ist ein Fragenstopp. Jeder Gegenvorschlag ist sinnlos, sagt dieser lapidare Wortklotz, Schluss der Debatte, ihr werdet mich für keine andere Lösung gewinnen, funkt die Kanzlerin. Ich bin es gar nicht, die euch die Alternativen wegnimmt, sagt sie damit auch. Es gibt sie einfach nicht. Ihr müsst euch beugen wie ich, und keiner von uns kann an der Sache drehen: Es gibt keine Alternative.

Natürlich nimmt die Community der Mitverantwortlichen wahr, dass «alternativlose» Lagen von der Führung nur sehr selten in Anspruch genommen werden können – eigentlich. Merkel hat diesen Baustein zum Nachfragestopp relativ häufig in den Krisendiskurs geworfen – und dabei erstaunlich viel Toleranz erfahren. Wenn es keinen andern als den verordneten Weg gibt, steigt normalerweise der Erklärungsbedarf. «Ich will euch erklären, warum es keinen andern Weg gibt», muss die Führung sagen, um das Vertrauen ihrer Leute am Leben zu halten.

Merkels Abschlussformel «alternativlos» hat eine Kommando-Komponente, die auf eine weitere Spur führt: Das Schweigen der Kanzlerin als autoritäre Geste wird in Deutschland erstaunlich duldsam aufgenommen. Nahe am Schweigen lagern solche Formeln wie «alternativlos», weil sie ja ebenfalls eine Auskunftsverweigerung darstellen. Als Kanzlerin ohne Alternative hat Merkel es erreicht, dass der hohe Geheimnisgehalt ihrer Stellungnahmen von den Bürgern als Entlastung von Mitverantwortung erlebt wird. Nur einige hellwache Beobachter rufen hier: Vorsicht, mehr Schweigen bedeutet mehr Macht.

Die Aussteigerin

Die meisten Westdeutschen denken Merkel immer noch als Zusteigerin im westlichen Politiksystem. Merkels Geheimnis ist aus dieser Perspektive ein Hintergrundsthema, eine Vergangenheits- und Herkunftsstory. Die wenigsten kommen auf die viel ergiebigere Idee, dass «Merkels Geheimnis» ihr Zukunftsentwurf ist. Was sie von gestern verschweigt, ist ja längst nicht so interessant für Deutschlands Zukunft wie ihr Projekt Deutschland für morgen, das niemand zuverlässig kennt. Kanzlerin, wohin führst du uns, fragt niemand – obwohl es die wichtigste Frage an Führung ist, um deren Beantwortung sich niemand drücken kann. Mit der falschen Interessenrichtung der kommentierenden Medien fängt es an. Merkel als Zusteigerin zu sehen, heißt, die wichtigere Frage aufzuschieben, dass sie eine Aussteigerin ist. Vielleicht ist sie auch im System Deutschland längst mit einem Ausstieg beschäftigt, während ihr alle sozusagen den Rücken zuwenden, weil sie auf die Verlustbilanz ihres eigenen Wertbesitzes starren.

Angela Merkel ist die erfolgreichste Aussteigerin der DDR. Lothar de Maizière und Rainer Eppelmann haben das wahrgenommen und nicht ohne Bitterkeit kommentiert. Angela Merkel begann erst da mitzuspielen, wo es für sie lohnend wurde. Reibungsverluste bei Straßendemonstrationen hat sie vermieden. Sie war die erfolgsorientierte Aussteigerin der letzten Stunde. Im Vorfeld strapazierten sich die andern.

Wer Merkels Karriere als eine Kette von Ausstiegen zu lesen beginnt, gewinnt Spielräume in Richtung von «Merkels Geheimnis». Kaum ausgestiegen aus dem Ostsystem, am Spalier erster klar definierter Jobs auf Westkurs, trifft sie «drüben», im Westen, schon wieder auf ein Ausstiegsszenario: Eine halbherzige Männertruppe in der West-CDU, die ihren Vorsitzenden loswerden möchte, aber keinen Täter für das Kardinalverbrechen an ihrem Übervater finden kann. Angela, die Aussteigerin, hat schnell begriffen, dass diese Angelegenheit hasenherziger Söhne ganz schnell auch ihre, der Aussteigerin Angela M., Sache werden könnte. Schnell erkennt sie, dass sie selbst am wenigsten befangen ist, da sie mit diesem Vater nur eine Ferngeschichte hat, genauer eine Fernsehgeschichte, an die sich freilich ein kurzes Tochter-Kapitel angeschlossen hat. Angela, die Aussteigerin, ist cooler als ihre neuen Kumpels im Westen, weil sie nicht Wirtschaftswunder, sondern sozialistischen Realismus gelöffelt hat, 35 Jahre lang. Sie ist illusionslos genug zu wissen, dass mit dem politischen Vaterkonflikt auch der unerledigte Vaterkonflikt zu Hause, den sie beim Ausstieg hinter sich ließ, einen Abschluss finden könnte.

Die Aussteigerin Angela zeigt der Westpartei, wie man aus der Tradition mit einem dominanten politischen Vater aussteigt, und sie versäumt es am Anfang nicht, ihr Projekt «Ausstieg aus der alten CDU» mitzuteilen. Ihr Manifest des Ausstiegs aus dem System Kohl[133] ist zugleich ein Umsturzprogramm für die West-CDU, das ihre politischen Kollegen vor lauter Scham über den an eine fremde Frau delegierten Vatermord überhaupt nicht gründlich lesen. Ihre Partei, dieser Koloss von Volkspartei mit stolzer Nachkriegsgeschichte, müsse «laufen lernen», steht da, und kein CDU-Mann empört sich über diesen Übergriff einer Newcomerin mit Short story in der Partei.

Merkels Testfahrt durch die CDU-Themen in den Jahren nach diesem furiosen Start ist nichts anderes als ein Abarbeiten von CDU-Werbetafeln, die, wie die Testerin fand, keine Bindekraft mehr entwickelten. Bis zum Einstieg in die grosse Koalition, der wiederum eine Kette kleiner Ausstiege aus klassischen CDU-Themen auslöst, hat Merkel die CDU-Programmatik abgeklopft und Slogan für Slogan verworfen, ohne die Partei aus ihrer Identitätssuche aufzuschrecken. Was sie brauchte, war Akzeptanz für die jeweils nächste Stufe der Macht. Die CDU glaubte jahrelang, einem Anpassungsprozess zuzusehen: Eines Tages würde die Zusteigerin in der Mitte der Partei ankommen. Dabei häuften sich die Beweise, dass Merkels Geheimnis nicht der langsame Einstieg, sondern der wohldosierte Ausstieg aus den Kernbeständen des CDU-Wertekodex war und ist. Die Ausstiege ihrer Rivalen aus der CDU wurden zwar dem Regiment von Angela Merkel zugerechnet; dass es aber der Ausstieg der Vorsitzenden aus der CDU-Agenda war, der ihre Konkurrenten in die

133 Siehe dazu S. 277–280.

146

Flucht trieb, wollte niemand so recht ernstnehmen, weil die Anschluss-frage unabweisbar geworden wäre: Ist die Vorsitzende, eine Spezialistin für Ausstiege aus Überzeugungen, Werten und Normen, für die Partei langfristig wichtiger als all jene Aspiranten auf die Top-Ebene der deutschen und europäischen Politik, die das System Merkel verlassen haben?

Die Starken gehen, die Schwachen bleiben

Helmut Kohls Sturz 1999 war der Paukenschlag, mit dem eine Fluktuation in Gang kam, die weit über den normalen Personalaustausch hinausging und Jahre dauern sollte. Wolfgang Schäuble kapitulierte im Jahr 2000 und kam später zurück. Er ist der Überlebenskünstler im System M. Seine nicht endende Kronprinzenrolle bei Kanzler Kohl kann als Trainingsprogramm für seine unerschütterliche Mischung aus Treue und Gelassenheit verstanden werden. Friedrich Merz trat Ende 2004 vom Amt des stellvertretenden Fraktionsvorsitzenden zurück. Seine Kontroversen mit Angela Merkel spiegeln einen Großkonflikt, den andere Spitzenpolitiker in der CDU nicht auf offener Bühne austragen, aber mit ihrer Abwanderung aus dem System M als unlösbar einstufen. 2008 gibt der sächsische Ministerpräsident Georg Milbradt sein Amt als Ministerpräsident auf. 2009 stellt Dieter Althaus in Thüringen sein Ministerpräsidentenamt zur Verfügung. Franz Josef Jung gibt sein Amt als Bundesarbeitsminister zurück, nachdem er für seine Zeit als Bundesverteidigungsminister Informationspannen zu einem verhängnisvollen Luftangriff aus zwei entführten Tanklastzügen in Afghanistan einräumen muss. Sein Nachfolger Guttenberg wird sich aus demselben Thema trickreich befreien. Nach Jungs Demission 2009 ist es Anfang 2010 der baden-württembergische Ministerpräsident Günther Oettinger, der sein Amt zur Verfügung stellt. Im gleichen Jahr legt Jürgen Rüttgers, noch geschäftsführender Ministerpräsident, alle politischen Ämter nieder, nachdem seine Partei die Wahl in NRW verloren hat.

Das Jahr 2010, Startjahr der schwarz-gelben «Wunschkoalition», liefert nun Rücktritte Schlag auf Schlag. Nach Rüttgers und Oettinger verabschiedet sich auch Hessens Ministerpräsident Roland Koch aus der Politik. Er war, neben Wulff, einer der wichtigen Aspiranten auf die Merkel-Nachfolge. Um Wulff kümmert sich die Kanzlerin deshalb selbst. Der Rücktritt des Bundespräsidenten Horst Köhler, ein schwarz-gelber Coup aus dem Oppositionsjahr 2004, schafft unverhofft Raum für die Entsorgung des Rivalen ins höchste Staatsamt. Beide Wahlen verzeichnen deutliche Demokratieverluste.[134] Köhlers Begründung für seinen Rücktritt, mangelnder Respekt der Medien vor dem Präsidentenamt, passt in das turbulente Jahr mit den meisten Abschieden von CDU-Politikern im Augenblick der Machtübernahme durch die CDU-FDP-Koalition.

Im Juli 2010 meldet sich Regierungssprecher Ulrich Wilhelm ab: Er wird Intendant des Bayerischen Rundfunks. Ole von Beust, Bürgermeister in Hamburg, räumt ebenfalls seinen Platz. Und schon im Januar 2011 meldet Peter Müller, Ministerpräsident im Saarland, seinen Rücktritt von allen politischen Ämtern.

Im März 2011 kapituliert der Verteidigungsminister Karl-Theodor zu Guttenberg vor dem Echo seiner Affäre um getarnte Zitate in seiner Dissertation zum Doktor der Rechte.

Der abgewählte Ministerpräsident der CDU in Baden-Württemberg, Stefan Mappus, räumt auch seinen Chefsessel bei der Landes-CDU. Im Mai 2011, noch vor der Halbzeit der schwarz-gelben Koalition, versucht die FDP wieder festen Boden unter die Füße zu bekommen: Sie opfert ihren Vorsitzenden, der die Rolle des Sündenbocks übernimmt und auch als Vizekanzler zurücktritt. Es gelingt der Partei nicht, ihre Lage als prädestinierter Verlierer in der «Wunschkoalition» früh genug zu analysieren. Die Liberalen scheitern an ihrer besten Eigenschaft: der Liberalität. Ihr Gespür für Verrat ist unterentwickelt; ihr Misstrauen springt nicht an, wenn Versprechen gebrochen werden.

Anders der Präsident der Bundesbank, Axel Weber, der Gerüchte über ein Versprechen nicht für das Versprechen selbst nimmt. Nach vergeblichem Warten auf eine Erklärung der Kanzlerin, von der die Presse

---

134 Siehe dazu S. 197–218.

täglich meint, sie läge in der Luft, quittiert er seinen Chefposten bei der Bundesbank. Die Entschleunigungskanzlerin opfert damit die Top-Position in der Europäischen Zentralbank; der Italiener Mario Draghi rückt dort nach.

Axel Weber, das ist das Geheimnis der Kanzlerin in diesem wie in anderen Fällen von Jobverzicht, den sie für Deutschland scheinbar beiläufig organisiert, Axel Weber vertritt eine Geldpolitik, wie sie das Gesetz für die Bundesbank und die Europäische Zentralbank vorzeichnet. Unter Axel Webers Leitung wäre die Flutung der Geldmärkte nicht der neue Normalfall geworden. Der Chefvolkswirt der EZB, Jürgen Stark, hat bis in den späten März 2012 gewartet, bis er seinen am 9.September 2011 zum Jahresende verkündeten Rücktritt in voller Schärfe begründet: «Die Politik will nicht zum Kernproblem vordringen», sagt er dem *Handelsblatt*. Er habe wegen unerträglicher Loyalitätskonflikte die EZB verlassen.[135]

Der Eindruck, dass die Politik unter Kanzlerin Merkel großen Wert auf genau jene Spielräume zur Flucht vor der Wahrheit der europäischen Schuldenkrise der Staaten legt, bestätigt sich auch im dritten Fall: Jens Weidmann, Wirtschaftsberater der Kanzlerin, wird Chef der Bundesbank. Er wechselt die Loyalitätsadresse und überrascht mit Stehvermögen. Ob er tatsächlich Gegenpart der Kanzlerin ist oder ihr U-Boot, wagt keiner, der das System M studiert hat, zu entscheiden.

Axel Weber wechselt nach kurzem US-Forschungsexil auf den Präsidentenplatz bei der Schweizer Großbank UBS.

In der Politik sind es oft Grotesken, die zum Amtsverlust für die Fähigsten führen. Eine typische Politposse kostete den Wirtschaftsminister der FDP, Rainer Brüderle, sein Amt. Kollegen auf Regierungskurs, immer noch im Werben um die Sympathie der Kanzlerin auf Knien unterwegs, nahmen Brüderles zutreffende Bemerkung zur ‹emotionalen› Qualität des Ausstiegsrausches nach dem Kommando der Kanzlerin zum Anlass, sich von dem besten Wirtschaftsminister zu trennen, den sie gegenwärtig aufbieten können, um die CDU-Chefetage zu beruhigen. Brüderles Ver-

---

135 Vgl. dazu *Handelsblatt*, 23.–25. März 2012.

gehen: Offenheit statt kalkulierter Heuchelei. Die Chance, genau dies als FDP-Profil zu verteidigen, wurde mutlos vertan.

Die FDP spürt nicht einmal mehr, dass Brüderle ihr Joker ist; sie reagiert angepasst an die Kampagnenmentalität der Heuchler in der Kanzlerpartei. Brüderle, *political animal* der alten Schule, nimmt den Übereifer der Parteifreunde mit einem ironischen Lächeln – und wartet gelassen auf seine Stunde. Und er kommt wieder, immer ein Lächeln im Mundwinkel.

Zu den Überlebenden des Systems M gehört auch Jens Weidmann. Als Chef der Bundesbank überrascht er mit «klassischen» Positionen der Stärke, die dem faktischen Machtverlust der Bundesbank nicht entsprechen. Die Beobachter sind uneins: Ist Weidmanns Kritik an Mario Draghis kühner Geldpolitik ein *Undercover*-Auftrag der Kanzlerin? Weidmann als Mahner und Sparkommissar, der den Chef der Europäischen Zentralbank, den Italiener Draghi, offen angreift? Ein Scheingefecht, sagen EZB-Insider, das Weidmanns geschwächte Position stärken soll. Ende März 2012 klärt sich das Bild: Weidmann kritisiert die wachsende Verschuldung im Haushalt des Bundesfinanzministers. Seine Unabhängigkeit von der deutschen Regierung ist inzwischen bewiesen. «Wenn wir als Bundesbank eine Meinung haben, dann sagen wir sie. Es kann nicht immer nur darum gehen, die Märkte zu stabilisieren», sagt Weidmann.[136] Ein kritischer Brief, den er an den EZB-Präsidenten Draghi schrieb, fand den Weg in die Öffentlichkeit. So war Draghi zu einer Erklärung für seine kühne Geldpolitik gezwungen: Natürlich gebe es Risiken und Nebenwirkungen, wenn man ein derart starkes Medikament einsetze, wie es die knappe Billion Euro gewesen sei. «Darauf hat Jens Weidmann zu Recht hingewiesen, und ich bin mit ihm einer Meinung», so Draghi beschwichtigend.[137]

Weidmann hatte schon Anfang März 2012 mit einem Tabubruch überrascht: Die Bundesbank, so ließ er verlauten, schließt ein Auseinanderbrechen der Euro-Zone nicht aus. Beobachter fragen sich seither: War

---

136 «Bundesbank will weiter aufmüpfig sein«, www.finanzen100.de, 24. März 2012.
137 Vgl. dazu *Frankfurter Allgemeine Sonntagszeitung*, 25. März 2012.

das regierungskonform oder ein Signal für Weidmanns Anspruch auf Unabhängigkeit? Der Satz erinnert immerhin daran, dass Angela Merkel zu Beginn der Griechenland-Krise die Einzige war, die ungerührt für einen Ausschluss des Landes aus der EU plädierte.

Auf diesem Hintergrund ist die Frage «U-Boot oder Freischwimmer?» schwer zu beantworten. Wäre er wirklich unabhängig, dann wäre der Bundesbankchef ein Unikat. Da die Kanzlerin eine Schweigerin ist, darf weiter spekuliert werden.

Regieren: Ein Entsorgungsunternehmen für alle Bindungen

Merkels Geheimnis als Aussteigerin aus bewährten Bindungen ist lesbar in rollenden Köpfen, aber auch in wohldosierten Proben zur Relativierung von Parlamentarismus und Recht, aus dem Wettbewerbskern der freien Marktwirtschaft, aus der Völkergemeinschaft der NATO, lauter kleine Tests, die wie isolierte Zufallsereignisse erscheinen und schnell im Strom der Ereignisse in Krisen-Europa unter die Oberfläche geschwemmt werden – um nach gewisser Zeit erneut nach oben zu kommen und ein ungewisses *Déjà-vu* auszulösen, das kaum einer zu Ende denkt und bewertet. Die Aussteigerin ist es gewöhnt, in großen Zeiträumen zu denken. Sie weiß, dass die Dosierung für Gewöhnungsprozesse entscheidend ist. Ab und zu ein Gesetzesbruch, «alternativlos» natürlich oder so unauffällig, dass man ihn nicht kommentieren muss; ab und zu eine Relativierung moralischer Spielregeln und ethischer Gebote: Die Wirkung ist zuverlässig – Gewöhnung, Entdramatisierung der allgemeinen Einstellung zu Ethik und Moral. Die Einladung zum Ausstieg aus den Fesseln eines Wertekodex, der alle verbindet, wird in feiner Dosierung als Entlastungsangebot erlebt. Merkels Geheimnis ist der Ausstieg aus Bindungen von Fall zu Fall. *Commitment*, Loyalitäten werden nicht offiziell außer Kraft gesetzt, aber disponibel gemacht: das Leben in der Lockerung aller Bindungen wird ein Aussteigerprogramm mit Lizenz von oben. Die Führung selbst stellt das Regelset zur Disposition.

Auch das Scheitern der schwarz-gelben Koalition findet eher im Auge des traditionellen Betrachters statt als aus der Perspektive der Kanzlerin. Sie beginnt den Ausstieg aus dieser Konstellation am Tag des Wahlsiegs. Die Hast, mit der ein Koalitionsvertrag zusammengeschraubt und präsentiert wurde, lässt ja nicht auf besondere Sorgfalt schließen, wie man sie von «Wunschpartnern» erwartet. Die Kanzlerin brauchte diesen Vertrag am wenigsten; ihr Plan für die Agonie des kleinen Stimmenlieferanten stand schon vor der Wahl. Nicht einmal ein «Moratorium» wurde der FDP verordnet; sie lief arglos in ihre tiefste Krise – an der Seite jener politischen Kraft, zu der sie in den Augen von Millionen Wählern am besten passte. Deutschland erwartete, endlich noch einmal, eine Politik aus einem Guss. Was die Deutschen bekamen, war eine Politik aus einer Hand. Die Aussteigerin trat den Beweis an, dass auch die klassischen Konstellationen der untergehenden Bundesrepublik kein Erfolgsmodell mehr sein können, solange sie an der Macht ist.[138]

Die FDP nimmt das Niegesehene nicht wahr: eine Koalitionschefin, die auch das gemeinsame Thema Steuersenkungen, ein Markenzeichen der FDP, ihrerseits nun gar nicht mehr verfolgen will. Die Schweigerin Angela Merkel nimmt das Thema aber keineswegs von der Tagesordnung; sie hindert niemanden an der Vermutung, dass vielleicht doch der Tag kommen wird, an dem sie plötzlich zu den Steuersenkern zurückkehrt. Je nachdem wie die Sterne stehen im politischen Geschäft, bleibt das möglich. Generell gilt die Formel «Alles ist möglich», und sie gilt für jedes Thema, das die Kanzlerin anfasst. Ihre Regierungspartner aus der kleinen gelben Nische werden das erst gegen Ende der gemeinsamen Regierungszeit begreifen – zu spät, um noch gleichwertig mitzuspielen.

Wenn der Ausstieg aus Verbindlichkeiten zum Führungsprogramm wird, müssten eigentlich die Liberalen ebenso heftig protestieren wie CDU, SPD und Grüne. Die Liberalen wagen in den ersten schwarz-gelben Regierungsjahren kaum einen Zwischenruf, weil sie dazugehören wollen. In der CDU entsteht ein Korrekturzirkel wie der «Berliner Kreis»;

138 Zur Agonie der FDP siehe S. 154–164, 248f.

die SPD versucht, links an Boden zu gewinnen, während die CDU SPD-Erbhöfe besetzt. Die Grünen bekommen ein eigenes Festival der Enteignung, von dem sie noch nichts wissen, als Schwarz-Gelb startet. Auch die grüne Themenübernahme durch die Kanzlerin ist für die Partei ein Ausstieg aus ihren Heiligtümern. Der Phantomschmerz stellt sich später ein, wenn das ungläubige Staunen über den brachialen Sturz der Energiegesetze im Kanzlerauftrag überwunden sein wird.

Das Geheimnis der Kanzlerin sind Ausstiege in Serie. Nimmt man Guttenberg und Kundus, Libyen und die drei Präsidentenstories hinzu, dann stellt sich die Regierung als ein Entsorgungsunternehmen für Werte- und Normengeschichte dar. Wäre sie nicht eine Schweigerin, würde die Kanzlerin sagen: Höchste Zeit. Bindung knechtet. Das gilt verschärft für Wertkonzepte.

Wer Bindungen umschifft, hat auf den ersten Blick einen Führungsvorteil, den die Kanzlerin innen- wie außenpolitisch nutzt: Neutralität. Innenpolitisch ist Merkels Bindungslosigkeit das Konzept für immer mehr Allparteien-Akzeptanz. Die Häufung von Allparteien-Entscheidungen wirkt wie ein Trainingsprogramm für Zentralismus. Außenpolitisch ist Neutralismus nicht automatisch ein Powertrip. Die Kanzlerin weiß, dass sie international stets so viele Fragen offen lassen muss, dass man sie für mächtig genug hält, eines Tages mit der Lösung aufzutrumpfen. Sie lässt viel Spielraum für Deutungen, da sie im internationalen Kreis der Staatschefs nicht wie daheim Gemeinsamkeit verordnen kann. Keiner aus dem europäischen Kollegium der Staatschefs verwendet so viel Energie auf die Kunst der Verlangsamung von Meinungsbildungsprozessen; niemand hütet die eigene Unleserlichkeit so entschieden wie die deutsche Regierungschefin. Aber niemand folgert daraus, dass sie keine Meinung zu den Dingen habe. Um dieser Vermutung entgegenzutreten, trifft sie sich lieber einmal mehr mit dem französischen Staatspräsidenten: Angela Merkel ist eine Meisterin der symbolischen Politik. Warum fragt nie jemand, ob sie eine Europäerin ist? Weil alle es so genau wissen? Was wissen? Dass sie eine ist – oder dass sie keine Europäerin ist? Nicht weil alle sicher sind, wo sie steht, fragt niemand. Der einzige Grund nicht zu fragen: Die Frage ist verboten. Kaum jemand realisiert noch, wie vieles wir NICHT über diese Kanzlerin wissen. Keiner bringt zur Sprache, wie WENIG wir über sie wissen.

Da sie die Mehrzahl der Normen und ethischen *Comments* entkräftet, mit denen wir zu leben gewohnt waren – da sie eine Virtuosin für Ausstiege ist –, wer will wissen, dass sie nicht auch Europa als ein Ausstiegsszenario sieht und sich genau darauf die ganze Zeit vorbereitet?

Die Kanzlerin sieht eine multilaterale Weltordnung heraufziehen und zieht ihre Konsequenzen bis in die Innenpolitik: Politikreviere im Kleinen, die von Parteien verteidigt werden, könnte sie für nicht mehr zeitgemäß halten. Wo das Stimmengewirr immer vieldeutiger wird, steigen Opportunismus und Relativismus auf die Positionen, die früher von klassischen Tugenden wie Verlässlichkeit, Glaubwürdigkeit und Mut besetzt waren. Neutralismus ist dann die adäquate Warteposition so lange, bis die Kräfte sich neu ordnen und die Machtoptionen zum Zugreifen locken.

Ist die Kanzlerin, während die europäischen Völker an ihrem informellen Königsthron basteln, in Wahrheit schon wieder ausgestiegen? Hat sie ein Kerneuropa im Blick, das auch ihr innenpolitisches Konzept der Allparteien-Regierung abrundet?

Wer will bestreiten, dass das möglich ist? Im Lande Merkel ist alles möglich.

Der gefährlichste Gegner für das System: die Liberalen

Ob Schwarz-Gelb jemals die Wunschkoalition von Angela Merkel war, darf bezweifelt werden. Zuviel spricht dagegen, aber: Sehr viel spricht dafür, dass die Kanzlerin genau diesen Partner für den geeignetsten hielt, um ihr System zu konsolidieren und zu perfektionieren.

«Ideal» war der Partner FDP zunächst wegen der öffentlichen Erwartung: Tausende Wähler aus allen Lagern gaben erstmals der FDP ihre Stimme, um die vermeintliche Idealkombination zu ermöglichen. Die beiden Parteien, so der erklärte Wählerwille, sollten zusammen regieren. Mit soviel Rückenwind aus arglosen Hoffnungen und Vertrauensvorschuss konnte die Kanzlerin auf hohe Duldsamkeit der Wähler rechnen, die in der nun startenden Koalition ihr Werk sahen. Den Koalitionsvertrag so eilig zusammenzuschustern wie es dann geschah, hatte kein Wählerwille verlangt. Der bald einsetzende Kampf der FDP um die dort festgeschriebenen Versprechen beweist, wie ungebunden die CDU-Chefin sich neben und jenseits dieses Vertrags zu bewegen gedachte.

Die Kombination Schwarz-Gelb, so das Projekt der Kanzlerin, war schon am Start ein Auslaufmodell. Aber die Zeit, die Wähler das entdecken zu lassen, war noch nicht reif. Wieder einmal war die Schweigerin Merkel mit der Aussteigerin im Bund: Merkels Geheimnis, die traditionellen Allianzen aufzulösen, begleitete auch diesen Aufbruch in eine bürgerlich-liberale Phase, von der sich die Wirtschaft und der Mittelstand Wirtschafts- und Wettbewerbsfreundlichkeit versprachen.

Im Schutz dieses Wählervertrauens gingen zwei Parteien an den Start, deren Abgeordnete dem Zusammenwirken aus jahrzehntelanger wechselseitiger Kenntnis optimistisch entgegensahen. Dass die Regierungschefin diese Koalition nur als ein Werkzeug sah, das sich in vier Jahren durch tiefe Schleifspuren selbst aus dem Verkehr ziehen würde, ahnte 2009 niemand. Dass der kleine Partner seine Attraktivität in den vier Regierungsjahren für lange Zeit verlieren würde, scheint in einem Verwendungsplan für diese Partnerschaft vorgezeichnet.

Die Kanzlerin bevorzugt multifunktionale Entscheidungen. Auch diese politische Partnerschaft mit den Liberalen erschien optimal aus einer weiteren Perspektive, die für die Taktikerin Angela Merkel von größtem Interesse sein musste. Liberale Politik als natürliche Ergänzung der marktwirtschaftlichen CDU-Konzepte hatte die junge Testfahrerin Merkel im Themenpark der West-CDU vorgefunden. Ihre kurze Ludwig-Erhard-Phase inklusive des Testläufers «Neue Soziale Marktwirtschaft» lag bei der Wahl 2009 weiter hinter ihr als jeder ihrer politischen Kollegen ahnte.

Das liberale Element war für Merkel keine Zukunftsoption mehr, seit sie – in der Großen Koalition – ein ganz anderes Projekt begonnen hatte: mehrheitsverdächtige Themen der Sozialdemokraten und der Grünen enteignen und mit CDU-Label in den Wählermarkt schicken.

Die liberale Idee war und ist in diesem Sinne nicht mehrheitsverdächtig. Als Idee in Wählerköpfen war sie für diese eine Wahl 2009 ein praktisches Begleitboot, da sie Wählerprozente brachte, die der CDU/CSU fehlten. Gleichzeitig konnte die Kanzlerin sicher sein: So stark würde die Freie liberale Partei nicht bleiben.

Wer den Namen dieser Partei so ausschreibt: Freie Liberale Partei, der stößt auf das für Merkel ernsteste Argument für dieses koalitionäre Zwischenspiel und gegen die freie liberale Kraft in Deutschland. Die Liberalen sind werteorientierte Überzeugungstäter. Das sind die Grünen auch, aber ihnen konnte die Kanzlerin ihr Kernthema Kernenergie einfach entwenden, und schon waren sie geschwächt. Kernthemen der Liberalen sind Bürgerfreiheit, Bürgerverantwortung, Rückzugsappelle an den machthungrigen Staat, Marktwirtschaft, Spielräume für Wettbewerb und Entfaltungsrechte.

Im System M haben diese liberalen Bekenntnisse keinen unbedrohten Platz. Sie sind nicht mehrheitsverdächtig. Im demokratischen Politik-Entwurf sind sie das unentbehrliche Korrektiv, das die staatliche Machtmaschine immer wieder an die Bürgerrechte erinnert.

Im Machtkonzept der Kanzlerin ist die Selbstermächtigung des Staates eher störungsfrei angelegt; lose Kontakte zu allen Parteien, weniger individuelle Handlungsspielräume, weil mehr Zentralismus Reibungsverluste vermeidet.

Die Liberalen, das verschleiert die allgemeine Debatte um ihr regierungsamtlich gefördertes «Versagen», sind in Wahrheit der gefährlichste Gegner für Angela Merkel. Keine Partei steht so entschieden für Bürgertugenden und Bürgerrechte in einer Leistungskultur, die Bürgerfreiheit auf Platz eins setzt, um all dies zu gewährleisten. Keine politische Gruppierung bedroht das Allparteien-System der Kanzlerin so entschieden wie die FDP. Die Kanzlerin hat das früher wahrgenommen als die FDP selbst.

Auch im Jahr 2012, nachdem die Entmachtung der FDP offenkundig ist, fehlt deren Wortführern der Mut, Klartext zu reden: Die Kernbotschaften der Liberalen sind der Gegenentwurf zur Allmachtsvision der Regierungschefin.

Weil das so ist, lief Merkels Modell der Themen-Enteignung, das bei allen Parteien funktioniert, bei den Liberalen leer: Für das System M sind deren Themen kontraproduktiv. Bis 2009 galt im politischen Deutschland: Niemand wird überflüssig, aber seit Angela Merkel regiert, sollten alle Parteien mit Übernahmen ihrer Alleinstellungsmerkmale durch das System M rechnen.

Seit 2009 gilt: Alle werden gebraucht, außer den Liberalen. Das ist umso bemerkenswerter, als die Freiheit ja eigentlich die Kernforderung der Menschen im Staatsgefängnis DDR war – was die Kanzlerin im Gegensatz zu Millionen Landsleuten aus der DDR bestreitet.[139] Die schwarz-gelbe Koalition liefert schon vor ihrem Ende die Übererfüllung des von der Kanzlerin gesetzten politischen Kernziels: das liberale Element in Deutschlands Kräftespektrum überflüssig zu machen. Und die gesamte Republik übernimmt dieses Ergebnis einer partnerschaftlichen Vernichtung des kleinen durch den großen Partner. Auch der ebenfalls dem Massenknast entronnene Bundespräsident Joachim Gauck soll als erste diese Lektion lernen: nicht ständig die Freiheit zu preisen.

War die schwarz-gelbe Koalition ein Irrtum? Ein Fossil? Ist die Diagnose wirklich richtig: Gelb habe versagt? Aber der starke schwarze Partner hatte schon vor 2009 schleichend seine Identität verloren. Beim schwarzen Partner, verwandelt wie er als Merkel-Partei 2009 auftrat, war liberale Politik schon gar nicht mehr durchsetzbar.

Die Wandlung der CDU lässt sich auch ablesen am verdichteten Exodus von Spitzenpolitikern, der 2010, also kurz nach der Ankunft der Partei in einer nach traditionellem Selbstverständnis «klassischen» Koalition, seinen Höhepunkt erreicht.[140] Die «Wunschkoalition»: Merkels Wunsch nach einer solchen Kombination war am Start schon Vergangenheit. Die Flüchtlinge aus der Führungsgruppe wussten das.

Der kleine liberale Partner taugt aber als Sündenbock. Als Chefin der Großen Koalition von 2005 hatte Merkel mit der SPD massive Steuererhöhungen durchgesetzt. Die Partner von gestern, so Merkels Kalkül,

139 Siehe dazu ihre Rede vor dem Hamburger Überseeclub 2001, in diesem Buch S. 37f.
140 Siehe dazu S. 147ff.

könnten die von morgen sein – inklusive der zuverlässigen Wählermehrheit gegen Steuersenkungen.

So konnte die Kanzlerin unbesorgt unterschreiben, was im Koalitionsvertrag 2009 mit den Liberalen als Hauptversprechen steht: Steuersenkungen. Das Kalkül geht auf: Merkel hat alle politischen Lager auf ihrer Seite, wenn sie das Thema Steuersenkungen die ganze Legislaturperiode unentschieden mitlaufen lässt: ein Joker der Liberalen, die wie Zwischenrufer behandelt werden.

Nebenbei bleibt bei der FDP dann auch ein Thema aus Merkels Testreihe hängen, das der liberale Gesundheitsminister Rösler im guten Glauben vertritt, die Linie der Chefin zu verteidigen: Zusatzbeiträge an die Krankenkassen, die Merkel 2006 mit der sozialdemokratischen Ministerin Ulla Schmidt durchgesetzt hatte, und die Kopfprämie, vormals Kopfpauschale, die Merkel vehement verteidigt hatte, lehnt die schwarzgelbe Kanzlerin plötzlich entschieden ab. Der liberale Minister, mit der Weiterführung ihres Konzepts vermeintlich auf Regierungslinie, kriegt die Narrenkappe.

Im System M gehen die Volten der Kanzlerin immer zu Lasten anderer. Vorwarnungen oder Begründungen für Positionswechsel gibt es nicht. Was Merkels Sprache verrät, schlägt so in Handlung um: Ihr *Undercover*-Stil ist autoritär. Die häufig dilettantisch wirkende Sprachmaske ist die perfekte Tarnung.[141] Die FDP erlebt das in dieser Koalition öfter: Die Chefin hat die gültige Position verlassen und überrascht den braven Minister mit harscher Kritik. So gelingen auch Kehrtwenden zu Entscheidungen der Großen Koalition auf dem Rücken der begossenen Pudel aus der FDP.

Zwei Minister der FDP sind schon zu Beginn für das Konzept situative Zermürbung qualifiziert: der Wirtschaftsminister als Steuersenker und der Gesundheitsminister als geprellter Vollstrecker Merkelscher Projekte mit unerwartet niedriger Halbwertzeit. Minister Brüderle, das wird Merkel noch erfahren, ist der stärkste Liberale in der noch ahnungslosen FDP-Crew, die zu lange braucht, um zu verstehen, dass sie als Ganze auf

---

141 Zum Sprachduktus der Kanzlerin siehe S. 182ff.

der Abschussliste steht. Da kommt es auf die falsche Ressortwahl des Außenministers und Vizekanzlers fast nicht mehr an. Auch Guido Westerwelle, der damalige Parteivorsitzende, hat das System nicht begriffen: Gemeinsamkeiten der Vergangenheit, wie die Kandidatenkür Horst Köhlers, die «geistig-politische Wende», ein Wahlversprechen, die Westerwelle beschwört, sind für die Angela Merkel des Jahres 2010 geschmolzener Schnee von gestern.

Wenn FDP-Minister mit Botschaften, die sie gutgläubig von der Chefin übernommen haben, voll ins Sperrfeuer der Kanzlerin laufen, dann wäre das Fazit fällig: Die Kanzlerin schreibt eine andere Story – eine nie gesehene parteienübergreifende Story, in der die Liberalen nicht mehr vorkommen.

Merkel setzt auf Entschleunigung, um ihre Partner möglichst lange im Unklaren zu lassen, wohin die Reise geht. Die großen kontroversen Themen will sie für mögliche spätere Allianzen offenhalten – Beispiel Gesundheitspolitik: Schon im März 2010, die Koalition ist gerade einmal ein Vierteljahr jung, sagt sie der Presse, man plane ja nur bis 2013, es sei durchaus nicht notwendig, jetzt schon Differenzen, «die es mit der FDP-Programmatik auf lange Frist gibt, aufzulösen».[142] Keiner hört genau hin: «Auf lange Frist» sei die FDP ohnehin nicht mehr auf ihrer Rechnung, sagt die Kanzlerin damit. Die Entschleunigung ist ein taktischer Zug der Kanzlerin, den sie auch in der Euro-Diplomatie immer dann nutzt, wenn sie nicht als Entscheiderin auftreten möchte, sondern Entwicklungen abwarten will. Das ist meist der Fall.

Dieser Schachzug ist die gut getarnte Flucht aus der Verantwortung. Er steht im System M auf einem hohen Rang: keine lesbare Spur zeichnen, um immer und überall mit wem auch immer neu anfangen zu können.

Ein Jahr nach der Wahl greift die Kanzlerin zur moralischen Keule, um ein zentrales Wahlversprechen aus dem Koalitionsvertrag zu kippen: Es gebe «weiterhin keine Spielräume für Steuersenkungen», sagt sie dem *Spiegel* und erstickt jeden Verweis auf Vertragstreue mit einem Griff ins ethische Waffenarsenal, das sie nur in taktischen Grenzsituati-

---

142 Vgl. dazu ‚«Merkel gegen ‹schnelle› Kopfpauschale», www.rp-online.de, 6. März 2010.

onen einsetzt: «Gesetzlich und moralisch» sei jetzt der Schuldenabbau «Pflicht».[143]

Dieselbe Einflugschneise wird sie wählen, wenn es wenige Monate später um Vertragsbrüche dramatischen Ausmaßes geht: beim Generalangriff auf die gesamte Energie-Industrie Deutschlands. Ethos und Moral, das weiß die Kanzlerin, sind todsichere Waffen um «die andern», die von gestern, in jedes Boot zu zwingen.

In Merkels Welt ist immer alles nach allem möglich. Acht Monate Lebensdauer müssen reichen für die «moralische Pflicht», die Steuern nicht zu senken. Im Juni 2011 sind sie plötzlich wieder da, die Steuersenkungen. Merkels Politikstil ‹offen lassen – hoffen lassen› mischt sich nun mit FDP-Chef Röslers Siegesnachricht, er habe der Kanzlerin die Zusage abgerungen – für was und für wann, bleibt offen. Alle sind beschäftigt und keiner weiß Bescheid – außer einer, und die schweigt. Was sie morgen von dem Steuerthema hält, kann sie doch heute gar nicht wissen – so wenig wie die Diskussionstemperatur, die Ereignislage und die Drift ihrer Ziele.

Die FDP wird diesen Relativismus nie verstehen. Also muss sie mit immer neuen Volten und Wendungen der Chefin leben.

Wie inszeniert man eine anhaltende Regierungskrise bei boomender Konjunktur und florierenden Arbeitsmärkten? Vor allem: Wie können zwei als wirtschaftsfreundlich geltende Parteien einen solchen Kontrast inszenieren? Wer ist schuld?

Wer nimmt das Risiko einer solchen Verschwendung von Gestaltungschancen billigend in Kauf? Ist es die Kanzlerin, der das Scheitern der FDP so wichtig ist, dass sie alle Schleifspuren in Kauf nimmt? Ist es die Fassungslosigkeit der FDP angesichts einer Aussteigerin auf dem Kanzlersitz, die nicht westliche Politikgeschichte fortsetzen, sondern einen Systemwandel in Richtung zentralistischer Allparteien-Staat ins Werk setzen will?

Schon 2011 hat die Meisterin der Volten den neuen Themenpark komplett gestaltet. Dazu gehört auch die Lähmung der Opposition nach der Enteignung ihrer Kernthemen.

143 www. spiegel.de, 29. Oktober 2010.

Das Klima für die Umgestaltung des Politikszenarios Deutschland scheint ideal: Alle Welt starrt auf die Euro-Bühnen, wo die deutsche Kanzlerin Entschleunigung und Antitransparenz pflegt. Im Schatten dieser *never ending* Euro-Story baut die Aussteigerin die deutsche Innenpolitik um: Oppositionskonform auf den ersten Blick, macht sie fette Beute bei den politischen Wettbewerbern. Seit Herbst 2011 klebt das CDU-Logo auf SPD-Heiligtümern wie dem Mindestlohn. Das Überholmanöver Atomwende, das Grüne und SPD ins Schleudern brachte, ist längst vom ethischen Salto mortale zum planwirtschaftlichen Pionierprojekt geworden.

Dass die Realisierung dieses Husarenstücks schlecht läuft, gehört ins staatswirtschaftliche Kalkül. Alleinstellung ist wichtig, selbst beim Scheitern.

Im Aufmerksamkeitsschatten des Euro-*Fights* sind auch andere Angebote oppositioneller Politik in CDU-Besitz übergegangen. Die Wehrpflicht wurde im Soap-Stil des hochstapelnden Verteidigungsministers Guttenberg abgewickelt; höchst nachbesserungsbedürftig, wie der Nachfolger klarstellte.

Das deutsche Schulsystem schrumpfte auf SPD-Format; soziale Gleichschaltung unter dem Motto «soziale Gerechtigkeit» trägt nun ebenfalls das CDU-Siegel. Im Oktober 2011 wird das Paket aus Beutestücken komplett: Der Mindestlohn wandert ins CDU-Lager.

Die Startphase für diese Übernahme einer SPD-Ikone lag in der Großen Koalition. Die Wilderer sind los, so spürt die SPD schon länger. Das Fatale: Sie kann den Themen-Raub nicht anklagen, ohne ihre eigenen Kernbotschaften zu beschädigen.

Dass die CDU den Transfer von Überzeugungen, die sie nicht teilt, ins eigene Lager kampflos hinnimmt, spricht für die Machtvollkommenheit der CDU-Chefin.

Dass die FDP zu dem neuerlichen Bruch des Koalitionsvertrags schweigt, spricht für ihre Mutlosigkeit. Der schwarz-gelbe Vertrag schließt eine allgemeine Lohnuntergrenze ausdrücklich aus. Zwei Jahre ist das her – und schon im Herbst 2011 steht der neusozialistische Themenpark der Regierungschefin fertig da: ein Lustgarten für die Staatsfrau, mit den Heldenstatuen der Raubzüge in sozialistischen Traumlandschaften bestückt. Beim regelmäßigen Allparteien-Cocktail huschen auch linke Masken mit vielversprechendem Lächeln vorbei: Man wird Gemeinsamkeiten entdecken.

Nur liberale Querköpfe haben hier nichts zu suchen. Freiheit ist Risiko. Das wird gerade weggeplant.

Dass der Kanzlerin genau zu diesem eben abgeschafften Thema Anfang 2012 ein Joker ins Präsidentenamt geweht würde, als Racheakt der Liberalen, konnte die siegesgewisse Regentin im Herbst 2011 noch nicht wissen.

Merkels Volten sind nicht ohne Risiko. «Mit jeder Kehrtwende steigt zudem die Gefahr für die Kanzlerin, als Machttaktikerin wahrgenommen zu werden – auch in den eigenen Reihen. (…) Wirtschaftspolitiker der Union dürften sich jedenfalls nun noch heimatloser fühlen. (…) Doch im Kalkül der Kanzlerin scheint das keine Rolle zu spielen», [144] so der Eindruck eines *Spiegel*-Journalisten im Oktober 2011.

Der Chef der Linken reagiert mit zentralistischem Klartext: Die Kanzlerin solle noch im Jahr 2011 Parteien und Sozialpartner einladen, um einen Allparteien-Konsens zu schaffen wie beim Atomausstieg. Die Linke entdeckt ihre eigenen Ziele im planwirtschaftlichen Trend der Kanzlerin.

Die FDP ist nun, Ende 2011, nahezu mattgesetzt. Merkels Gesetz, die Philosophie der Gegner aufzusaugen, trifft längst auch die FDP. Formell und aus Kalkül zum Partner geworden, ist sie in Merkels Umbauprojekt längst ein Gegner. Während die Kanzlerin SPD-Gelände okkupiert, verlässt sie Zug um Zug den Vertragskonsens mit den Liberalen. Die FDP lebt im Entzug und wagt nicht, sich zu wehren.

Das Jahr 2012 beginnt mit dem Alleingang der Kanzlerin für eine Transaktionssteuer der siebzehn willigen EU-Staaten.

Der Januar 2012 ist mit der Empörung der FDP angebrochen, da folgt der nächste Coup. Am Tage des Dreikönigstreffens der FDP sprengt die CDU-Ministerpräsidentin Kramp-Karrenbauer die schwarz-gelb-grüne Regierung im Saarland. Die Kanzlerin gibt sich ahnungs-

144 www.spiegel.de, 30. Oktober 2011.

los. Es wird deutlicher: Die FDP wird als politischer Gegner behandelt; sie ist Zermürbungsobjekt. Nicht einmal mehr Fairness wird ihr zuteil.

Merkel will sichergehen, dass die Außenwirkung eintritt: Wer intern schlecht behandelt wird, der verliert auch extern an Achtung. Die FDP soll Wähler verlieren, darum geht es. Ihre Sympathisantenkultur soll zerschlagen werden. Sie soll aus den Landesparlamenten verschwinden und aus dem Bundestag. Eine liberale politische Kraft, so Merkels Ziel, soll es im zentralistisch geführten Deutschland nicht mehr geben.

«Freut sich die Kanzlerin über den Absturz der FDP?» titelt *Bild* auf der Politikseite 2 am Tag nach der Saarlandwahl. Und der *Bild*-Autor erfährt von Insidern, die Kanzlerin verfolge «ein radikales Ziel. Sie will die FDP unbedingt unter 5 Prozent halten.» Nur dann könne Merkel sicher sein, Kanzlerin zu bleiben – in einer Großen Koalition. «… mit aller Kraft», so *Bild* weiter, verfolge die Chefin dieses Ziel. «Deshalb, so heißt es, habe sich Angela Merkel bis zum letzten Moment gegen die Wahl Joachim Gaucks zum Bundespräsidenten gesträubt.» Merkel sei der Meinung, mit Gauck wäre eine Auflösung des Bundestags «nur schwer durchsetzbar», falls die Kanzlerin das Bündnis vor 2013 platzen lassen sollte.[145]

Merkel sichert das Vernichtungsprogramm gegen die FDP im Frühjahr 2012 noch gründlicher ab: Fertig verhandelte Gesetze und Reformen werden plötzlich gestoppt. Dazu gehört die *Blue Card*, die Fachleute außerhalb der EU für Deutschland interessieren soll. Auch Gesetze zum elterlichen Sorgerecht, zur Kronzeugenregelung und zur Stärkung der Pressefreiheit, die eine deutliche FDP-Handschrift trugen, wurden durch die CDU in die Blockade geschickt. Nichts, was dem FDP-Profil bei den Wählern nützt, sollte jetzt nach draußen gehen.

«Union hungert Koalitionspartner aus», titelt die *Financial Times Deutschland* am 26. März zu dieser Chef-Initiative aus dem Kanzleramt.

«Wenn das so weitergeht, droht ein Stillstand der Rechtspflege», hört man aus der FDP-Führung.

145 Vgl. www.bild.de, 27. März 2012.

Kein Argument, um die Kanzlerin nachdenklich zu stimmen. Sie steht über dem Recht, wenn es um ihre Karriereplanung geht, das hat sie mehrfach bewiesen.

Die Ironie der Geschichte spielt der Aussteigerin einen Streich: Im gleichen Frühjahr 2012, als die Kanzlerin alle Regeln der Vertragstreue und des Anstands fallen lässt, schickt ihr ausgerechnet ihr zum Gegner erklärter Vertragspartner FDP einen Gegenpol ins Präsidialamt, der das Gegenteil von allem verkörpert, was ihren Politikstil ausmacht.

Ausgerechnet die Fehlkalkulation mit ihrem Kandidaten Christian Wulff, den sie unter Missachtung der demokratischen Grundregeln durchgesetzt hatte, liefert ihr nun den Angstgegner an die Staatsspitze, den sie 2010 blockiert hat.

Stößt die Aussteigerin an ihre Grenzen?

STUNDEN DER WAHRHEIT

Der Freiherr darf nicht Freiwild werden

Das besondere Engagement der Kanzlerin in der Affäre Guttenberg muss man bewerten mit Blick auf den Umgang des Ministers mit dem Vorwurf und den Beweisen, dass er große Teile seiner Doktorarbeit von anderen Autoren wörtlich übernommen habe, ohne das geistige Eigentum der Zitierten zu kennzeichnen. Nicht, dass sich bald einige andere Prominente demselben Vorwurf stellen mussten, macht das Besondere der ‹Causa Guttenberg› aus. Was seinen Fall negativ auszeichnet – und das besondere Engagement der Kanzlerin für den Täuscher Guttenberg so fragwürdig macht – ist die bis zum heutigen Tag anhaltende Entschlossenheit das Betrügers, das großangelegte Täuschungsmanöver zu bestreiten und die zahllosen Enteignungen von Forschungsergebnissen anderer Wissenschaftler als Zufälle zu deklarieren.

Der hybride und selbstgerechte Umgang des Ministers mit erwiesenem geistigem Diebstahl spielt für die Wertschätzung des Ministers durch die Kanzlerin offenbar keine Rolle. Nach dem Rücktritt des Ministers kurz nach ihrer Vertrauenserklärung liefert die Kanzlerin dann endlich Klartext: «Soviel Scheinheiligkeit und Verlogenheit war selten in Deutschland», ruft sie bei einem Wahlkampfauftritt in Karlsruhe in den Saal. Und fährt fort: «Wir müssen uns von niemandem erklären lassen, was Anstand und Ehre in unserer Gesellschaft sind.»[146] Aber halt, das ist kein Tadel gegen Guttenberg, sondern eine Verurteilung seiner Gegner. Anstand und Ehre, das sind seltene Vokabeln bei Angela Merkel. Die Bedrängnis muss groß sein, wenn sie die noch im Wertekonsens Verweilenden, die am anderen Ufer, mit solchen Wertzitaten versorgt. Und in

146 *Die Welt,* 1. März 2011.

der Tat: Die Lage ist ernst. Baden-Württemberg geht soeben verloren. Eine solche Häufung von Moralvokabeln liefert die Kanzlerin äußerst selten. Die Moralkollektion mit vier *old-fashion*-Werten, die in ihren Augen Ladenhüter sind, gilt einer Zielgruppe, die noch an diesen Reminiszenzen festhält. Wer hörte die Kanzlerin je reflektieren über ‹Verlogenheit› und ‹Scheinheiligkeit›, über ‹Ehre› und ‹Anstand›? Es sind nicht ihre Kategorien; dieses Vierer-Package ist Kampfprosa gegen die Opposition, auch die in den eigenen Reihen. Merkel ist längst souverän in der Nutzung von Sprachbausteinen aller Bekenntnisse; nur so unbefangen wie sie bedient sich dort keiner. Alle andern im politischen Geschäft haben noch zuviel Respekt vor den Wertetraditionen, mit denen sie aufgewachsen sind.

Merkels Part in der Guttenberg-Story liefert Erkenntnisse zu ihrem Menschenbild, die wir vorher nicht hatten. Den Verteidigungsminister, den sie – eine feine Ironie der Story – zu verteidigen versucht, entwirft sie als *split person*, gespaltene Persönlichkeit. Ausgehend von ihrer These «Als Minister ist Guttenberg hervorragend», entwirft sie eine Welt der *split values*, der Wertespaltung , in der ein zur Lüge entschlossener Textdieb, solange man ihn nicht als Texter anstellt, für ein Ministeramt «hervorragend» qualifiziert sei. Die akademische Jugend hat wütend dagegen protestiert, dass die Regierungschefin ihre Geringschätzung für eine der wichtigsten Wissenschaftstugenden so offensiv geäußert hat. Für Merkel war diese Zielgruppe nach der Logik der *split values* im Moment aber gar nicht wichtig.

Wer Ohren hat zu hören, der weiß seit diesem Merkel-Statement das Gerede der Bildungsgipfelstürmer aus der politischen Klasse besser einzuschätzen.

Die Guttenberg-Story bringt nicht nur eine, sondern mehrere Stunden der Wahrheit. Dass ausgerechnet die Parteien mit dem C im Logo versuchen, die von der Kanzlerin eröffnete Strategie der *split values* und der *split personality* eines Regierungsmitglieds zum Erfolg zu führen, soll zunächst nach dem bewährten *law-and-order*-Modus mit autoritärem ‹Durchregieren› gelingen. Immer mehr C-Politiker fühlen sich schlecht bei der Rundumverteidigung eines Kollegen, der für sich und seine Verfehlungen Tag für Tag ein neues Tableau von Sonderkonditionen vorschlägt. Der Star besteht auf seinem Privileg, anders zu sein als die andern, auch rückwirkend.

Die CDU/CSU-Führung betritt gefährlichen Boden, um der Nivellierungslosung der Kanzlerin gerecht zu werden. Thomas de Maizière, damals Innenminister, gibt noch am 28. Februar 2011 zu Protokoll, «Guttenberg hat nach wie vor die notwendige Autorität für sein Amt.»[147]

Schon ballen sich wieder die Fäuste in den Taschen. «Wir sind völlig fassungslos», sagt ein führender Politiker aus der CDU-Fraktion *Spiegel Online*. «Jetzt müssen wir ihn krampfhaft schützen und treten damit unsere Werte mit Füßen. (...) Mit Guttenbergs Verhalten ist jede Form von Glaubwürdigkeit verloren gegangen.»[148] Seinen Namen wagt der Abgeordnete nicht preiszugeben. Dabei ist er längst nicht mehr allein. Die CDU ist schon länger eine kryptoautoritär regierte Partei. Mit einer schweigenden Kanzlerin, die nur ab und zu mit Wertezitaten der Unbelehrbaren für Gehorsam sorgt. Bundestagspräsident Lammert, der als mutiger Schwimmer gegen den Strom gilt, sprach in jenen letzten Februartagen 2011 von einem «Sargnagel für das Vertrauen in die Demokratie».[149]

Parallelen zur Wulff-Affäre drängen sich auf: Das Wahlvolk unterstützt den Verteidigungsminister, melden die Meinungsforscher. Der ins Feuer geratene Bundespräsident Wulff wurde über Wochen von der Kanzlerin mit einer Inflation von Vertrauenserklärungen geflutet, bis er unterging. Das Vertrauen der Bevölkerung verlor sich am Ende früher als jenes der Bundeskanzlerin: Die Bürger haben ihre eigene Agenda, wenn es um Vertrauen geht.

Wie gewagt Merkels Versuch war, mit demselben Vokabular – ‹Verlogenheit, Scheinheiligkeit , Ehre, Anstand› – gegen die Parlamentskollegen vorzugehen, die ebendiese Laster dem Minister vorwarfen und diese Tugenden – Ehre, Anstand – bei ihm vermissten; wie empörend für viele

---

147 Veit Medick und Philipp Wittrock, «Guttenbergs Plagiats-Drama quält CDU», www.spiegel.de, 28. Februar 2011.
148 Ebenda.
149 Lammert sprach als Gast bei der SPD-Arbeitsgruppe, vgl. ebenda.

Abgeordnete der Versuch der Kanzlerin war, die gesamte Guttenberg-Story umzudrehen und gegen seine Angreifer zu wenden, das zeigten die Stunden der Wahrheit, zu denen die Aktuelle Stunde des Bundestages am 23. Februar 2011 wurde. Die von CDU und CSU aufgegebenen Wertebastionen wurden im Sturm von allen Oppositionsparteien genommen.

Die verkehrte Welt, die mit der Position der Kanzlerin eröffnet worden war, bekam die Regierung nun wirklich. Der traditionelle Wertekanon der C-Parteien wurde in Gegner-Händen zur scharfen Munition gegen eine Regierungstruppe, die unabhängig von der Faktenlage zu Schmähungen greift, die eigentlich ihrem Schützling gelten müssten: «Perfide und verantwortungslos» sei die Opposition, die von «unglaublichem Betrug» redet (Karl Lauterbach, SPD). «Wie soll ich das meinen Studenten erklären?» ruft der Medizinprofessor Lauterbach in den Saal.

Die Schulkinder auf den Tribünen staunen: «Das ist ja wie in einer Kabarettsitzung hier.»[150] Der SPD-Verteidigungsexperte Hans-Peter Bartels sieht Zusammenhänge zwischen dem Täuschungsmanöver Doktorarbeit und den nie aufgeklärten Fragen um die Tanklaster in Kundus oder dem unklaren Sparprogramm für die Wehrreform. «Ihr Wort gilt nichts», folgert Bartels; und er fügt hinzu: «Gilt für Sie ein anderes Recht?»

Auch in dieser Aktuellen Stunde gibt es plötzliche Entsprechungen zum ‹Fall Wulff›. Der Bundespräsident hatte in seinem TV-Interview am 4. Januar 2012 seine Verteidigung durch das Ausweichen von «ich» zu «man» wasserdicht machen wollen. Als gäbe es für dieses Verfahren einen anwaltlichen Rat, fällt auch Guttenberg plötzlich ins «man», wenn es um das Zentrum der Vorwürfe gegen ihn geht. «Man hat nicht bewusst getäuscht», sagt er. Abgesehen vom Widersinn das Satzes – unbewusste Täuschung? Wie geht die? – nährt die ausweichende Formulierung die Ghostwriter-These.

Guttenberg bleibt auch bei seiner Entscheidung, er habe «Fehler» gemacht, unabsichtlich. Und er habe sich öffentlich entschuldigt. Dann

---

150 Zu allen Zitaten aus der Fragestunde und der Aktuellen Stunde des Bundestages zur Guttenberg-Affäre vgl. www.spiegel.de, 23. Februar 2011.

geht mit ihm wieder der Hochmut durch: Ein Verhalten wie dies könne schließlich «nicht schlecht für die politische Landschaft sein». Ich bin ein Vorbild, auch jetzt, so vermittelt der Politstar.

Und die Parlamentskollegen fahren fort, das von CDU und CSU verlassene Wertefeld zu besetzen. Selbst die Politiker der Partei DIE LINKE wissen in bestem Konservativen-Duktus zu sagen, worum es in dieser kollektiven Empörung aller Oppositionsparteien eigentlich geht: um «Doppelmoral». Bartsch sagt, auch die Kanzlerin habe versagt, wenn sie an ihrem Minister festhalte. Immerhin handle es sich um jene Angela Merkel, die Helmut Kohl in der Spendenaffäre zum Rücktritt gezwungen habe. «Lüge darf nicht ministrabel werden», so der Vize-Chef der LINKE-Fraktion Dietmar Bartsch.

Der Grünen-Fraktionschef Jürgen Trittin wirft in die Debatte, man brauche keinen Felix Krull im Kabinett. «Frau Bundeskanzlerin, entlassen Sie Herrn zu Guttenberg», ruft Trittin.

Die Kanzlerin ist nicht anwesend.

Aber der Saal füllt sich. Trittin stellt vom Rednerpult aus richtig: Nicht das Auftreten der Opposition sei unglaublich, sondern das Verhalten von Guttenberg und der Bundesregierung. Hans-Peter Friedrich, Chef der CSU-Landesgruppe, damals noch ohne Ministeramt, nennt die Attacken der Opposition eine «Unverschämtheit»; es gehe nur darum, den Gegner kaputtzumachen. Und er steigert seinen Generalangriff noch: Guttenberg sei es, der Anstand zeige, indem er Fehler eingestehe. Guttenberg sei ein «hervorragender Minister».

Die Wertedebatte gewinnt an Fahrt. Thomas Oppermann (SPD) redet Klartext in Richtung der Kanzlerin. Angela Merkel habe mit ihrer Unterstützung für Guttenberg die Wahrheit der Macht geopfert. «Aber damit werden Sie nicht durchkommen», ergänzt er.

Die Stunde der Wahrheit zeigt alle auf vertauschten Plätzen. Die Verteidiger der klassischen Werte Verlässlichkeit, Wahrhaftigkeit und Mut sammeln sich in den Lagern der Opposition. Und Oppermann spricht jetzt Guttenberg an. «Sie haben gelogen und betrogen.» Sonderrechte für Minister dürfe es nicht geben. Guttenberg sei ein «akademischer Lügner und Hochstapler». Die Union protestiert laut.

Mancher von den Herren – und Damen? – der Regierungsparteien hätte wohl gern die geballte Faust aus der Tasche genommen, während die Oppositionsparteien im angestammten Jagdgrund der C-Parteien unterwegs waren: Vertrauen, Glaubwürdigkeit, Wahrhaftigkeit werden in der Guttenberg-Debatte als herrenlose Werte von den Demokraten der Opposition aufgelesen und verteidigt.

Darum ist diese Parlamentsdebatte um den Mann, der angibt, getäuscht zu haben, ohne es zu wissen, ein Unikat, das Hoffnung gibt: Mit dem Werte-*split* der Kanzlerin – als Minister hervorragend, als wissenschaftliche Kraft nicht nachgefragt – konnten die meisten Parlamentarier, auch in der Regierungsriege, nichts anfangen. Als *split person* war der Minister den meisten Parlamentskollegen eher unheimlich, zumal kaum einer von ihnen einen Betrüger kannte, der ohne Absicht betrog.

Die FDP versuchte, als Guttenberg-Kritikerin nicht aufzufallen; sie schickte Hinterbänkler in die Schlacht, die niemand zitieren wollte. Auch diese Rücksicht auf die Kanzlerin hat sich nicht ausgezahlt.

Lautlose Sprengungen im Wertsystem

Die Stunden der Wahrheit für das System M sind immer vor allem eines: Sprengtermine im Wertsystem der demokratischen Gesellschaft. Dass sie dennoch schnell vergessen werden, hängt mit dem Tarnkappenmodus zusammen, der mit Angela Merkel in die Politik eingezogen ist: ‹*Undercover* alles ändern› könnte der Modus ihrer Regentschaft als Slogan heißen.

Sprengtermine für unseren Wertekonsens sind jene Augenblicke, in denen sich plötzlich Flutlicht über Szenarien ergießt, die vorher nur aufregend oder anregend, den Wellenschlag der allgemeinen Anteilnahme am Polittheater nicht zur Sturmflut anschwellen ließen. Plötzlich ist, für Stunden oder Tage, alles anders; ein neuer Ton meldet sich, auf den nur wenige sensible Mitspieler erschrocken oder zornig reagieren. Ein neues Laisser-faire, ein Laufenlassen von Kanzlerin-Statements beweist die Ungläubigkeit des Publikums. Wird sie morgen erklären, was sie heute sagt?

So fragten sich viele bei ihrem spektakulären Sprengsatz in die wissenschaftliche Redlichkeit, der ans Licht brachte, dass sie Menschen in Funktionen filetiert, die sie nutzen, und solche, die sie vernachlässigen möchte, weil sie der Nutzung der jeweiligen Person entgegenstehen.

Der Relativismus im *Dealing* der Kanzlerin mit Moral und Recht macht Abhängige sprachlos, weil sie nicht aus dem System fallen wollen, und blockt unbefangene Reaktionen aus der Öffentlichkeit ab, weil die Bürger sich erschrocken entscheiden, ihren Augen und Ohren nicht zu trauen.

Stunden der Wahrheit, die die ‹Causa Guttenberg› und jene des Präsidenten Wulff, des Kanzleramtsministers Pofalla und des schon fast vergessenen Amtsabbrechers Horst Köhler verbinden, zeigen den Geist der Regierungsära Merkel ungeschminkt. Diese Momente der Wahrheit sind es, die an der Schweigerin vorbei das Ausstiegsprojekt in gleißendes Licht tauchen, aus dem die Kanzlerin schweigend abrückt, weil sie weiß: Wer sich verteidigt, klagt sich an. Ihr fehlen auch die Argumente für diese Anklage, die sie für überholt hält: Sie ist unterwegs in einer neuen Zeit, wo die Fußangeln der Gesetze durchschnitten werden können, wenn es um Machterhalt geht wie bei den Präsidentenwahlen oder der Atomwende.

Die Leitplanken von Moral und Ethik können verschoben oder demontiert werden, wenn die Rangordnung der Herrschaftsziele quer zu den ausgefahrenen Straßen steht, auf denen die andern vor ihr Erfolg hatten.

Das erste Alarmsignal mag für viele Beobachter der lange Abschied eines Politstars aus der vertrauten Werteordnung, Friedrich Merz, gewesen sein.[151] Er eröffnet die über Jahre laufende Story, die unter dem Motto «Die Starken gehen, die Schwachen bleiben» ein Prinzip im Politikstil der Kanzlerin beleuchtet: Wettbewerber entmachten (Merz), verschieben (Wulff) oder verhindern (Gauck, erster Akt 2010). Der Fall des Wettbewerbers Guttenberg liegt komplizierter, zeigt aber auch auf den letzten Metern ein nicht leicht entschlüsselbares Verfahren der Kanzlerin:

151 Siehe dazu S. 43ff.

die Häufung von Vertrauenserklärungen – eine Technik, die sie auch im Fall Wulff anwandte.

Der Fall Merz eröffnet eine Verlustliste von Wettbewerbern mit Kontrollfunktion für die Machthaberin. Sie traut sich die dauerhafte Nähe von starken Partnern nicht zu, deshalb entsorgt sie Rivalen – ohne sich an die ‹alten› Spielregeln von Offenheit im Konflikt, ein simples Fairnessgebot, gebunden zu sehen. Die Ungebundenheit, so würde Merkel es wohl sehen, ist bei solchen schleichenden Entscheidungsprozessen ihre Stärke. Der Abschied von Friedrich Merz zeigt deutlicher als andere Trennungserfolge der Kanzlerin, dass es nicht einfach um den Wettkampf von Gegnern geht, die um die vordersten Plätze in der Rangordnung rivalisieren, sondern um eine Kollision verschiedener Denk- und Handlungswelten.

Merkels Werte-Abstinenz hat für ihre neuen Kollegen im Westen exotische Züge. Die neue Aufsteigerin ist in einem Maße ‹fremd›, wie es die CDU-Funktionäre bisher nicht kannten. Die Weigerung der meisten Kollegen, ihre neue Erfolgspartnerin als intrigant, als wortbrüchig und als gleichgültig gegenüber den vertrauten Spielregeln von Verlässlichkeit und Berechenbarkeit zu begreifen, hielt über Jahre an.

Die Sparsamkeit der schwer berechenbaren Chefin mit Selbstauskünften ‹entschleunigte› das Verstehen: Wie will man sich ein Urteil bilden, wenn so viele Fragen offenbleiben? Angela Merkel hat die Erfahrung mitgebracht, dass Informationslücken helfen, verdeckt autoritär zu regieren. Nicht die Kommandos sind es im Tarnkappenreich, sondern die offenen Fragen sind es, die das Heer der Abhängigen zusammenhalten.

Friedrich Merz kämpfte und ging als ein Repräsentant der Gegenwelt; mit ihm verließ bereits früh in Merkels Karriere ein ganzes Paket wirtschaftsliberaler Überzeugungen die Führungsriege der CDU. Mit ihm wurde der erste Auftritt eines radikalen Steuersenkungskonzepts in die Wüste geschickt; mit dem Ministerkandidaten Kirchhof wurde es zum zweitenmal abgeräumt; als Vertragskapitel der schwarz-gelben Koalition ging es dann zum drittenmal unter. Mit den Menschen, die gehen, verschwinden auch politische Kernthemen, auch darauf beruht das Erfolgsmodell des Systems M: Es sind die unentdeckten Linien, die im Getriebe der Eintagsaufregungen niemand entdeckt.

Die Arglosigkeit der Mitspieler füttern mit der Wiederkehr der Träume – das heißt: immer wieder Spielpläne für die nächste Etappe liefern, in denen diese Träume tatsächlich wiederkehren, und sie dann wie zufällig auf die Verliererseite schieben. Dreimal musst du das tun, sagen Zyniker der Macht, die das Verführungspotential von Führung erklären: Dreimal musst du ein Projekt scheitern lassen, dann hast du alle auf deiner Seite.

Turbulenter als der Abschied des Intellektuellen Friedrich Merz verliefen die Stunden der Wahrheit mit einem ganz andersgearteten Politstar, dem Freiherrn zu Guttenberg von der CSU. Guttenberg schoss wie ein Komet über den deutschen Sternenhimmel und verglühte fast ebenso plötzlich, wie er aufgestiegen war. Der Gutsherr weckte Qualitätssehnsüchte in allen Schichten; plötzlich mochten die Deutschen blaublütige Manieren, hochmodisch schmale Beinkleider, wie man sie vorher nur bei dem durch Merkel-Verbot vom Brandenburger Tor verbannten Wahlkämpfer Obama gesehen hatte. Also ein Mann von Welt. Großzügig tolerierten auch die engstirnigsten Bürger sein gegeltes Haar; rhetorisch schien er unschlagbar, die CSU sah ihre Wählersympathien nach oben schnellen; immerhin war er ihr Generalsekretär gewesen, also quasi von Seehofer entdeckt. Schnell wurde er Wirtschaftsminister, lernte auch die Lektion, dass politisch meistens als richtig gilt, was ökonomisch falsch ist – und lenkte ein: Das war im Fall Opel, nachdem er in gewohnt forscher Manier die «geordnete Insolvenz» empfohlen hatte. Die Kanzlerin pfiff ihn zurück; gefährdet schien er nur sekundenlang, denn eine Lobby aus allen Lagern wollte ihren Star nicht so schnell freigeben.

Die Lektion Opel hat Guttenberg schnell verinnerlicht. Als sein Höhenflug quasi über Nacht ins Verteidigungsministerium geführt hatte, ergaben sich bald heikle Gelegenheiten wie der verhängnisvolle Angriff auf zwei Tanklastwagen in Kundus, Afghanistan, es mit der Wahrheit gar nicht mehr genau zu nehmen: Guttenberg wurde ein Meister der Blitzentlassungen, die von eigenen Fehlern ablenken sollten: So schasste der Jungstar in Gutsherrenmanier zwei hochverdiente Militärs in der Kundus-Affäre, so entließ er ohne nähere Prüfung von Sachverhalten den Kapitän des Segelschulschiffs Gorch Fock – um ihn nach Protesten als nur vorübergehend freigestellt zu deklarieren.

Der Gutsherr im Ministerrang lieferte mit seiner Vorliebe für Halbwahrheiten und Täuschungsmanöver, die sich auch in der Parlamentsdebatte über das vielfache Sterben argloser Menschen bei den explodierenden Tanklastenwagen unter dankbarer Mithilfe seiner Parteikollegen fortsetzten, im Grunde die perfekte Vorlage für den denkwürdigen Auftritt der Kanzlerin, der zur Stunde der Wahrheit im doppelten Sinn wurde: Denn diese Attacke auf den Wertekonsens von Wissenschaft und Politik riskierte die Kanzlerin im Vertrauen auf die hochgestapelte Aura des Ministers, weil sie glaubte, das Klima der Nonchalance, das ihren Schützling umgab, werde auch ihr eine Lizenz für einen kühnen Spruch erteilen. Und tatsächlich sah es zunächst so aus.

Der ungewohnt kühne Satz der Kanzlerin legte ihren Relativismus der Werte offen wie bis dahin kein Statement. Der Starkult um den jugendlichen Helden im Ministerrang hatte offenbar ihre strenge Selbstdisziplin für Augenblicke gelockert; nie zuvor hatte sie so ungeschützt ihre Indifferenz gegenüber Recht und Werten gezeigt.

Der Minister, sagte die Kanzlerin an jenem 21. Februar 2011 den Journalisten, mache seine Arbeit «ganz hervorragend. Und das ist, was für mich zählt.» Sie habe Guttenberg schließlich als Minister bestellt «und nicht als wissenschaftlichen Assistenten».

Vorbereitet war dieser Auftritt durch eine Botschaft des Regierungssprechers, die im gleichen Jahr 2011 noch eine beachtliche Karriere machen sollte: die Vertrauenserklärung, jenes wattierte Schwert, mit dem die Kanzlerin moribunde Rivalen sehr langsam ins Aus befördert, während das Publikum einer Ehrenrettung zuzusehen glaubt. Steffen Seibert bereitete die Selbstentlarvung der Kanzlerin als Spezialistin für *split values*, Wertesplit, mit der Nachricht vor, die Kanzlerin habe «volles Vertrauen» in den Minister. Das gelte, so der Sprecher, auch für die gesamte Bundesregierung. Ermutigt durch diese doppelte Steilvorlage, geht CSU-Chef Horst Seehofer noch weiter. Die CSU habe Guttenberg das «uneingeschränkte Vertrauen ausgesprochen», «nicht nur heute, sondern auch für die Zukunft».[152] Das ist dann doch mehr als kühn. Nur Monate nach

152 Für die Zitate vgl. *FAZ*, 21. Februar 2011.

diesem Blankoscheck wird der Comeback-Freiherr die Partei verhöhnen, die so vor ihm im Staub gekniet hat. Auch eine Lektion.

Fresse halten – bald auch im Parlament?

Kanzleramtsminister Ronald Pofalla hat die neue demokratische Parlamentskultur auf seine Weise bekräftigt: Wolfgang Bosbach, der sein Nein zum Regierungsprogramm der Euro-Rettungsschirme angekündigt, begründet und bis heute durchgehalten hat, weckt den Straßenjungen im Kanzlervasallen auf: «Ich kann deine Fresse nicht mehr sehen»,[153] blaffte der Flegel den Parteifreund an. Die Entgleisung des Vertrauten der Kanzlerin zog Kreise; die Kanzlerin schwieg. «Den Pofalla brauch ich noch», hatte sie vor ein paar Jahren im Gespräch gesagt. Eine Vertrauenserklärung, mit der jeder rechnete, der die Guttenberg-Saga miterlebt hatte, gab es nicht. Der Kanzleramtsminister gehört zum Tross, da sind Abstürze in die Gosse im Kalkül.

Nicht lange nach dem Tiefschlag für den ehrlichen Kollegen wurde Pofalla als Emissär in Beratungsfunktion zum taumelnden Bundespräsidenten Wulff geschickt. Fraktionschef Kauder begleitete ihn; sein Rang in der Hierarchie der Regierungsmannschaft war damit markiert. Die Botschaft der Kanzlerin war deutlich: Pofalla musste nicht rehabilitiert werden; er hatte, wenn auch ein wenig grobschlächtig, eine Kernbotschaft des Systems M transportiert: Dissidenten werden bedroht und isoliert, ihre Karrierechancen schmelzen auf Null. Bosbach ist so einer, der nichts mehr zu verlieren hat. Aber er möchte noch eine Weile mitspielen; und so beschwichtigte er den Täter und die aufgeregte Öffentlichkeit schon am Tag nach dem vulgären Angriff mit der Formel, die eines Heiligen oder eines Narren würdig gewesen wäre: «Da bleibt nichts zurück.» Im Spielplatz-Deutsch: Lasst mich wieder mitspielen, den Gorilla aus der Schlägertruppe kann ich ohnehin nicht besiegen; der hat – im Spielplatz-Jargon würde es heißen: einen großen Bruder,

153 «Als Pofalla Bosbachs Fr*** nicht mehr sehen konnte», www.welt.de, 2. Oktober 2011.

hier muss es heißen – eine riesengroße Schwester, die schon andere plattgemacht hat.

Das Schweigen der Kanzlerin soll für schnelles Vergessen sorgen. Es ist aber auch ein Signal, das heißt: Hier ist nichts hinzuzufügen. Das macht den Vorfall zum Symptom. Dass Pofalla so spektakulär entgleisen konnte, hat mit einer unausgesprochenen Erlaubnis zu tun, die parlamentarischen Spielregeln immer öfter außer Kraft zu setzen. Das fällt da am wenigsten auf, wo es nicht um die Isolation von Abgeordneten geht, die Rederecht wahrnehmen wollen oder ihre von der Parteilinie abweichende Meinung verteidigen möchten, sondern wo bei schwerwiegenden Entscheidungen ein Allparteien-Ja von der Regierung als ‹alternativlos› gefordert und nach der widerspruchslosen Abstimmung als Sieg der Demokratie gefeiert wird.

In Wahrheit gerät die Demokratie, wie das Grundgesetz sie im Artikel 38 den Volksvertretern zusagt, auch durch die Ausschaltung von Wettbewerb in Gefahr. Die Abgeordneten, so die Zusage des Grundgesetzes, sind «an Aufträge und Weisungen nicht gebunden und nur ihrem Gewissen unterworfen». Seltene Sonderfälle müssten es sein, wenn Hunderte von Gewissen in einem Parlament aus Regierungs- und Oppositionsparteien im gleichen Takt schlagen. Wird dieser Fall immer häufiger, ist Wachsamkeit angesagt. Wer fragt noch, wer erhebt Einspruch, wer meldet Bedenken an, wenn Einstimmigkeit zum herrschenden Ideal wird?

Es sei gut, den Fraktionszwang zu überwinden zugunsten von mutigen Beschlüssen in Krisenzeiten, so die politische Führung. Was aber, wenn die als ‹mutig› deklarierten Entscheidungen tollkühn sind?

Das Grundgesetz kennt gar keinen Fraktionszwang, der Abgeordnete von der Gewissensprüfung ablenken könnte: Es kennt nicht einmal Fraktionen, weil auch sie die Gewissensfreiheit einschränken könnten.

Die ‹alternativlose› Euro-Krisenpolitik wird quasi ‹widerstandslos›, wenn Einstimmigkeit zum Gebot wird. Die demokratische Gegenrede verspricht Kontrolle. Wenn die Regierung dieses Korrekturversprechen als Drohung empfindet, spricht das für ihre Zweifel an der Qualität ihrer Krisenstrategie. Inzwischen übernimmt die Partei DIE LINKE regelmäßig die Gegenrede – nicht nur, weil sie zu Allparteien-Meetings wie dem zum Fiskalpakt nicht eingeladen wird. Auch das wird als Stärkung für den ausgerufenen Regierungstrend zum Zusammenrücken aller Parteien verstanden, da die Stimme der LINKE ohnehin zu vernachlässigen sei.

Dass es der Jurist Gregor Gysi ist, der auf Verfassungsverstöße im Fiskalpakt hinweist – eine Debatte, die man vor Monaten trickreich abgeschaltet hatte –, macht die Tricks der angeblichen Retter Europas umso sichtbarer. «Mit diesem Vertrag», so der Abgeordnete Gysi Ende März 2012 bei der ersten Lesung des Gesetzes zum Fiskalpakt, «beginnen Sie die Gründung einer europäischen Föderation, der Vereinigten Staaten von Europa, und zwar über eine Fiskalunion. Das aber lässt das Grundgesetz so nicht zu, wie man im Lissabon-Urteil des Bundesverfassungsgerichts nachlesen kann.»[154] Deshalb, so Gysi, sei der Fiskalpakt verfassungswidrig.

Was Gysi sagt, war ebenfalls schon im Herbst 2011 Gegenstand heftigster Gegenwehr des gesamten Parlaments, da es um das ‹Königsrecht› des Bundestages und der Länderparlamente geht, wie es damals täglich zu hören war, das Budgetrecht.

Auch dieser berechtigte Aufschrei der Parlamentarier ist verstummt nach der Rettungsregel: Die Leute gewöhnen sich an neue Lesarten der Gesetze, sie gewöhnen sich auch an Rechtsbeugung und Rechtsbruch, wenn man den Verstoß mit viel Pathos als einen Durchbruch zu neuen Ufern der Rettung Europas verkauft.

Es ist der Abgeordnete der ausgegrenzten Partei, die bei den Rettungsmeetings nicht mitspielen darf, der die Bundesregierung daran erinnert, dass sie ihre Rechtsverstöße nicht vergessen hat, aber beiseiteschiebt: Der Fiskalpakt kennt kein Kündigungsrecht, wie der Staatssekretär des Finanzministers, Steffen Kampeter, auf Anfrage zugibt. Kampeter ist es auch, der den verräterischen Namen des neuen Gesetzes als guter Bürokrat in seiner Antwort noch einmal zu Gehör bringt: Es handelt sich um den «Vertrag über Stabilität, Koordinierung und Steuerung in der Wirtschafts- und Währungsunion», der noch vor wenigen Monaten die Alarmglocken im Parlament Sturm läuten ließ.[155]

---

154 www.handelsblatt.com, 4. Mai 2012.
155 Zu der Parlamentsdebatte am 29. März 2012 vgl. *FAZ*, 30. März 2012.

Unkündbar, so der Minderheitsvertreter Gysi, seien laut Grundgesetz nur die Grundrechte und die Länderstruktur des Bundes sowie die Mitwirkung der Länder bei der Gesetzgebung (Artikel 79).

Mehr Staat, auch für Europa, lautet das Prinzip dieser schleichenden Zentralisierung. Mehr Staat heißt immer häufiger weniger Parlament. Die Entschleunigung der zunächst nicht durchsetzbaren Verluste an Demokratie kann man im Kodex der neuen Techniken zum Machterhalt als ‹Merkels Gesetz› bezeichnen. Auch dies ein *Undercover*-Programm, das auf den ersten Blick eine lange zögernde Kanzlerin zeigt, die sich mit den Ideen der europäischen Kollegen nicht anfreunden kann, um dann plötzlich wieder in der Führungsrolle aufzutreten: Unsere Schuldenbremse für alle, und zwei Rettungsschirme statt einem, während es lange hieß: Beim zweiten Schirm macht die Kanzlerin nicht mit. Entschleunigung als Erfolgsmodell mag Merkel schon als Angela Kasner, Schülerin und Studentin, als Staatsmelodie erkannt haben. Vierzig Jahre Wüstenwanderung sind mit Daueraufständen nicht durchzuhalten; die friedliche Gewöhnung an neue Denkmodelle garantiert der Führung ein langes Leben. Für die Denkmodelle spielen die Sprachangebote eine große Rolle. Der verdoppelte Rettungsschirm, ein etwas fragiler Sprachbaustein, wurde vorsorglich vom zu Herzen gehenden Bild der «Brandmauer» abgelöst. Wer wollte sich gegen mehr Schutz, wie er in jedem Architektenkonzept für ein sicheres Haus steht, wehren? Am Morgen vor der Fiskalpaktdebatte nahm dann auch Volker Kauder, Fraktionschef der CDU im Bundestag, über das Fernsehen Gelegenheit zu einem betörenden Weichzeichner für den Salto mortale vom Doppelschirm zur «Brandmauer»: Mehr Risiko sei praktisch weniger Risiko, weil die höhere Mauer wirklich niemand – überklettern? einreißen werde? So konkret wollte der Sprecher nicht werden. Dass Deutschland nun mit noch höherem Haftungsrisiko bei den Mauerbauern sei, bedeute ganz klar weniger Risiko, wollte Kauder sagen.

Damit habe er vor allem die eigenen Leute beruhigen wollen, meint die zugelassene Opposition in Gestalt des Grünen Trittin. Kauder leide im übrigen an Dyskalkulie – einer chronischen Rechenschwäche, übersetzt er für die staunenden Abgeordneten. Mauern bauen – wo hatten wir das schon einmal? Mauern nicht nur gegen das Feuer von draußen, sondern auch um die eigenen Leute drinnen an der Flucht zu hindern.

Der Parlamentspräsident Norbert Lammert bekämpft die Weichzeichnerei der Regierung, weil sie Einigkeit fingiert, wo starke und kluge Gegenredner nach Rederecht verlangen.[156] Lammert hat mehrfach selbst Redezeiten an einzelne – sagen wir jetzt schon ‹Dissidenten›? – vergeben. Der Ältestenrat des Parlaments, ein Gremium mit ehrfurchtgebietendem Erfahrungsvorsprung, so klingt es, erteilte dem Parlamentspräsidenten daraufhin eine Rüge. Lammert wiederholte die Zuteilungen von Redezeiten an Abgeordnete, die bereits als ‹Querulanten› isoliert wurden. Der Ältestenrat, offenbar ein Gefälligkeitsorgan der Regierung, plant nun, dem Präsidenten künftig zu verbieten, für demokratische Kontrolle durch nachdenkliche Abgeordnete zu sorgen. Lammert verweist auf eine Entscheidung des Verfassungsgerichts, die das Rederecht auch an den Fraktionen vorbei zu vergeben erlaubt.

Ein intaktes Parlament müsste eigentlich mit großer Mehrheit für den demokratischen Wettbewerb der Abgeordneten kämpfen. Schlägt es sich auf die Seite der Unterdrücker von demokratischer Kontrolle, entwickelt es gar eine Mehrheitsmeinung, dass, frei nach Pofalla, die wenigen die ‹Fresse halten sollten›, damit keiner von ihnen zum Nachdenken kommt, dann hat die Demokratie schon Schlagseite.

Die Gewöhnung an Isolation und Drohung zur Sicherung von Mehrheiten ist bereits seit Jahren im Gang. Spektakuläre Beweise für den Verlust an demokratischer Leidenschaft bei den Volksvertretern haben in den letzten Jahren drei Wahlen zum Amt des Bundespräsidenten geliefert. Dass die dritte von diesen Wahlen der Regie einer zur Manipulation entschlossenen Regierung entglitt, lässt sich nicht bagatellisieren mit dem Hinweis, da sei wieder einmal eine Minderheit, nämlich der moribunde Zwergpartner aus der Regierung, Amok gelaufen. Der Überraschungscoup der FDP für den Nichtregierungskandidaten Gauck war fast so etwas wie eine Auftragsarbeit, diesmal aus der Mitte des Volkes.

156 Zur demokratischen Gegenrede vgl. auch Christiane Hoffmann, «Widerrede», *Frankfurter Allgemeine Sonntagszeitung*, 1. April 2012, S. 12.

Noch Stunden vor dem Umsturz im Regierungsteam hatte die Kanzlerin die Losung ausgegeben, Joachim Gauck sei «für die CDU nicht wählbar». Ein Verdikt, wie stets ohne Begründung vorgetragen, das sich erstmalig nicht durchsetzen ließ. Erstmalig? Gab es nicht die ‹Causa Wulff›, auch eine Präsidentensaga, in der selbst ein Riesenschutzwall – eine «Brandmauer» an Vertrauenserklärungen den Absturz des Favoriten nur verlangsamen, nicht aber verhindern konnte? Und gab es nicht das Scheitern eines ebenfalls manipulativ gestützten Kandidaten wie Horst Köhler im gleichen Amt?

Lauter Fälle, in denen mächtige Repräsentanten der Demokratie sich nicht als Garanten ihrer Werte und Normen auszeichneten, sondern als Spielverderber hätten entlarvt werden müssen.

Dass Kandidaten scheitern, die Objekte von Karrierekalkül ihrer Förderer waren; dass ein aus Machtkalkül verhinderter Kandidat Jahre später den Platz eines ins Spitzenamt abgeschobenen Rivalen der Kanzlerin einnimmt, spricht für die Selbstreinigungskräfte der Demokratie, die eben doch dem Volk und nicht den Mächtigen allein gehört.

Deine Sprache verrät dich – Angela Merkel im Sprachversteck

Wer spricht, der könnte sich verraten. Angela Merkel weiß das. Auch sprachlich lebt sie in Deckung.

Der Sprachstil der Kanzlerin lebt von multifunktionalen Sätzen, in die man selten etwas hinein- und aus denen man ebenso selten etwas herauslesen kann. Sie hat sich eine Zwischen-den-Zeilen-Leserin genannt kurz nach ihrem Wechsel in den Westen, und sie beherzigt für ihr eigenes Reden diese Gefahr, dass es Leute wie die junge Angela Merkel damals im Osten auch hier gibt: Leser der Zwischenräume. Schon bald hat sie mit Journalisten diese Erfahrung gemacht. Ihre Folgerung heißt: Sprich in Zeilen, zwischen die kein Wimpernschlag passt. Rede geheimnislos und ohne Leidenschaft, dann wird keiner deine Sätze umgraben.

Sei auf der Hut, heißt Angela Merkels Regel auch für das Reden. Rede eher weniger als mehr, und wenn du keinen festen Baustein von deinen Beratern in Händen hast, dann rede lieber unübersichtlich.

Merkel pflegt die ‹Unleserlichkeit› auch in ihrem Sprachstil. ‹Schwer lesbar sein›, im Management ein Karrierekiller, ist für sie ein Karrieretreiber. Wer heute nicht lesbar ist, kann morgen nicht zur Rechenschaft gezogen werden. «Habe ich das gesagt?»; «Bin ich dort gewesen?» hat die junge Politikerin Angela Merkel oft etwas erschrocken gefragt, wenn Journalisten ihr Zitate zeigten. Das wollte sie für ihre Zukunft in Grenzen halten, so mag sie sich damals, frisch im Westen angekommen, gesagt haben.

Ihr Verhältnis zur Sprache war auch vorher schon eher auf Sparsamkeit angelegt. Im Hause ihrer Eltern, wo der Vater oft Besucher empfing, die eine Menge zu sagen hatten, saß die Tochter großäugig dabei, wie die Freunde des Hauses berichten. Dass sie eine eifrige Zuhörerin gewesen sei, neugierig und wissbegierig, wird nicht berichtet. Sie war eine Schweigerin, schon damals, und der Effekt war jener, den sie heute als Meisterin des Schweigens ebenfalls nutzt: Kaum jemand konnte sich ein Bild von dem machen, was sie dachte. Mitteilung ist ihre Sache nicht. Als junge Frau im Osten hat sie erlebt, wie Menschen sich um Kopf und Kragen redeten; sie wartete ab. Sie studierte ein Fach, das mit Sprachgewalt nicht erfolgreich absolviert werden kann, wohl aber mit geduldiger Beobachtung.

Angela Merkel wendet den Relativismus, den sie als Naturwissenschaftlerin kennenlernte, auf alle Gebiete des politischen Handelns an. So ergibt sich ein Relativismus der Erkenntnisse und Werte, der ihren westlichen Kollegen bis heute Schwierigkeiten bereitet. Merkels von Vorbehalt zu Vorbehalt stolperndes Sprechen hat mit dieser ständig mitlaufenden Relativierung in ihrer Bewertung der Fakten zu tun:

Was wir wissen und bewerten, so ihre Technik der Relativierung, gilt nie absolut, sondern hängt von der jeweiligen Beleuchtung, Temperatur und Luftfeuchtigkeit ab – im übertragenen Sinne: von den Meinungen, die umlaufen, von den Zielen, die sie gerade verfolgt, von der Verwendbarkeit der Menschen, die in einem Wertekonflikt gefangen und dennoch für sie unentbehrlich sind. Die unerledigte Auseinandersetzung zwischen großen Teilen der CDU und Angela Merkel gilt diesem Utilitarismus, der das gesamte Wertepotential je nach Bedarf wegschwemmt.

Mit Angela Merkel ist eine Frage auf die politische Tagesordnung gekommen, mit der die CDU einstweilen nur intuitiv, nervös und im Kern fassungslos umgeht: Es ist die Frage, ob der Wertekonsens, den alle bürgerlichen Parteien teilen, seine Gültigkeit verliert – zugunsten situativer Unberechenbarkeit aller Handlungsmotive. Dass der Konflikt nicht ausgetragen wird, nicht jetzt, hat mit seinem Gewicht zu tun. Die Kanzlerin arbeitet daran, dass er sich von selbst erledigen werde, durch Gewöhnung an das neue, utilitaristische Wertekonzept.

Ihre Sprache spiegelt dieses Denken; sie tritt so vorsichtig auf wie eben möglich. Oft, wenn sie ans Rednerpult tritt, fühlen wir: Sie würde am liebsten gar nichts sagen. Vor allem: nichts Klares. Also liefert sie Sätze, die fast nichts mitteilen, was die Zuhörer nicht schon wussten. Sie meidet Überraschungen, weil sie deren Effekt braucht, wenn es darum geht, etwas als Erfolg zu verkaufen, was vielen als Gefahr erscheint, und um im Beipack versteckt eine andere, konfliktbeladene Neuigkeit der Aufmerksamkeit zu entziehen.

Ein Beispiel für dieses taktische Manöver bot Merkels Überraschungsvokabel zum Brüsseler Beschluss über den ‹Fiskalpakt›, dessen hochtönender Name schon den Beschönigungsbedarf belegt. Die Kanzlerin trat ans Pult und pries den Vertrag als eine ‹Meisterleistung›.[157] Wer ihren *low profile*-Ehrgeiz beim Reden kennt, horcht auf: Es muss einiges zu verschleiern geben, wenn Angela Merkel sich so weit aus ihrem Schweigefenster lehnt. Und in der Tat: Da gibt es immer noch Leute, die sich daran erinnern, dass mit diesem ‹völkerrechtlichen› Vertrag ein Rechtsbruch im EU-Vertragswerk von Lissabon geleugnet werden soll.

Auch soll niemand angesichts der ‹Meisterleistung› darauf hinzuweisen wagen, dass die meisten europäischen Staaten sogenannte Schuldenbremsen bereits in ihren Verfassungen haben – und die Frage anschließen, warum sie sich nicht daran halten? Und die Frage nachschieben,

---

157 Zu der Brüsseler ‹Meisterleistung› siehe S. 96ff.

wieso sie sich in Zukunft daran halten sollten? Und noch etwas verbirgt der Triumphruf von der ‹Meisterleistung›: Es gibt tatsächlich etwas, das unerwähnt mitverkauft wird: der dauerhaft umstrittene ESM-Fonds, der den Namen ‹permanent› mitführt, also als Geldverbrennungsmaschine auf Dauer installiert wird.

So sehen die Zumutungen aus, die Angela Merkel, die Europa-Kanzlerin, auf Anraten ihrer Helfer zu Extremvokabeln aus einem Jubelwortschatz greifen lassen, der ihr eigentlich fremd ist. Immer auf der Flucht vor der Macht der Sprache, weiß Angela Merkel also sehr genau, wie mächtig man mit Worten sein kann.

Wer seine Sprache immunisieren will gegen Assoziationen der Zuhörer, wird den Sparkurs wählen, wie ihn Angela Merkel praktiziert. Sie sucht nach unverbindlichen Worten, die sich in möglichst unauffälligen Sätzen hintereinanderstellen. Was zitiert werden soll, das liefert sie im *Package* ab wie den inflationär strapazierten Satz vom scheiternden Euro, der Europa mitreißt. Wer den Satz so zitiert, erlebt die Macht der Sprache, der Merkel ausweicht. Sie sagt: «Scheitert der Euro, dann scheitert Europa.» Oft hebt sie dabei nur flüchtig die Augen vom Papier, so dass man sich fragt: Kann sie ihn immer noch nicht so auswendig wie wir, diesen Satz? Wahrscheinlich schaut sie sich aber nur an, wie es danach weitergehen soll. Als der Euro-Satz einige Monate in der Welt war, erfuhr er eine Steigerung, die zur wachsenden Zuversicht der Rettungseuropäer passte: «Gewinnt der Euro, dann gewinnt Europa.» Beide Sätze liefert die Kanzlerin nicht in der Annahme, sie seien wahre Aussagen; sie lebt ja in einer Welt, in der mit der Beleuchtung, der Temperatur und der Feuchtigkeit die Fakten ihren Wahrheitsgehalt ändern.

Ab und zu liefert die Kanzlerin Statements, von denen sie meint, dass sie in die *Fun-Community* des Westens passen. Da beendet sie eine Pressekonferenz vor der Sommerpause im sorgenschweren Jahr 2011 mit der Bemerkung »Meine Arbeit macht mir Spaß.»[158] Man hatte intensiv über das gesprochen, was regierungsamtlich per Bedeutungstransfer nun auch ‹Wende› hieß, wie der Fall der Mauer: Die sogenannte Ener-

158 Pressekonferenz vom 20. Juli 2011.

giewende hat damit auf Chefkommando den Rang eine historischen Fügung erhalten, die dem Aufbruch eines Millionenvolkes aus seiner Unfreiheit gleichgesetzt wird. Noch niemand in Deutschland hat sich gegen diese Anmassung gestellt. In einem Land mit so braven Gefolgsleuten, die auch Führungswillkür weiter schlucken, macht die Arbeit wirklich Spaß. Oder ist es nur dies: Glaubt sie uns Leichtfüßen diesen Ton zu schulden?

Überschwang aber ist ein Werkzeug, das Merkel einsetzt, um die emotionale Empfangsbereitschaft ‹der anderen› zu sichern, die bewegt werden wollen, wenn man sie überzeugen möchte.

Merkels kalkulierteste Emotionslieferung geschah im Frühjahr 2011 nach dem Tsunami in Japan. Der Bericht der Kanzlerin zu ihrem ganz persönlichen Super-GAU kam allerdings erst drei Monate nach dem realen GAU mit schwerer Havarie im Kernkraftwerk Fuhushima. Neunzig Tage nach dem Unglück teilt die Kanzlerin mit, dass sich ihre Einstellung zum Risiko von Kernenergie damals mit einem Schlag verändert habe.

Erstmalig benutzt die Kanzlerin die schärfste Waffe, die freilich für ihre Folgerungen absolut ungeeignet ist: die persönliche Betroffenheit. So dramatisch die Reichweite ihrer Folgerungen, so fahrlässig ist ihre Begründung für die selbstgewährte Lizenz, die gesamte Energiepolitik des Landes im Handstreich zu verstaatlichen.

In ihrer Regierungserklärung drei Monate nach dem Tsunami liefert sie zunächst die persönliche Betroffenheit als Narkotikum für die ethisch sensiblen Landsleute ab: «Ohne Zweifel, die dramatischen Ereignisse in Japan sind ein Einschnitt für die Welt. Sie waren ein Einschnitt auch für mich ganz persönlich.» Das klingt so, als sei persönliche Betroffenheit nicht begründungsbedürftig, wenn sie von der Staatschefin kommt, sondern schlicht multifunktionale Rechtfertigung für ein Umsteuern des gesamten Energiewesens. Die fahrlässige Begründung verschleiert, dass es eben keine zwangsläufige Folgerung auf ein gleichartiges Risiko für deutsche Reaktoren geben kann: «In Fukushima haben wir zur Kenntnis nehmen müssen, dass selbst in einem Hochtechnologieland wie Japan die Risiken der Kernenergie nicht sicher beherrscht werden können.» Und Merkel fährt fort: «Wer das erkennt, muss eine neue Bewertung vornehmen. Deshalb sage ich für mich: Ich habe eine neue Bewertung vorgenommen.»[159]

Dass die neue Bewertung der Chefin für die ganze Nation und ihre Nachbarn gelten soll, lässt auf ein Erkenntnisprivileg der Sprecherin schließen, das so nachweislich nicht vorliegt. Zumal die Kanzlerin nun zum zweitenmal die fahrlässig simplifizierende Formel vom ‹Hochtechnologieland mit hohen Sicherheitsstandards› nachschiebt.

Der Imponiergehalt beider Statements – persönliche Betroffenheit, persönlich veränderte Bewertung und Hochtechnologieland mit hohen Sicherheitsstandards – übertrifft ihre Beweiskraft deutlich. Warum meint die Kanzlerin, die Abgeordneten wären mit ihrem persönlichen Bewertungswandel und, vor allem, mit der Formel vom Hochtechnologieland davon abzulenken, dass eben gerade das, was ihre Kanzlerin hier behauptet, die Hochtechnologie und die Sicherheitsstandards, von den Japanern sträflich vernachlässigt wurden?

Wir können nicht annehmen, dass die Kanzlerin innerhalb der drei Monate seit dem Reaktorunglück nichts von der unverantwortlichen Standortwahl für das Kernkraftwerk am Meer in der Erdbebenzone erfahren hätte. Aber die Kanzlerin glaubt, mit Wortbrocken wie Hochtechnologie, Ethik-Kommission und persönlicher Ergriffenheit ihre fatale Motivmischung für den Energie-GAU in Deutschland verschleiern zu können; und niemand stellt sie bei diesem Manöver. Sie kann durchrechnen, dass die zahlreichen grünen Abgeordneten keine Wahl haben, sich gegen die Landnahme ihrer grünen Träume durch die Kanzlerin zu wenden, und sie kennt die eigene Truppe gut genug, um zu wissen: Die geballten Fäuste bleiben in den Taschen.

Das angebliche ‹Moratorium›, wahrlich kein Wort aus dem Alltag des Normalverbrauchers, die vorübergehende Stillegung von sieben und bald darauf acht Kernkraftwerken wurde schon nach drei Tagen in eine dauerhafte Abschaltung verwandelt. Grün wurde Regierungspolitik; die Macht der Monopolisten für das Gute, der Grünen Partei, war gebrochen.

---

159 «Der Weg zur Energie der Zukunft» – Regierungserklärung der Kanzlerin Angela Merkel zur Energiepolitik, www.bundesregierung.de, 9. Juni 2011.

Damit machte der angestrebte Zentralismus Fortschritte: Die Zahl der Allparteien-Projekte stieg sprunghaft an und umfasst seit 2011 vor allem die heikelsten Entscheidungen im sogenannten Euro-Rettungsmarathon, Entscheidungen, denen eine demokratische Opposition die notwendige Kontrolle sichern würde. Die Regierung Merkel preist diesen zentralistischen Zug ihrer Politik regelmäßig als erwünschte Entwicklung.

Wie schwer verkäuflich – und wie schwer verständlich auch für die Kanzlerin – die größeren Zusammenhänge des Euro-Aktionismus sind, das verrät die Sprache der Protagonisten trotz aller Versteckspiele zuverlässig. Anfang 2012 könnte beim Duo zweier wichtiger Mitspielerinnen auf der Bühne der Euro-Retter der Kontrast genossen werden, der sich sprachlich einfach nicht kaschieren lässt: Es ist der Gegensatz zwischen Kompetenzen und Zielen der Sprecherinnen, der die eine verrät und der anderen eine Schärfung ihres Expertenprofils liefert. Das Damen-Duo gaben Angela Merkel und die IWF-Chefin Christine Lagarde, vormalige französische Finanzministerin. Das Treffen im Kanzleramt wurde von beiden Damen am 23. Januar 2012 kommentiert. Lagarde nutzte dafür einen Vortrag bei der Deutschen Gesellschaft für Auswärtige Politik. Eleganz und Charme der Französin steigerten die Wirkung ihrer Einwände gegen das ‹Stückwerk›, das die deutschen ‹Freunde› liefern. Man brauche eine «umfassende Lösung» für die Euro-Krise. Der politische Wille, so Lagarde, fehle offenbar. Mut und politische Führung seien aber unentbehrlich für eine umfassende Lösung, fügte sie nicht ohne einen ironischen Unterton hinzu. Wie die Chefin des Währungsfonds sich eine perfekte Lösung vorstellt, fügte sie unerschrocken hinzu. Alles «zusammengenommen», seien Eurobonds unvermeidlich, eine strenge Finanzmarktregulierung überfällig und für den Euro-Hilfsfonds der Europäer eine «große Brandmauer» das Gebot der Stunde. «Mit kessem Augenaufschlag», so der Korrespondent der *FAZ*, habe die Grande Dame hinzugefügt, «mehr als die allermeisten verstünden die Deutschen mit ihren Erfahrungen der Wiedervereinigung und der Sozialen Marktwirtschaft die Tugenden der entschiedenen Solidarität».[160]

---

160 Vgl. dazu Majid Sattar, «Zusammennehmerin trifft Hinzufügerin, *FAZ*, 24. Januar 2012.

Zeitgleich bemerkte die Bundeskanzlerin vor der Presse, die Rede von Frau Lagarde sei ihr bekannt. Der *FAZ*-Korrespondent protokolliert: «Es folgten umständliche, verdrehte Sätze», die der Journalist notiert: «und hinzufüge ich», so Merkel, «dass Deutschland immer alles getan hat, wenn es jetzt unbedingt notwendig wäre, den Euro zu schützen. Dieser Überschrift fühlen wir uns auch verpflichtet. Aber immer kaum, dass wir eine Neuigkeit gemacht haben, die nächste schon zu machen, das halte ich nicht für richtig.»[161]

O-Ton Merkel authentisch. Im Jargon könnte man sagen: ungeschützt, ungenormt, unberaten. Die Risse im Sprachfluss verraten Ärger, Verlegenheit und ein Unterlegenheitsgefühl, das in der Spontansituation nicht durch ein Sprachversteck *undercover* gehalten werden kann.

In Christine Lagarde und Angela Merkel prallen zwei Denk- und Entscheidungswelten aufeinander. Wir erinnern uns, dass die deutsche Kanzlerin ein Votum pro Lagarde, wie so oft, wenn sie eine Nominierung gern verhindern würde, erst in letzter Sekunde abgeliefert hat, als der Zug längst Richtung Lagarde Fahrt aufgenommen hatte. Zwei gegnerische Politikstile trafen aufeinander an jenem Wochenende im Januar 2012. Mehr noch: Lagarde lebt mit einer konträr zu Merkels *Undercover-Stilistik* hochfliegenden Philosophie des großen Wurfs. Merkel versagt, wenn sie gestellt wird wie an jenem Montagmorgen nach der Rede von Lagarde. Sie hatte Staatsbesuch, den belgischen Ministerpräsidenten, deshalb konnte sie den Journalisten nicht ausweichen. Lagarde ist beim Sprechen immer in ihrem Element. Ihren philosophischen Vorsprung krönte sie denn auch am Ende ihrer Rede mit einem wiederum so gar nicht unverfänglichen Goethe-Zitat: «Es ist nicht genug zu wollen, man muss auch tun.» Damit das deutsche Publikum verstand, zitierte Lagarde diesen schönen Satz des Ministers und Dichterfürsten auf Englisch: höfliche Distanz, ohne die Garantie zu opfern, dass sie verstanden werde.

Ausnahmesituationen, wenn sie nicht gerade drei Monate sprachlich vorgenormt werden können wie die Atomausstiegsrede, machen Angela Merkel Mühe. In den ersten Jahren war das vor allem spürbar, wenn ihr

161 Ebenda.

Kommentare zu Katastrophen abgefordert wurden. Auch bei eindeutigen Sachverhalten, bei denen sie sicher sein kann, mit starker Anteilnahme auf der richtigen Seite zu stehen: Wenn der Zwiespalt bleibt, ist das in ihrer Sprache leicht lesbar. Jeder Deutsche wird sich an den völlig aus dem Lot geratenen Satz der Kanzlerin erinnern, den sie am 2. Mai 2011 in die Fernsehkameras sprach, als lese eine Legasthenikerin mit Mühe aus ihrem Schulheft ab: «Ich freue mich, dass es gelungen ist, Bin Laden zu töten.»

Es war kein Zufall, dass sie die handelnde Nation USA nicht nannte. Solche entgleisten Statements verraten mehr über die wahren politischen Positionen der Angela Merkel als jede ausgefeilte Regierungserklärung zu Fukushima.

Weil spontanes Sprechen im öffentlichen Raum ihr schwerfällt, fährt Merkel einen Sparkurs, der an Verweigerung grenzt. Vor der Wahl 2009 gelang es ihr mit diesem Schweigeritual, die Wahlbeteiligung so nach unten zu drücken, dass ein Minusrekord herauskam: Die Wahl zur schwarz-gelben Koalition verzeichnete 30 Prozent Nichtwähler. Karrieretechnisch hatte sie für ihre Sprachverweigerung allerbeste Gründe: Weniger Wähler verhießen die klarere Mehrheit für jene Koalition, die zwar viele Wähler wünschten, die Kanzlerin aber von Anfang an zum Abschuss freigegeben hatte.

Schwarz-Gelb war Teil eines großen Plans, in dem die Freien Demokraten als Bedrohung verzeichnet waren. Solange dies niemand begriff, lief die Entmachtung der liberalen Partei störungsfrei. Die Liberalen sind für Merkels Langzeitplanung ein Störsender, dessen Themen sie nicht absaugen kann wie die anderer Parteien. Darum auch ihr Schweigen vor der Wahl 2009 zum schwarz-gelben Projekt: Es gab ein solches für Merkel nicht mehr. Sie hatte das Segment liberale Politik schon verlassen, als die Regierungszeit mit den Liberalen begann.

Der sprachliche Rückzug verrät, dass sie Geheimnisse hütet, deren Entschlüpfen sie fürchtet. Gefühle auszudrücken, weil sie fühlt, erscheint ihr viel zu gefährlich. Wer bewegt ist, so glaubt sie, macht auch falsche Bewegungen. Auch Worte und Sätze, die Emotionen ausdrücken, ordnet Merkel daher dem taktischen Werkzeugkasten zu. Aus dem stammen die neunzig Tage frisch gehaltenen Gefühlssätze aus der Regierungserklärung zu Fukushima, die von ihr selbst handeln, weil sie ihr eigenes Fühlen für die Nation verbindlich machen will.

«Merkel bedient sich eines eigentümlichen Idioms; der lingua Merkelae», schreibt der *Spiegel*-Autor Dirk Kurbjuweit im Herbst 2011. Diese Spezialsprache lebe von «vielen verrutschten Formulierungen und Sonderbarkeiten beim Ausdruck von Gefühlen». Merkel nehme deshalb immer wieder Zuflucht beim «grausigen Baukasten der Abteilungsleiterbürokratie. (…) Die Angst vor den eigenen Worten ist eine Erklärung dafür», meint Kurbjuweit. «Die Bundeskanzlerin will nicht anecken, will niemanden aufwühlen, weil sie weiß, wie heftig Worte in der medialen Verstärkung wirken können.»[162]

Dazu kommt ein autoritärer Zug des Merkelschen Regierungsstils, der nur von wenigen Beobachtern entdeckt wird, weil autoritäre Züge im allgemeinen Vorurteil eher männlich sind. Merkels diktatorische Übertragung ihrer persönlichen Folgerung aus Fukushima, die sie erstaunlich rücksichtslos für verbindlich erklärt, ungeachtet der Ungenauigkeiten und Willküreiemente in ihren Folgerungen, entspricht diesem autoritären Führungsstil. Kurbjuweit teilt diese Beobachtung, ohne das schlagende Beispiel Fukushima anzuführen; er beschreibt zutreffend, welche Haltung zu diesem, wie er es nennt, «paternalistischen» Stil führt: «Ich bestimme für andere, nach der Maßgabe dessen, was ich für deren Wohl halte. Ich muss das nicht groß erklären, denn ich weiß, was das Beste für alle ist. Die andern sollen folgen, nicht lamentieren, denn in Wahrheit folge ich ja ihren Bedürfnissen. So führt Merkel das Land, während sie zugleich vom Land geführt wird, kurzum: Herrschaft in der Verkleidung der Fürsorge.»

Kurbjuweit nennt Merkels «sprachlosen Paternalismus (…) eine Form der politischen Arroganz». Er meint, «Paternalismus und Demokratie sind nicht gut zu vereinbaren».

Wenn sie spricht, ist das oft kaum besser als im sprachlosen Paternalismus, denn «wer ihr regelmäßig zuhört, hat bald den Eindruck, dass

---

162 Vgl. Dirk Kurbjuweit, «Ein unterzuckertes Land», *Der Spiegel* 29, 2011.

Merkel merkwürdig redet. Ihr Satzbau und ihre Wortwahl lassen offen, was sie wirklich meint», sagt eine *Spiegel*-Analyse 2011. «Nicht selten müssen ihre Sätze hinterher erläutert werden …»[163]

Was Beobachter ‹verrutschte› Formulierungen nennen, könnte auch der Versuch sprachlicher Originalität sein; wir wissen es nicht. Keiner wagt zu fragen. Da sagt sie zu Differenzen mit der CSU: «kleine Ausbuchtungen» – von was, von wem, erfahren wir nicht. Ihre Jahre als Bundeskanzlerin bewertet sie zum Schrecken ihrer Zuhörer mit dem gleichmütigen Satz, man werde «stumpfsinniger». Wie bitte? fragt keiner.

Die Vermutung, dass Merkel tatsächlich versucht, mit Sprache kreativ umzugehen, so als sei sie eine Ausländerin, die den Sinn der einzelnen Worte noch leicht verschoben einsetzt und das selbst originell findet, bestätigen Sonderbarkeiten wie das «Wohlfühlgefühl», von dem sie redet, ohne einen Scherz machen zu wollen, und ihr Urteil, etwas sei «unterausgeprägt», wenn es schwach ausgeprägt ist.

Vor Gefühlen ist sie auf der Flucht – es sei denn, sie kann taktischen Nutzen aus Emotionen ziehen. Von Gefühlsmomenten überrascht, wie beim Rücktritt des Bundespräsidenten Horst Köhler, hat sie unberaten kein Sprachmodell zur Hand, das passen könnte. Die Kanzlerin der Republik kommentiert also den Rücktritt des Staatsoberhauptes, über den sie immerhin schon vor diesem unsäglich unangemessenen Statement informiert wurde, mit den Worten: «Ich bedaure diesen Rücktritt auf das Allerhärteste.»[164]

Es kann nicht die Überraschung allein sein, denn die lag mindestens Stunden zurück. Psychologen würden hier unschwer ein psychopathologisches Syndrom erkennen, das traumatische Züge hat. Wer im Erwachsenenalter bei guter Intelligenz kein passendes Attribut zu dem Wort Bedauern findet, und sei es das Allerweltswort «groß», der leidet an einer inneren Verletzung oder einem Verdrängungszwang, der ebenfalls traumatische Züge haben muss. Selbst wenn eine andere Erklärung greift, bleibt ein Defizit im sprachlichen Grundverhalten, das Rätsel aufgibt.

---

163 Zum Folgenden vgl. *Der Spiegel* 19, 2011.
164 www.bundeskanzlerin.de, 31. Mai 2010.

Die andere Erklärung könnte so lauten: Das Wort ‹Bedauern› findet die Sprecherin sofort, es liegt für Fälle bereit in denen etwas geschieht, was man nicht gewollt hat. Nun verlangt dieses Wort immer nach einem Verstärker, um glaubhaft zu sein. Warum sagt Merkel nicht: «Ich bedaure diesen Rücktritt sehr»? Ganz einfach: Weil sie ihn nicht sehr, sondern wütend bedauert. Er passt ihr nicht ins Konzept. Und er widerlegt ihren Anspruch, immer alles beherrschen zu können. Ihr Machtanspruch hat einen Volltreffer erlitten. Dass sie ihre Wut nicht zeigen darf, ist ihr als Gefühlsverächterin klar. Aber der Treffer ist hart. Folglich bedauert sie den Rücktritt «auf das Allerhärteste».

Es bleibt der Befund, auch wenn diese Erklärung greift, dass Angela Merkels Verhältnis zur Sprache ein gestörtes oder beschädigtes Verhältnis ist. Wann diese Störung passiert ist, kann keiner von uns wissen.

Und schliesslich: Es kann sein, dass nur ihr Verhältnis zur Sprache der Politik gestört ist; denn sie taut auf und redet flüssig ohne Stolpern, ohne falsche Originalitätsversuche, wenn sie sich geschützt fühlt. Die öffentliche Sprache im totalitären Staat hat die Heranwachsende als ein Konstrukt von Tricks und Halbwahrheiten wahrgenommen. Warum spricht sie nun so fluchtartig und kryptisch? Weil sie glaubt, das sei die Sprache der Macht? Oder weil sie , immer noch, vor der Sprache der einst Mächtigen auf der Flucht ist?

Die Sprache der Macht: Merkel kann ihr nicht entfliehen, auch wenn sie nach einer Landnahme im einst feindlichen Parteigelände ihren Sieg gelassen genießen könnte. Die Grünen, so die Kanzlerin, haben ein «Alleinstellungsmerkmal, das nur bei ihnen vorhanden ist». Und ihr eigenes, das Regierungsteam, arbeite «mit aller Kraft, die wir haben». Da ist sie wieder, die *Alien-Lingua*, die jemand sprechen würde, der sich der Wortbedeutungen nicht sicher ist. Die Tautologie soll das ausgleichen – eine Verstärkung durch Verdoppelung.[165]

Dass sie ein ganz einfaches Mädchen ist, das keine Eliteschule besucht hat, bricht auch heute noch ab und zu durch. Da sprudelt das Gassendeutsch fehlerlos, und das Sprachtrauma scheint gebannt. Da hat

---

165 Vgl. dazu *Der Spiegel* 19, 2011.

sie etwas getan «wie bekloppt» oder ist rumgerannt «wie 'n Vollidiot»; «nüscht», eins ihrer Lieblingswörter, «nüscht» hat sich da verändert, bis die Bürokratenfalle wieder zuschnappt. «Bei der Entstehung der Zurückziehung» war sie «nicht beteiligt», so teilt sie mit; und schon bleibt jedem die Frage im Hals stecken, wovon sie redet.

Selbst ihren Urlaub zwängt sie hinter die Gitter ihres Sprachgefängnisses: «Ich glaube, dass, insbesondere wenn man sich körperlich betätigt, zum Beispiel auf Berge steigt, es eine interessante Durchlüftung auch der jeweiligen Gehirnformation ist, und dass das insgesamt der politischen Arbeit guttut.» Realsatire? Nein, sie hat es ernst gemeint.

Ab und zu verrät die Fliehende sich selbst: Bei der Wahl 2005 wolle sie eine Koalition mit der SPD bilden, so teilte sie mit, obwohl die Parteistrategie natürlich FDP vorschrieb. Selbst harmlose Stellungnahmen geraten in die Zwangsjacke der Gefühlsabwehr: Die Fussballweltmeisterschaft der Frauen, ein Thema für die beschwingte Sprachkür, kollabiert in Merkels Sprachlabor: «Die Vorfreude auf die Frauen-WM, die ist groß, und sie wird jeden Tag auch größer», sagt die Bundeskanzlerin. *Der Spiegel* protokolliert ihren schönsten Versprecher: «So werde ich dann morgen zurücktreten – äh, zurückfliegen.»[166]

Eine Kanzlerin auf der Flucht vor klaren Worten und entschiedenen Taten: die Tarnkappenkanzlerin, immer auf der Flucht vor Entdeckung. Ein Trauma, das Demokratie kostet.

166 *Der Spiegel* 19, 2011.

Präsidentendämmerung – Drama in drei Akten

Erster Akt: Das Amt als Beute der Politik

Wie die deutsche Demokratie auf den Missbrauch ihrer Spielregeln reagiert, hat sie nirgends klarer gezeigt als in jenen Jahren von 2004 bis 2012, den Jahren der ‹Präsidentendämmerung›. Zweimal, 2004 und 2010, wurden Bundespräsidenten nach dem Machtkalkül des Systems M ausgewählt und ihre Wahl durch Eingriffe in die demokratischen Strukturen der Bundesversammlung sichergestellt. Zweimal endeten die Amtszeiten von Präsidenten in dieser Phase der Regelverletzungen durch die politische Führung vorzeitig: die Bundespräsidenten Horst Köhler und Christian Wulff legten das Amt aus sehr unterschiedlichen Gründen nieder, ohne das Ende der Amtszeit abzuwarten.

Horst Köhler stand im ersten Jahr nach seiner Wiederwahl für weitere fünf Amtsjahre, als er überraschend beschloss, zurückzutreten – eine Aktion, die in den Statuten des Präsidentenamtes bis dahin nicht vorgesehen war. Christian Wulff, sein Nachfolger, war fest entschlossen, der Wucht einer öffentlichen Kampagne gegen sein Beziehungsmanagement in früheren Ämtern zu trotzen. Er konnte mit der konsequenten Unterstützung der Kanzlerin rechnen, die ihn in einem Netz aus Vertrauenserklärungen gegen die Faktenlage gefangen setzte. Wulff wird diesen zweifelhaften Beistand, der machttaktische Gründe hatte, auch als Referenz der Kanzlerin für seine jahrzehntelang gepflegte Rolle als loyalster aller Vasallen von Angela Merkel verstanden haben.

Als sie ihn ins Präsidentenamt entsorgte, nach Köhlers Blitzabschied 2010, wird Wulff erkannt haben, dass sie ihn immerhin für gefährlich genug hielt, das Kanzleramt anzustreben – eine verschwiegene Genugtuung für den letzten unter ihren Rivalen. Wenn jemand sein Amt vorzeitig verlässt, ist der spontane Reflex bei allen Beobachtern der Blick zurück. Gab es Fehler bei der Auswahl? Gab es Absprachen und Interessen, hinter denen die Qualifikation des ausgewählten Kandidaten schließlich verschwand wie eine Quantité négligeable – eine zu vernachlässigende Größe? Gab es Kompromisse, die man angesichts der Bedeutung des Amtes nicht hätte machen dürfen? Gab es schon vor der Wahl durch die Bundesversammlung Bedenken bei den zur Wahl Berufenen in Bundestag, Bundesrat und bei den Abgesandten der Länder, die als Gefährdung der Wahl empfunden wurden? Dass es im Fall des Kandidaten Wulff so war, ist bekannt.

Die politische Führung unter Angela Merkel sah 2010 keinen Anlass, die demokratischen Spielregeln ernster zu nehmen als das Machtinteresse der Chefin. Also wurden Wahlleute ausgetauscht, die vermuten ließen oder freimütig ankündigten, dass sie nicht den Kandidaten der Kanzlerin, sondern einen neu ins Scheinwerferlicht gerückten Konkurrenten wählen würden: Joachim Gauck. Dazu später mehr. Horst Köhler, der mit einer überraschenden Begründung kurz nach seinem Wahlerfolg für eine zweite Amtszeit schlagartig seinen Rücktritt mitteilte – die Journalisten hatten nie zuvor eine so knappe Frist von nur zwei Stunden erhalten, um ins Schloss Bellevue zu eilen –, hatte eine einsame Entscheidung getroffen, die er aber seinen täglichen Beobachtern und Begleitern anlastete, die er nun um sich versammelte, den Journalisten.

Ein Missverständnis gab den Anlass, eine unbequeme Deutung eines Präsidentensatzes in einem Interview. In seiner Antrittsrede knapp sechs Jahre zuvor hatte Köhler immerhin den Anspruch erhoben, «unbequem» zu sein. Missverstanden zu werden, erschien ihm im Jahr 2010 dann so unbequem, dass er eine Staatsaffäre lostrat: Rücktritt mit sofortiger Wirkung. Präsidiale Begründung: Das Echo auf seine missverstandene Interview-Äußerung lasse den notwendigen Respekt vor dem höchsten Staatsamt vermissen. Erst die dann folgenden Präsidentenwahlen ließen Köhlers Wahrnehmung prophetisch erscheinen: Dem höchsten Staatsamt wird der Respekt entzogen – nicht nur von den Berichterstattern der Presse, sondern vor allem von den Politikern. Angela Merkel, inzwischen Kanzlerin einer ‹kleineren› Koalition mit der FDP, sah für «Respekt vor dem Amt» so wenig Anlass wie vor den Zugangsritualen. Die Präsidentendämmerung schritt schneller fort.

Horst Köhlers missverstandener Interview-Satz war von Journalisten natürlich bereitwillig in ein Missverständnis verwandelt worden, weil endlich mal wieder eine Meldung herauskam, die das Einerlei der präsidialen Machtlosigkeit aufzulockern versprach. Am Rande eines Truppenbesuchs in Afghanistan sagte der Bundespräsident arglos, die Gesellschaft verstehe allmählich, dass ein Land wie Deutschland «mit dieser Außenhandelsorientierung und damit auch Außenhandelsabhängigkeit auch wissen muss, dass im Zweifel, im Notfall auch militärischer Einsatz notwendig ist, um unsere Interessen zu wahren». Es gelte, «ganze regionale Instabilitäten zu verhindern, die mit Sicherheit dann auch auf unsere Chancen zurückschlagen, negativ bei uns, durch Handel, Arbeitsplätze und Einkommen zu sichern».[167]

«Es klang, als rechtfertige Köhler Wirtschaftskriege»,[168] kommentiert *Spiegel Online*.

Wenige Tage später, im anschwellenden Presse-Echo, lässt Köhler seinen Sprecher erklären, er sei missverstanden worden. Er habe sich nicht auf den umstrittenen Afghanistan-Einsatz bezogen, sondern auf den Einsatz gegen Piraten ...

Merkels Reaktion auf den Rücktritt, der sich nicht elegant ins Euro-Rettungsimage der Regentin einfügt, ist von Ärger geprägt: Ihre Wortwahl verrät sie, die sonst so souverän im Sprachversteck hockt;[169] die Überraschung war zu groß, die Selbstdisziplin wird vom Ärger überrundet. Sie bedaure diesen Rücktritt «auf das Allerhärteste», teilt sie den Medien mit.

Köhlers Erwartung, dass das höchste Staatsamt seinen Inhaber schützen müsse, klingt in seiner Rücktrittsbegründung durch. Wenn dieser Schutzwall breche, so meint der Präsident offenkundig, dann nur durch Einwirkung von außen. Der «Respekt vor dem Amt», den er den andern abverlangt, müsse ihn, den Amtsinhaber, auch vor Missverständnissen

---

167 Siehe dazu «Deine Sprache verrät dich», S. 182ff.
168 Vgl. dazu www.spiegel.de, 31. Mai 2010
169 Siehe dazu «Deine Sprache verrät dich», S. 182ff.

schützen. Auf den ersten Blick wirkt diese Amtsauffassung naiv; auf den zweiten kann man einen subtilen Hochmut beobachten – jene Prise Anspruchsdenken, das schon in der Antrittsbemerkung steckte, er wolle ein «unbequemer» Präsident sein.

War schon 2004 zuviel Kalkül der Politiker im Spiel, das die Eignungsfrage zurückdrängte? Heute würde man sie wahrscheinlich eine ‹Troika› nennen, die Oppositionspolitiker Merkel, Stoiber und Westerwelle, die Köhler zur Symbolfigur ihres strategischen Höhenflugs von Rot-Grün zu Schwarz-Gelb proklamierten.

Angela Merkel kannte Horst Köhler seit den neunziger Jahren: Sie war Frauenministerin, er Staatssekretär im Finanzministerium. «Wenn sie ‹Kohls Mädchen› war, dann war Horst Köhler sein ‹Junge›», schreibt Jan Heidtmann 2006 in einem Köhler-Porträt.[170] „Er ist ein Schatz", sagte Helmut Kohl gelegentlich über ihn. Merkel mochte Köhler, weil er sie ernstnahm. 2006 ist sie bereits Bundeskanzlerin, Köhler aber immer noch der ‹Junge», meint Heidtmann; «nur jetzt eben Merkels ‹Junge›.» Er war einige Jahre im Ausland gewesen, beim Internationalen Währungsfonds, er kam als politikferner Fremdling ohne politisches Netzwerk; in Angela Merkels Machtkonzept beste Voraussetzungen für eine steuerbare Präsidentschaft. Mit der Kanzlerschaft von Angela Merkel in der Großen Koalition verbleicht der frische Glanz des neuen Präsidenten fast über Nacht. «Seitdem hat sie Horst Köhler als beliebtesten Politiker abgelöst, der Bundespräsident spielt in Berlin ungefähr die Rolle, die Merkel schon Helmut Kohl, Friedrich Merz und Edmund Stoiber zugedacht hatte: keine.»[171]

Die Politikferne, weniger romantisch zu beschreiben als Unerfahrenheit in der Schlangengrube der operativen Führung, würde von den drei ‹Erfindern› seiner Kandidatur sicherlich unterschiedlich bewertet. Guido Westerwelle erhoffte sich wirtschaftsliberale Akzente, Edmund Stoiber ein CSU-verträgliches Klima der ökonomischen Vernunft, und die Kanzlerin Geschmeidigkeit wegen Erfahrungsmangel.

170 Vgl. *SZ-Magazin*, 17. Februar 2006.
171 Ebenda.

Nach der Wahl Horst Köhlers schwand auch öffentlich jede Zurückhaltung des siegesgewissen Lagers aus CDU/CSU und FDP: die «Gestaltungsmehrheit» sei Rot-Grün nun bereits entrissen. Wie bald die nächste Wahl ins Haus stand – nach Schröders Vertrauensfrage 2005 – und dass sie nicht den beschworenen Triumph brachte, sondern eine Große Koalition, wusste am festlichen Vorabend der Präsidentenwahl noch niemand. Aber die dreiste Funktionalisierung dieses Präsidenten *in spe* durch die Merkel-Truppe war einigen Beobachtern schon klar geworden.

Richard von Weizsäcker, Altbundespräsident, war es an jenem übermütig gefeierten Wahlvorabend, der ziemlich überraschend das Podium ansteuerte. Natürlich waren ihm wie jedem Parteimitglied die ‹Zählappelle› und die Drohkulissen bekannt geworden, die von den Vasallen der Vorsitzenden seiner Partei seit Wochen Bedrohungsgefühle bei den freien Geistern und Jagdfieber gegen kritische Köpfe bei den andern weckten. Von Weizsäcker bestieg das Podium und begann: «Erlauben Sie mir, eine Bitte zu äußern.» Sein Vorgänger Gustav Heinemann, 1969 zum Bundespräsidenten gewählt, habe nach seiner Wahl durch SPD und FDP von «einem Signal zum Machtwechsel» gesprochen. Die Union habe ihn dafür heftig kritisiert. Wenige Monate nach dieser Präsidentenwahl zerbrach die Große Koalition unter Kiesinger, «und die sozialliberale Regierung unter Willy Brandt übernahm in Bonn das Ruder».

Mit dieser kleinen Geschichte leitete von Weizsäcker sein Fazit ein, das die anwesenden Präsidentenmacher aus Union und FDP betraf. Es sei sicher legitim, so der Altbundespräsident, von politischen Fragen zu sprechen; ebenso wichtig sei es aber, «zum Ausdruck zu bringen, welchen Respekt man vor dem Kandidaten und vor dem Amt hat». Die Position des Bundespräsidenten sei «ein Amt der absoluten Überparteilichkeit». Je mehr das zum Ausdruck gebracht werde – und nun wandte sich von Weizsäcker unmittelbar an die CDU-Chefin, «umso mehr werden diejenigen die Auszeichnung verdienen, die ihn nominiert haben, Frau Merkel.»[172]

172 Vgl. dazu www.spiegel.de, 22. Mai 2004.

Schon hier taucht der Rücktrittsgrund von Horst Köhler auf: der «Respekt vor dem Amt». Verbunden mit dem unverhüllten Tadel für die Chefmaschinistin im Maschinenraum der ‹Gestaltungsmehrheit› spricht von Weizsäcker damit dem Führungspersonal der operativen Politik eine Mitwirkung beim Respektverlust vor Amt und Person des Präsidenten zu.

Siegesgewiss erklimmt Merkel nach diesem entlarvenden Votum das Podium für eine Replik: «Es bleibt uns unbenommen – nicht Herrn Köhler, aber uns –, dass wir weiter sagen dürfen, wie wir das alles verstehen.»[173]

Köhler darf das nicht, sagt sie. Der ist ja nach dem Plan ab morgen mattgesetzt, ein Regierungsknecht. ‹Wie› sie aber ‹was alles› versteht, erfahren wir nicht. Sie bleibt in Deckung, Tarnkappenkanzlerin.

Nicht nur Richard von Weizsäcker hat schon vor Köhlers Wahl ins Präsidentenamt den Eindruck, eine Mahnung an die eigene Partei sei dringend. Weizsäcker will der Instrumentalisierung von Amt und Person nicht tatenlos zusehen. Er ist nicht der einzige, der diesen Missbrauch sieht. Im Jahr 2006, nachdem Merkel Kanzlerin geworden ist und ihren Machtzuwachs immer unbefangener nutzt, sagt ein Politiker aus ihrer nächsten Umgebung: «Der Mohr hat seine Schuldigkeit getan. So richtig ernst nimmt den keiner mehr.» Sein Satz war das Fazit aus einer scheinbar harmlosen Bemerkung der Kanzlerin, mit der sie eine Mahnung des Präsidenten wegwischte: Er habe das bestimmt nicht so gemeint. Köhler hatte die Familienpolitik der Regierung kritisch bewertet und Merkels ‹Politik der kleinen Schritte› zur Debatte stellen wollen.

Kein Bundespräsident, so der Porträtist Jan Heidtmann 2006 im *Magazin* der *Süddeutschen Zeitung*, sei «bislang so instrumentalisiert worden wie Horst Köhler». Dieses Urteil wiegt umso schwerer, als es lange vor der öffentlichen Sensibilisierung für die Schleifspuren am Präsidentenamt durch berechnende Kandidatenauswahl gefällt wurde.[174]

Neben diesen Beobachtungen wirkt die Story, die der FDP-Vorsitzende Westerwelle der politischen Öffentlichkeit zur höheren Vernunft

173 www.spiegel.de, 22. Mai 2004.
174 Zu den hier zitierten Stimmen vgl. Jan Heidtmann, *SZ-Magazin*, 17. Februar 2006.

der Kandidatenauswahl anbietet, wie ein Ammenmärchen: «Ich denke an die Nacht, als Angela Merkel und ich über unseren Kandidaten für das Amt des Bundespräsidenten entschieden haben. Sie war sehr einsam in ihrem Gremium, und so leicht hatte ich es in meiner Partei zum damaligen Zeitpunkt auch nicht. Hätten wir in der Bundesversammlung Professor Horst Köhler nicht durchgesetzt oder vielleicht erst im dritten Wahlgang, wäre Frau Merkel nicht Kanzlerkandidatin geworden und ich wäre nicht Parteivorsitzender der FDP geblieben.»[175]

Dass beide Behauptungen reine Fiktion für die Rechtfertigung der Okkupation des Präsidentenamtes durch politische Taktik sind, ist seit Christian Wulffs drei Wahlgängen bewiesen.

Schwerer aber wiegt, dass Westerwelle hier selbst den Beweis liefert, dass das Präsidentenamt von der operativen politischen Führung als ein Beutestück behandelt wird, aus dem man möglichst viel Profit schlägt.

Richard von Weizsäcker hatte aus dieser Versuchung seiner Kollegen zum Missbrauch des höchsten Amtes für seine eigene Präsidentenzeit einen konsequenten Schluss gezogen: Für die Amtsdauer seiner Präsidentschaft, so teilte er damals mit, lasse er seine Parteizugehörigkeit ruhen. Mehr als ein Appell an die operative Politik konnte das nicht sein. Das Amt, so wiederholte er am Vorabend der Wahl Köhlers, verlange «absolute Überparteilichkeit».

Für Angela Merkel sind das Texte in einer Sprache, die sie nicht versteht. Ihre Geringschätzung des höchsten Staatsamtes besiegelt sie unmittelbar nach der Neuwahl-Forderung durch den SPD-Chef Müntefering, die der verlorenen Wahl in Nordrhein-Westfalen 2005 folgte. Ohne das Votum des Bundespräsidenten abzuwarten, der das Verlangen nach Neuwahlen im Lichte der Verfassung zu prüfen hatte, ließ Angela Merkel sich zur Kanzlerkandidatin ihrer Partei ausrufen.

Ein halbes Jahr später ernannte Horst Köhler sie zur Bundeskanzlerin.[176] Von da an schwand sein Einfluss dahin.

175 Zitiert ebenda.
176 Zu den Vorgängen vgl. ebenda.

Dass sie es an «Respekt vor dem Amt» fehlen ließen, hätte ein mutiger Präsident schon in seiner ersten Amtszeit eher seinen politischen Förderern als den Journalisten vorwerfen können, die er bei seinem Rücktritt beschuldigte. Genau genommen führte der Journalismus aber den Ansehensverlust nur weiter, den zuallererst die Politik verursacht hatte. Das taktische Kalkül bei der Auswahl des Kandidaten, der ein Instrument der operativen Politik werden sollte, wurde zunächst von den Medien kommentiert, dann aber Schritt für Schritt als eine generell gelockerte Verpflichtung zur Hochschätzung des Amtes verstanden. Was am Ende der Ära Köhler stand, war eine Schadensbilanz, die er selbst nicht bei den Verursachern beginnen ließ, sondern denen vorlegte, die das politische Klima der Vernachlässigung von Respekt nur nachvollzogen hatten.

Ein unbefangener Beobachter, der niemandem gefallen musste, der Theatermann Klaus Peymann, ein wahrhaft ‹Unbequemer›, kam vielleicht der Wahrheit näher als alle Politiker in diesem allzu absichtsvollen Spiel mit Person und Amt. Einen «anregenden, intelligenten Amateur» nannte Peymann den Präsidenten Köhler nach dessen Rede zum Schiller-Jahr 2005.[177]

Genau das hatten sich die machthungrigen Oppositionspolitiker vorgestellt, die das Experiment ‹Sparkassendirektor nach Berlin› gerade wegen der Dilettantenzüge des Kandidaten, der keinerlei Seilschaft in der Hauptstadt hatte, als Erfolgsmodell sahen.

Der Kandidat spielte eine Weile gutwillig mit – mit dem Ethos des Amateurs sah er über die Schläue seiner Promotoren hinweg.

Der Respekt des Neuberufenen vor dem Amt schützte auch die respektlosen Gönner, bis die Augenblicke der Wahrheit häufiger wurden. Der Präsident muss sein Dilemma bald nach Merkels gesetzwidriger Initiative zur Kanzlerkandidatur erkannt haben. Sein Schweigen hatte die Kanzlerin im Plan. Der Außenseiter-Präsident war als Beschleuniger dieser Machtübernahme ins Amt geschoben worden.

Seine Toleranz in diesem wichtigen Moment beschleunigte dann auch die Präsidentendämmerung.

177 Tilman Krause, »Der Amateur«, *Die Welt*, 30. April 2005.

Zweiter Akt: Nicht nur die Kandidaten, auch das Amt entmachten

Präsidentendämmerung, die Zweite: Nur die Opposition sieht im Jahr 2010, nach Köhlers Rücktritt, eine Kanzlerdämmerung heraufziehen. Angela Merkel selbst hat ihr ‹allerhärtestes Bedauern› über Horst Köhlers abrupten Abgang schnell gegen Siegesgewissheit eingetauscht. Seit einigen Monaten regiert sie mit der kleinen liberalen Partei. Die Mehrheiten, so ihre Botschaft, seien jetzt noch sicherer als damals, bei Köhlers erster Wahl. Man sei völlig offen, der Kandidat könne von außen kommen oder aus der Politik, nichts sei unmöglich, und natürlich könne es auch eine Präsidentin geben.

Die von der unerwarteten Chance überraschten Kandidaten der früheren Wahlen machen sich bereit zum nächsten Wettstreit um das hohe Amt. Eine öffentliche oder gar offene Bilanz der politischen Führung aus dem Scheitern eines eben wiedergewählten Präsidenten unterbleibt.

Schnell werden die gewohnten Kampfkostüme wieder angelegt, als sei nichts geschehen außer einer schnellen Gelegenheit, Siege und Niederlagen zu prophezeien, je nachdem wo die eigene Partei steht.

Klartext zu diesem *More of the same* dem ‹Weiter so› von Leuten, die aus ihren Niederlagen nicht lernen können, weil ihre neue Idee für die verfassungswidrige Nutzung des Präsidentenamtes einfach genau dieselbe wie die alte ist. Klartext redet auch der Journalismus erst, nachdem das Kind tief im Brunnen ertrunken ist.

Das klingt dann so – aber leider fast zwei Jahre zu spät: «Die dümmste politische Idee der vergangenen Jahre war es, Christian Wulff zum Bundespräsidenten zu machen. Union, FDP und Kanzlerin Angela Merkel haben diesen Kandidaten ausgesucht – sie sind nun für sein Scheitern mitverantwortlich. Es hätte bessere Kandidaten gegeben, alle wussten es. Aber Merkel, Guido Westerwelle und ihre Parteitaktiker hatten bei ihrer Personalauswahl alles Mögliche im Sinn, nur nicht das Wohl des Landes.»[178]

178 Vgl. dazu www.spiegel.de, 17. Februar 2012.

«Christian Wulff war Angela Merkels Präsident, so wie es Horst Köhler war. Wulff konnte sie noch gegen den Willen vieler im Land mit ihrer Mehrheit durchdrücken, diese politische Kraft fehlt ihr nun», fährt der *Spiegel*-Autor fort. Sie hat in Sachen Bundespräsident so offenkundig versagt, dass jeder Alleingang wie eine Anmaßung erscheinen müsste.»[179] Wo waren diese Erkenntnisse 2010 zu lesen? Warum zögert auch der Journalismus mit Kritik am Machtmissbrauch der Top-Ebene in der Politik?

Die schmeichelhafte Vermutung aber, die Kanzlerin werde sich im Kapitel drei der Präsidentendämmerung der Opposition fügen, um ‹Anmaßung› zu vermeiden, unterschätzt die Machtpolitikerin Merkel. Allein der Schritt ihres Koalitionspartners FDP ins andere Lager, also ein Akt der oppositionellen Auflehnung des gedemüdigten Partners, der endlich Rache braucht, lässt ihr keine Wahl. Mit ihrem Schwenk in Richtung Mehrheit ist keinerlei Überzeugung verbunden; sie hatte noch Stunden vor dem Seitenwechsel ihres Koalitionspartners im Kreise der CDU-Mandatsträger die Losung ausgegeben, für die CDU sei Joachim Gauck nicht wählbar.

Vom Ende her, das sollte als Vorspiel zum dritten Akt des Dramas ‹Präsidentendämmerung› gezeigt werden, haben immer alle alles gewusst. Aber die meisten haben geschwiegen, solange die Mächtigen die Macht hatten. Schwindet sie, melden sich die Ersten, die alles vorher wussten. Aber nur in sicherer Entfernung zur Mächtigsten, die auch eine Rächerin ist. Bei ihren Getreuen bleiben die Fäuste in den Taschen.

Es dauert gar nicht lange, bis Angela Merkel entdeckt hat, dass die Abkürzung der zweiten Amtszeit des Präsidenten Köhler durch den Präsidenten selbst ihr eine unverhoffte Chance eröffnet, da sie ohne das ‹moralische Handicap› unterwegs ist, das ihre Parteikollegen immer noch zu Objekten strenger Überwachung durch die Chefin macht: Respekt vor dem Amt und die Hemmung, einen Bewerber in das höchste Staatsamt zu ‹entsorgen›, weil er als Rivale im operativen Geschäft beseitigt werden soll.

179 www.spiegel.de, 17. Februar 2012.

Die Kanzlerin sieht überhaupt keinen Anlass, ihr Scheitern mit dem ‹Experiment› Köhler als eine Warnung zu verstehen, beim nächsten Fall der Versuchung zu widerstehen, das Wohl des Landes dem Ausbau ihrer Macht unterzuordnen.

Wer diese Alternative formuliert, hat das System M immer noch nicht verstanden. Das Wohl des Landes, so würde die Chefin sagen, wenn sie nicht eine Schweigerin wäre, ist deckungsgleich mit dem Ausbau meiner Macht. Wer Macht über alles stellt, muss so denken, um mächtig zu bleiben.

Wer so viel vom Merkelschen Universum verstanden hat, dem wird der Geltungsabbau des höchsten Staatsamtes als ein mitlaufendes Machtziel plötzlich klar. Das Präsidentenamt ist eine Botschaft aus Zeiten, als die Hoheit des Staates als ein werthaltiges Gut *über* dem Ringen der Wettkämpfer um politische Handlungsmacht stand. Im Sinne unserer Verfassung sollte das Präsidentenamt die nie handelbare Würde der Bürger hüten und verteidigen.

Ein solches Amt, das auch die Herrschenden überwacht und ihren Machthunger zügelt, braucht die Kanzlerin Merkel nicht. Sie strebt ja eine eigene Verfügungsmacht über die Parteien an und will die Macht zentralistisch bündeln – nicht bei einem Präsidenten, sondern in ihren eigenen Händen. Weil das so ist, verfügt sie über das Präsidentenamt wie über andere Ressourcen. Auch das Präsidentenamt ist Manövriermasse, wie das dahinterstehende Ethos. Also gibt es keinen Anlass, in der Neuauflage einer nur bedingt demokratischen Wahl in das sterbende Amt eine Aufforderung zu überholten Werthaltungen zu sehen.

Merkel betrachtet das Präsidentenamt mit der Unbefangenheit der Täterin, die aus der Fremde kommt: den harmlosen Christian Wulff dorthin zu verschieben hieß nicht mehr, als ihn von der Bühne der Handelnden auf das Podest der Wirkungslosigkeit zu transferieren. Von der ‹Macht des Wortes›, die diesem erhöhten Feldherrnhügel nachgesagt wurde, hielt die Herrin vieler Schlachten von Anfang an nichts – weil sie nicht an die Macht des Wortes glaubt. Taten ohne Worte sind ihre Waffe.

Die Aura des Amtes findet bei Angela Merkel also nicht statt. Christian Wulff, der Charme statt Charisma mitbrachte, war deshalb genau der Richtige. Horst Köhler war kaum mehr als eine symbolische Besetzung: Der Ökonom, der Banker sollte für wachstumsfreundliche Politik stehen und den Mittelstand in der Nähe der CDU halten, jene Unternehmer, die bereits anfingen, Frau Merkel nicht mehr zu verstehen.

Nun aber trat im zweiten Akt des dreiteiligen Dramas von der ‹Präsidentendämmerung› eine unwillkommene Störung ein: Ein Kandidat mit Charisma, ein Freiheitskämpfer mit dem schärfsten Schwert, dem blanken Wort, wurde von der Opposition ins Spiel gebracht und fand im Lande, das die Politiker gern mit dem Zusatz ‹draußen› verfremden, eine starke Lobby. Auch eine Anzahl FDP-Abgeordnete kündigte an, ihn wählen zu wollen.

Was mit Joachim Gauck drohte, war die Wiedererweckung des Präsidentenamtes zu altem Glanz – und schlimmer: der Machtzuwachs des Amtes im virtuellen Raum, dort, wo die Werte wohnen, an deren Verblassen die Kanzlerin seit einem Jahrzehnt arbeitete. Die Planwirtschaft der Werte würde unter einem Präsidenten Gauck einen schweren Rückschlag erleiden. Mit seiner Benennung hatten SPD und Grüne obendrein erstmals einen veritablen Einbruch in das Revier der CDU/CSU riskiert, ein Coup, wie er bisher Privileg der Regierungschefin gewesen war: Merkels Spezialität, die Enteignung von Kernbotschaften oppositioneller Parteien, hatte bisher noch keine Opposition nachgeahmt. Jetzt plötzlich kamen sie mit Gauck, die Grünen, die Sozialdemokraten. Für Merkel ein Augenblick höchster Gefahr.

Wilderer unterwegs, hieß die Parole. Obendrein mit einem Kandidaten, der von allen außer Merkel dem Revier der CDU zugerechnet wurde. Die Opposition landete also einen Volltreffer, der entlarvend wirkte. Der Kandidat war und ist bis heute parteilos; er entspricht damit aufs Schönste der Forderung Richard von Weizsäckers, der Präsident solle über allen Parteien stehen. Genau daran hatte die Chefin aber gar kein Interesse. Im Gegenteil: Der Merkelsche Entwurf war einer, der schon Horst Köhler an beherzten Bekenntnissen gehindert hatte. Der Kandidat sollte in ihrer, Merkels Schuld sein, wenn er im höchsten Staatsamt wirken durfte.

Als Bundespräsident Christian Wulff zwanzig Monate später in Bedrängnis geriet, erkannte man schnell, dass Merkel sich als seine Chefin verstand: Sie flutete den Präsidenten mit Vertrauenserklärungen, und selbst die wachsamsten Journalisten wagten nicht zu schreiben oder zu sagen, dass der Präsident nicht ein Minister ist, den die Kanzlerin steuert, sondern Inhaber des Amtes, das über dem der Kanzlerin steht. Wulffs Lage ließ es offenbar nicht zu, dass er auf der Rangordnung bestanden hätte.

Nach dem Rücktritt Köhlers kündigte die Kanzlerin ohne Zeitverzug an, dass die Regierung mit ihrer deutlichen Mehrheit einen «guten Vorschlag» für die Besetzung des Amtes machen werde. Es sei «völlig offen», wer Kandidat der Koalition werde. Auch ein Seiteneinsteiger, immerhin eine Reminiszenz an den eben gescheiterten Kandidaten, könne es wieder sein.

Dass weder die Kanzlerin noch der Außenminister Guido Westerwelle dem Präsidenten im Konflikt mit der Presse Rückendeckung gegeben hatte, schien niemanden zu verwundern. Es passte aber schlecht zu Merkels «allerhärtestem Bedauern» und der noch dramatischeren Mitteilung aus Westerwelles Umgebung: Der Außenminister sei «vom Donner gerührt» gewesen. Wer solche Formeln wählt, hat etwas zu verbergen.

Köhler war schon am Start, damals vor fast sechs Jahren, eine taktische Besetzung. Mit soliderer Mehrheit, so erkannte die Kanzlerin schnell, könnte man nun schon vier Jahre früher ein weiteres taktisches Manöver auf Kosten des moribunden Amtes durchziehen: die Entmachtung des letzten verbliebenen Rivalen Christian Wulff. So war der Unglücksfall im Handumdrehen zu einem Glücksfall zu machen – ein Erfolgsgesetz der Mächtigen, das Merkel virtuos anwendet.

Das boulevardeske Drama vor dem Rücktritt auch dieses Präsidenten hat die Demokratieverluste vor der Wahl des Funktionspräsidenten Nummer zwei fast vergessen lassen; wäre da nicht das *Déjà vu* nach Wulffs Abgang, die Wiederkehr des Kandidaten, den die Kanzlerin 2010 verhindert hatte, bei der nächsten Präsidentenwahl, 2012.

Dass ein verhinderter Kandidat erneut präsentiert wird, ist nichts Ungewöhnliches. Dass es dieselben Gruppen sind, die ihn erneut ins Rennen schicken, ist ebenso trivial. Dass er auf dieselben entschiedenen

Gegner trifft wie beim erstenmal, gehört zum Drama, solange dieselben Machtpositionen noch mit denselben Personen besetzt sind wie beim ersten Vorstoß. Die erste und zweite Gauck-Präsentation für das Präsidentenamt sind aber gar nicht trivial. Vielmehr erzählen sie eine Geschichte voller verschwiegener Wahrheiten.

Wurde die ‹Präsidentendämmerung› tiefer als der charismatische Bewerber Joachim Gauck von der Kanzlerin verhindert, ihr Favorit Wulff über die Holperstrecke von drei Wahlgängen ins Amt stolperte, so brachte das Frühjahr 2012 eine Sternstunde der Demokratie, die sich auch gegen das Kalkül der Machthaber durchsetzte.

Der Spielplan für Christian Wulffs Scheitern im Präsidentenamt wurde aber, wie jener für Köhlers Rücktritt, schon bei den intriganten Vorbereitungen zu Wulffs Wahl geschrieben.

In der Bundesversammlung, die den Präsidenten wählt, gilt der Satz des Grundgesetzes: Jeder ist hier nur seinem Gewissen verantwortlich. Nicht der Kanzlerin, nicht seinem Parteichef. Die CDU-Führung folgt nicht der Verfassung, sondern Merkels Gesetz: Die Abgesandten der Länder aus Kunst, Literatur und Wissenschaft werden mehrheitlich durch todsichere Parteigänger ersetzt. Ergänzend wird die Horrorlegende gestreut, ein scheiternder Kandidat werde die Regierung scheitern lassen.

Nach der Nacht-und-Nebel-Ernennung Horst Köhlers ist das, was die Regierungspartei CDU an Demokratieverlusten ins Werk setzt, um seinen Nachfolger Wulff ins Amt zu boxen, schon radikaler. Während die Entdeckung des Kandidaten Gauck auch von der Presse gefeiert wird, folgt die CDU dem autoritären Kommando einer Führung, die zur Demokratie ein utilitaristisches Verhältnis hat. Angela Merkel ist längst aus dem Kosmos der Überzeugungen und Wertebindungen ausgestiegen. Ihre Anhänger folgen ihr teils entgeistert, teils mit verhaltenem Zorn. Die CDU-Kultur ist längst eine Kultur der Fäuste in den Taschen geworden.

Schon 2010 lag das Drama der ‹Präsidentendämmerung› als ein Symbol für unsere Verlustbilanz unter der Herrschaft Angela Merkels vor aller Augen.

Es lohnt sich, das Stellvertreter-Szenario, das mit den Präsidentenwahlen nun dreimal aufgemacht worden ist, als ein *Pars pro toto*, ein

Modell des Ganzen zu sehen. Schon 2010 flackerte in einigen Köpfen die Vision von einer Chance auf, die Angela Merkel hätte ergreifen können. Zwei Jahre später geschah das Wunder: Die Chance kam wieder. Und andere ergriffen sie mutig. Angela Merkel musste ihnen folgen.

Wer sich Demokratie nicht mehr leisten kann, um an der Macht zu bleiben, sollte nicht an der Macht bleiben.[180]

Nicht wer Gauck ist, sondern was er schon damals, 2010, auslöste, entscheidet. Bei Angela Merkel löst er Panik aus, weil er mit einer ganz andern Siegermelodie unterwegs ist, deren fernes Echo anschwillt, wo immer er auftaucht: ‹WIR sind das Volk.›

Diese Melodie macht genau das gegenstandslos, was die Polit-Elite zusammenhält, wenn sie das höchste Staatsamt zur Funktion ihres Machterhalts macht: Demokratie ohne Volk.

Wer sich vornimmt, den Präsidenten zu steuern, beschädigt das höchste Amt. Wer Wahlmänner und Wahlfrauen zu steuern versucht, missbraucht die Bundesversammlung. Wer beides schon fast normal finden wollte, wurde schon 2010, noch vor der manipulierten Wulff-Wahl, beschämt durch einen Vaganten der deutschen Horror-und Heilsgeschichte, der überparteilich so überzeugend ist, wie es der Bundespräsident sein kann, wenn sein Amt nicht zur Beute der Parteien wird. Was der Kandidat Gauck auslöst, ist eben nicht von gestern, sondern es ist so etwas wie zeitloses Zutrauen zu den eigenen Kräften. Gauck preist die Freiheit, während andere nach Sicherheit rufen. Er ist auch deshalb für viele FDP-Abgeordnete schon 2010 der Kandidat, dem sie ihre Stimme geben.

Joachim Gauck, auch das war vielen heimwehkranken CDU-Abgeordneten schon 2010 eine Botschaft, die mehr Herkunft als Zukunft mit Merkel versprach: Gauck setzt auf Werte, die bei uns im Sterben liegen: Vertrauen, Verlässlichkeit, Wahrhaftigkeit, Mut. Gauck neben der Sprachverweigerin Merkel, das war schon damals eine fast vergessene Erfahrung: Das Medium ist die Botschaft. Wo Gauck auftritt, da sprechen un-

---

180 Die hier folgenden Abschnitte folgen mit wenigen Änderungen dem Artikel der Autorin «Gauck setzt auf Werte, die hier im Sterben liegen», *Die Welt*, 26. Juni 2010.

sere, nicht seine Sehnsüchte, so spürten viele Abgeordnete mit Schrecken. Es klingt ein Heimweh an, das jeder von uns mit niemandem zu teilen wagte: Wie Gauck von Deutschland spricht, so möchte Deutschland sprechen. Mehr ist es nicht. Eindeutig aber ist das für Angela Merkel schon zuviel. Sie möchte nicht so von Deutschland sprechen. Sie möchte überhaupt so wenig wie möglich sprechen; sie möchte aber auch nicht durch den sprachgewaltigen Präsidenten Gauck vertreten sein. Damals, 2010, konnte sie diese Aversion noch zur Staatsräson machen. 2012 lief es gegen sie – auch wenn sie schnell noch ins ablegende Boot sprang.

Die Vision aber, die einige von uns schon 2010 durchzuckte, sah eine Selbstrettung der Mächtigen und eine Rettung ihrer gefangenen Rudersklaven. Es war, wie wir heute wissen, die Vision 2012, die einige von uns vorwegnahmen, ohne die Zukunft zu kennen.

Ich schrieb damals: «Dies könnte, fast schon vorübergezogen, die große Stunde der Mächtigen sein. Die singuläre Chance, ihre Macht nicht mehr zu überschätzen. Mehr noch: die Quellen der Macht auch im Reich des Guten zu suchen. Erschreckt es niemanden im Politolymp, dass auch die Presse im Falle Gauck die Parteilichkeit abgelegt hat? Dass alle Medien den Wanderer feiern, der Deutschland mehr zutraut als die deutschen Politiker, das ist die große, unabhängige Leistung der Medien, die ihre gemeinsame Stunde erkannt haben.»

Und ich hielt 2010 für möglich: «Die große Stunde der Kanzlerin könnte sich anschließen. Sie könnte alles, wovon Gauck profitiert, für sich gewinnen: Kanzlerin aller Deutschen wollte sie sein. Über den Parteien stehend, sollte sie nun ihre Richtlinienkompetenz nutzen, um alle Politiker daran zu erinnern, dass alle Mitglieder der Bundesversammlung eine geheime Gewissensentscheidung treffen, die keine Partei mit einer Drohung belegen kann. Als Kanzlerwort wäre diese Mahnung in der Ära Merkel neu, sie wäre auch unerwartet. Sie bringt ein Versprechen mit: dass der Missbrauch der Bundesversammlung und der Steuerungsanspruch der Parteien an die Kandidaten ein Ende finden – nicht irgendwann, sondern jetzt.»[181]

181 Vgl. «Gauck setzt auf Werte, die hier im Sterben liegen», *Die Welt*, 26. Juni 2010.

Auch zwei Jahre später, im dritten Akt der ‹Präsidentendämmerung›, war Angela Merkel nicht bereit, der Verfassung unseres Landes Raum zu geben und die demokratischen Regeln einzuhalten. Es bedurfte eines Kraftaktes ihres kaltgestellten kleinen Koalitionspartners, dem Mehrheitskandidaten zum Sieg zu verhelfen. Er hieß wieder Joachim Gauck, und er war wieder via Kanzlergebot «für die CDU nicht wählbar».

Es ist eine Ironie der Geschichte, dass die Kanzlerin, die den Allparteien-Zentralismus als ihre Machtbasis ansteuert, in diesem Streitfall von einer Allparteien-Koalition mattgesetzt wurde.

Der zweite Akt der ‹Präsidentendämmerung› stand erst nach diesem unrühmlichen Start mit drei Wahlgängen und verschärften Drohungen der CDU-Führung in den Sitzungspausen im Zeichen des entmachteten Rivalen ums Kanzleramt, Christian Wulff.

Die Geschichte seiner Präsidentschaft wurde schon nach wenigen Monaten zu einer *Never ending*-Abschiedsstory.

Die Logik des Scheiterns war bald für jedermann offenkundig: Wenn die Kandidatenkür ein anderes Ziel hat, als den Besten für das hohe Amt zu nominieren, dann wird es nicht der Beste, sondern irgendeiner. Wer das Amt ohnehin in Richtung Abschaffung entwerten möchte, hat gar keine Kriterien mehr für die Besetzung – außer dem eigenen Vorteil, und der heißt im System M Machterhalt.

Ein zu Dank verpflichteter Jünger aus vielen Jahren Merkel-Aufstieg ist dann im Gegenteil genau die richtige Besetzung.

Wer die Geschichte von Angela Merkels Aufstieg zur Bundeskanzlerin aufmerksam studiert, der findet keinen Jasager häufiger vertreten als Christian Wulff. Er stimmt zu, er bekräftigt, er springt in die Bresche, gleichviel welches Thema ansteht. Er ist wie eine Ein-Mann-Schatten-Claque immer schon da. Wenn es dann am Ende nicht das Kanzleramt sein konnte, so war doch das Präsidentenamt für soviel Loyalität eine schöne Belohnung – könnte der Ernannte gedacht haben.

Und wieder suchte die Demokratie sich ihren Ort in der Medienöffentlichkeit, einig wie im Fall Gauck, nur mit umgekehrtem Vorzeichen, aber unter gleichen Bedingungen: alleingelassen von der politischen Führung.

Bis ein Bundespräsident zum ‹Fall› wird, muss einiges geschehen. Die Deutschen schützen das höchste Staatsamt, und die Medien bestätigen diesen Kurs. Ein Präsidentenabsturz ist auch in den Köpfen nicht vorgesehen. Das Amt schützt also auch den Inhaber, solange er der Versuchung widersteht, die Aura des Amtes als Weißmacher für die eigene Vita einzufordern.

Vielleicht ist es die Erwartung des Inhabers an die Schutzkraft des Amtes, die in beiden Fällen – bei Köhlers Entscheidung, seine Enttäuschung über das Versiegen dieses Schutzes handlungsleitend zu machen und bei Wulffs zäher Weigerung, sein Amt freizugeben –, vielleicht ist es tatsächlich diese Fehleinschätzung, die an den Tag bringt, dass ein Präsident das ihm verliehene Amt nicht verstanden hat.

Als der Präsident Wulff Schritt für Schritt zum ‹Fall› wurde, gab es zwiespältige Gefühle. Ein Haufen Petitessen wurde zum Knäuel, in dem das Präsidialamt sich verstrickte. Der harmlose Herr Wulff wurde peu à peu zum Glücksritter und Parvenu, ein auch naiver Hans im Glück, der die Boni eines Lebens im geliehenen Glamour einstrich wie seine Gönner den Bonus seines Amtes als Ministerpräsident. Wer so *greedy* nach Aufstieg in die Top-Etagen anderer Aufsteiger unterwegs ist, der wird sehr unsicher, wenn dieser Lebensstil in einer Grauzone zwischen Moral und Recht ins Feuer gerät. Eine souveräne Verteidigung misslingt, weil der Angegriffene sich nie unabhängig, sondern immer abhängig bewegt hat.

Die Kanzlerin bestätigt seine Abhängigkeit auch im Präsidentenamt unverzüglich. Sie liefert Vertrauensvoten in einer Dichte, die den höchsten Würdenträger im Lande in die Vasallenrolle zurückstuft. Sie liefert auch noch, als das juristisch heikel wird, ausdrücklich ihre Wertschätzung für Amtsführung und Person. Wenn ihr Votum nicht aufhebenden Charakter für die Verfolger hat, so wirkt es doch aufschiebend, und das braucht sie.

Die Vertrauenserklärungen der Kanzlerin erinnern an ihre kühnen Rettungsmanöver im Fall Guttenberg – wo allerdings das Wagnis moralisch und juristisch kaum zulässig erschien.

Beide Fälle finden sich unter vielen weniger spektakulären, zu denen die Presse regelmäßig schrieb: Das wird die Kanzlerin beschädigen. Nie trat dieser Schaden ein.

214

Die Erklärung ist einfach. Die Kanzlerin hat die Räume von Ethik, Moral und Recht längst in Funktionslabors verwandelt, auf die sie als Nutzerin, nicht als Bekennerin zugreift. Für sie persönlich gilt der Lotus-Effekt; alles perlt ab, weil sie sich keiner Moral verpflichtet hat und Ethik utilitaristisch als Wertzitat aus einer Welt einsetzt, die sie selbst längst verlassen hat. So geschehen mit der Töpfer-Kommission, die als Ethik-Club über Hochtechnologie entschied. Weil er dabei mitspielte, erschien Töpfer auch als geeigneter Präsidentenkandidat auf dem Regierungsticket, das 2012 scheiterte.

Die Kanzlerin hat sich längst rausgeschossen aus den Fesseln von Ethik und Moral. Sie wirkt in einem wertfreien Raum, wo es nur noch um Instrumente der Macht geht; da kann ab und zu durchaus auch ein Heimweh-Zitat aus der ‹Ethik der anderen› nützlich sein. Die Vermutung, sie könne nach einem Flop beschädigt sein, ist sozusagen der letzte Rest einer konventionellen Erwartung.

Die Realität ist aber dramatischer: Die Kanzlerin Angela Merkel hat es bis zum Jahr 2012 geschafft, die Erwartungen der Öffentlichkeit so umzupolen, dass niemand mehr ethische Kriterien an ihr Handeln anlegt. Ob die Kanzlerin ‹ehrlich› sei, ob man sich ‹auf sie verlassen könne›, fragt niemand mehr. Merkel hat Deutschland gelehrt, dass diese Fragen falsch sind. Sie sind ‹nicht wählbar›, wie Gauck. Bis gestern.

«Bei allem Respekt, das war ein guter Tag für Deutschland», titelt die *B.Z.* am 18. Februar 2012. «Es war ein Rücktritt, der vielleicht zu spät kam, aber mit Würde vollzogen wurde», schreibt die Zeitung. Der Bundespräsident war am 17. Februar von seinem Amt zurückgetreten.

Die quälenden Monate bis zu diesem Datum waren auch eine Lektion in Demokratie, die das Land in Atem hielt.

Was von dieser Lektion bleibt, ist entgegen allen Vermutungen eine gestärkte Erwartung an das Präsidentenamt in neuer Besetzung. Ein mit überwältigender Mehrheit gewählter Präsident stellt augenblicklich die Würde des Amtes wieder her, so der erste Eindruck in den Wochen nach Gaucks Wahl.

Dass die Erosion der Verfassungsnormen weitergeht, wird kein Historiker bezweifeln. Wenn die politische Führung das Präsidentenamt nicht mehr achtet, bleibt es trotzdem der einzige Platz in Deutschland, der Bürgernähe durch Abstand zu den Parteien liefern kann.

Christian Wulff hat auf den Schutz durch das Amt gesetzt und bis zuletzt nicht begriffen, dass dieser Schutz nicht ein kostenloser Bonus ist, den man abrufen kann. Dem Amt ‹gerecht werden› heißt, Achtung vor dem Amt mitbringen, um Achtung für die eigene Amtsperson zurückzubekommen.

Wulff kämpfte um das Amt in einer Mischung aus Unter- und Überschätzung seiner Möglichkeiten. Er hatte sich mehr von der Sicherheitslieferung im höchsten Amt versprochen. Sein Sinn für Gratifikationen funktionierte bis über das Amt hinaus; es war jener Sinn des Aufsteigers fürs ‹Mitnehmen› von Vorteilen, der ihm in seinen früheren Ämtern nur Vorteile gebracht hatte. Dass er dabei seine Partner, ebenfalls Vorteilsnehmer, zu ‹Freunden› ernannte, geriet ihm erst beim Wechsel seiner Lebenswelten zum Nachteil.

«Der falsche Präsident», wie der *Spiegel* gegen Ende der Affäre titelte,[182] war Christian Wulff vor allem deshalb, weil er darauf bestand, das Amt seinem eigenen Profil anzupassen. Woche um Woche verstärkte sich der Eindruck, dass es der Präsident selbst sei, der das Amt herunterholte in die Niederungen des Boulevards.

Der Eindruck, dass die Affäre durch *Bild* vom Zaun gebrochen worden sei, konnte schon deshalb nicht entstehen, weil die Recherchen des *Spiegel* lange vor der ersten *Bild*-Headline begonnen hatten. Wulffs Empörung über den Seitenwechsel der *Bild*-Zeitung beruhte ja ebenfalls auf einem plötzlich wegbrechenden Privileg, das er zornig beschwor: *Bild* war doch über Jahre eine Verbündete gewesen! Diekmann konnte sich doch nicht plötzlich wegstehlen aus dieser ‹Freundschaft›! Der Christian Wulff der vorpräsidialen Ära hatte in einem Biotop gelebt, dessen Zerbröseln dem Präsidenten Wulff völlig unverständlich blieb. Auch daraus erklärt sich die unprofessionelle Verteidigung des Präsidenten durch seine Mitarbeiter. Der Präsident war nicht auf der Höhe seines Amtes; daraus ergaben sich täglich neue Überraschungen. Christian

---

182 *Der Spiegel* 51, 2011.

Wulff ist als Präsident zu unprofessionell und zu misstrauisch, um sich Berater zu leisten, die eine hochkarätige Verteidigung liefern. Seine Beschränkung auf Weggefährten aus früheren Ämtern wirkt im neuen Amt als Handicap.

«Man muss man selbst sein», sagt der Präsident, als es eigentlich schon richtig ernst um ihn steht. Die Flucht ins ‹man›, die wir schon von Karl-Theodor zu Guttenberg kannten, wählte Wulff auch in seinem Fernsehinterview, wenn er eigentlich hätte sagen sollen: ICH hätte dies und das nicht tun sollen. Man hätte manches anders machen können, sagt er statt dessen; und «man ist Mensch» statt ‹Ich bin leider auch nur ein Mensch›. Er kennt das Wörtchen ‹ich › aber sehr wohl: «Ich entschuldige mich», sagt der Präsident. So erfährt das Publikum ihn dann doch noch als einen Mann von sublimem Hochmut; er bittet nicht um das, was nur andere gewähren können: Entschuldigung. Er nimmt es sich kurzerhand selbst.

Wie geht es einer Kandidatenmacherin, wenn ihr Kandidat scheitert? Genau genommen blieb Wulff bis zu seinem Abgang für Merkel die richtige Wahl; und dies nicht nur, weil er aus dem operativen Betrieb nun wirklich ausgeschaltet war. Wulffs Aufgabe bestand ja auch in der weiteren Nivellierung des Amtes. Das Hintergrundsmilieu Hannover mit den schillernden Partyfreundschaften gab von Anfang an eine neue Beleuchtung für die präsidiale Welt von Schloss Bellevue ab. Dass die Kanzlerin noch im Januar 2012 auf ihrer Hochschätzung für Amtsführung und Person des Präsidenten Wulff bestand, heißt ja, dass sie selbst eine andere Bewertung der bis dahin verfügbaren Fakten vornahm als viele Fachjuristen. Die Kanzlerin gab damit am 6. Januar 2012 ein klares Statement ab, das sagen sollte: Ich, die Erfinderin dieser Besetzung im Schloss Bellevue, finde in allen bisher vorliegenden Klagepunkten gegen den Präsidenten keinen, der seinem Verbleib im Schloss Bellevue als Bundespräsident entgegenstünde.

Merkwürdig genug, dass die deutsche Öffentlichkeit solche Voten nicht skandalös fand, da sie doch die Rechtspraxis für gegenstandslos erklärten. Immer wieder profitiert die Kanzlerin von der gesenkten Erwartungshaltung im Land. Man nimmt solche Vertrauenserklärungen, die allen ernsthaften Experten ihr Werkzeug aus der Hand schlagen, bereits wortlos als das, was sie sind: taktische Manöver – im Fall Wulff: Entschleunigungsmaßnahmen für die Agonie eines Amtsträgers und seines Amtes. Je länger er bleibt, schrieben Kommentatoren jeder Couleur, desto größer wird der Schaden für das Amt. An dieser Schadensbilanz arbeitet die Kanzlerin seit der demokratieverachtenden Wahlstory für den falschen Präsidenten tatkräftig mit.

Deshalb war die gesamte Story Wulff für die Kanzlerin eine Erfolgsgeschichte zur Relativierung von Staatsämtern. Das Amt über der Kanzlerin darf es in Merkels Allparteien-Zentralismus gar nicht mehr geben. Es wird dann faktisch überflüssig, weil das Ziel des Präsidentenamtes, über den Parteien zu stehen, ja schon durch die Kanzlerin besetzt ist.

Dennoch hatte die Kanzlerin für den dritten Akt der ‹Präsidentendämmerung› wieder einen Abstecher in die Wertewelt der heimatlosen Deutschen aller Lager geplant: Klaus Töpfer, der Ethik-Fabrikant mit Öko-Bonus, sollte Präsident werden. Nebeneffekt wäre ein Sympathiesignal an die Grünen gewesen. Also wieder eine multifunktionale Besetzung, gegen die kaum lauter Widerspruch zu erwarten war. Solange die Fäuste in den Taschen bleiben, gilt der Kanzlerinnenwille.

Aber diesmal kam es anders. Auch das hatte mit offenen Rechnungen zu tun; diesmal von moribunden Mitspielern, denen Merkel keinen kraftvollen Racheakt gegen ihre eigene Politik mehr zutraute.

Dritter Akt: Das Gauck-Paradox – Unsterbliche Werte, die im Sterben liegen

Zweimal das nie Gesehene und im Gesetz für Bundespräsidenten nicht Vorgesehene: Zwei Rücktritte nach Auswahl- und Wahlverfahren mit deutlichen Demokratie-Handicaps. Was macht die Verantwortliche aus diesen Erfahrungen?

Angela Merkel, Kanzlerin, sieht ihre Chance für ein neues Spiel nach demselben Muster. Bis wann der dritte Bundespräsident im Amt bleiben würde, war im Frühjahr 2012 noch weniger die Frage als bei den Kandi-

218

daten Köhler und Wulff. Denn 2012 geht es um ein Nahziel, das schon in der Kandidatenauswahl eine deutliche Botschaft aussenden würde: Bischof Huber, der in den neunziger Jahren mit einem SPD-Bundestags-mandat geliebäugelt hatte, hochaktiver Pensionär nach vielen Jahren als evangelischer Bischof von Berlin-Brandenburg, und Klaus Töpfer, Um-weltminister und international renommierter Öko-Experte mit einem klaren Faible für Schwarz-Grün standen auf dem Ticket der Kanzlerin.

Das Nahziel ist die Bundestagswahl 2013, und dafür hätte man am liebsten beide, um künftige Koalitionen durchzuspielen.

Das neue Spiel gewann schnell an Tempo. «Sie kann alles», titelte *Die Welt* bereits am 18. Februar. «Auch bei der Kandidatensuche spielt die FDP nur eine Nebenrolle», steht im Vorspann des euphorischen Artikels. «Angela Merkel ist das wahre Staatsoberhaupt Deutschlands!», teilt die Zeitung im Untertitel mit. «Längst schwebt die Kanzlerin über den Par-teien und übernimmt die Aufgaben ihrer gescheiterten Bundespräsiden-ten einfach mit», meint der faszinierte Autor. Sein Fazit am Ende des Artikels gibt die einmal erreichte Überflughöhe nicht auf: «Die Präsidial-kanzlerin wird vorher entscheiden, wer diesmal in Bellevue gastieren darf.»

Die mediale Claque funktioniert also. Merkels Beliebtheitswerte sind zeitgleich mit Wulffs Abschied auf ein neues Hoch um die 36 Prozent geklettert. Wegen dieses Abschieds? Trotz dieses Abgangs? Begeiste-rungsfähige Journalisten spekulieren jedenfalls in der *Welt* munter wei-ter. Zum Beispiel zum Auswahlverfahren.

Die Kanzlerin, so hörte man, wolle einen für Rot-Grün akzeptablen Kandidaten benennen. «In der CDU hält man es (...) für denkbar, mit CSU und FDP nur noch Vorgespräche zu führen und den Kandidaten dann erst in großer Runde – also gemeinsam mit Sozialdemokraten und Grünen – zu küren. Merkel würde wieder überparteilich glänzen.»[183]

Dass es vor allem darauf ankäme, war auch der Kanzlerin klar, nach-dem ihr scheintoter Regierungspartner FDP seinen Coup gelandet hatte. Die Meisterin der Volten zeigte den Salto mortale ins Allparteien-Lager,

183 Robin Alexander, «Sie kann alles», *Die Welt*, 18. Februar 2012.

wo der Kandidat das Rennen machte, den sie vor Stunden noch als «nicht wählbar» disqualifiziert hatte.

Ein Beben erschütterte Merkels Welt, einstweilen nur unterirdisch.

Aber die Presse schreibt neben Triumphgesängen für die Präsidentenkanzlerin auch Klartext: «Zweimal hat die Kanzlerin die Kür des Präsidenten zum eigenen politischen Vorteil genutzt», schreibt die *Financial Times Deutschland Online,* «zweimal ging das nach hinten los. Den dritten Versuch stoppte eine ungewöhnliche Allianz aus FDP, SPD und Grünen. Sie führten Angela Merkel vor.»[184]

Das ist die Stunde für die treuesten Vasallen: Peter Altmaier, der multifunktionale Anwalt der Chefin in hundert Talkshows, liefert die Sieger-Lesart für den eben gelandeten Flop der Kanzlerin: Sie habe durch «ihre Initiative für eine parteiübergreifende Kandidatensuche den Weg für Gauck ins Präsidentenamt überhaupt erst möglich gemacht», erklärt er via ARD dem Publikum. Damit nicht genug: Die Kanzlerin habe, so fährt er fort, damit dem Land «eine Zerreißprobe erspart mit wochenlangen Diskussionen». Solche Freunde braucht man eben, würde Wulff sagen.

Die Kanzlerin als Letzte und gegen ihren erklärten Willen im gemeinsamen Boot: Das hatte es im System M noch nicht gegeben. Der Bedarf an Legenden aus der Regierungszentrale war groß. Immer waren andere per Zwang im Allparteien-Boot, das war beim Euro-Rettungsclub so wie beim Handstreich Energie. Beim Atomausstieg hatte die Kanzlerpartei sogar die SPD überholt und die Entmachtung der Grünen eingeleitet. Im Regierungsbündnis hatte sie eine ganze Partei per Koalition erledigt, die FDP. Angela Merkel war bis zur Gauck-Wahl die Frau der Erstschläge, und das auf allen Politikfeldern. Die Niederlage ist trotz des augenblicklich übergestreiften Siegerkostüms von spezieller Qualität, weil sie zweierlei verbindet: den Sieg der verbündeten politischen Gruppierungen, die nicht die Kanzlerin stellen, und den sicheren Sympathieträger, der als Wahlsieger schon vor der Wahl verlässlich ist.

184 Thomas Steinmann und Thomas Schmoll, «Alle gegen Merkel für Gauck», www.ftd.de, 20. Februar 2012.

Aber der Abstand, den die deutsche Geschichte auch von diesem Ereignis gewinnen wird, könnte uns zeigen, dass der Durchbruch einer Allparteien-Allianz gegenüber dem Allparteien-Anspruch der Regierungschefin grundsätzliche Bedeutung hat. Person und Vita von Joachim Gauck waren ja nicht zufällig in Angela Merkels Agenda mit «nicht wählbar» zensiert. Sie wusste in ihrer gesamten Karriere, was Joachim Gauck weiß: Beide trennt mehr als die eine oder andere Ansicht von den Dingen; beide verkörpern zwei absolut gegensätzliche Folgerungen aus dem Untergang der DDR, weil beide schon vor der Wende zwei sehr verschiedene Varianten des Umgangs mit ihrer Heimat DDR gelebt haben.

Was Gauck mitbrachte in das Deutschland der Einheit, war das kämpferische Engagement für alles, was die DDR ihren Bürgern genommen hatte: Freiheit, Entfaltungsrechte, Bildungschancen, Menschenwürde. Angela Merkel würde zu diesen Werten, die bei uns Verfassungsrang haben, beiläufig nicken. Ihr vitales Interesse gilt anderen Themen. Aber da schließt sich ihr Revier. Was sie erreichen will, darf nicht vorher besprochen werden, soviel weiß sie aus den Lehrbüchern der Macht, die ja auch in ihrer ersten Heimat aufgeschlagen lagen, falls man sich für den Maschinenraum der Macht interessierte. Gleichviel in welchem System, die Grundregeln, so Merkels Erfahrung, sind gleich. Und Macht ist auf jeden Fall besser als Ohnmacht, so ihr Credo.

Gaucks Wahl war in diesem unter der Oberfläche liegenden Sinn ein Sieg der Demokraten über das zentralistische System der Kanzlerin: Nun stehen an Deutschlands Spitze zwei konträre Entwürfe einer Zukunft, die beide auf dem Terrain der Unfreiheit entwickelt wurden. Im Machtkonzept der Kanzlerin dominiert der Abschied vom Wertekonsens zugunsten eines grenzenlosen Relativismus: Planwirtschaft der Werte. Für Gauck sind die aus der Antike ererbten Werte, die Menschenwürde nicht kollektiv, sondern individuell garantieren, unsterblich.

Wieviel von diesem fundamentalen Unterschied der beiden Repräsentanten des neuen Deutschland in den Köpfen und Herzen der Gauck-Allianz bei der Präsidentenkür präsent war, ist schwer auszumachen. Wir werden aber von nun an die Chance haben, den Gegensatz deutlicher zu erleben als bisher, da der Gauck-Part in den Fäusten versteckt blieb, die viele Abgeordnete in ihren Taschen hielten, um der Revanche der Kanzlerin zu entgehen.

Für die Chronisten bleiben viele Rätsel in dieser Konfrontation zweier Lesarten für das, was Deutschland sein möchte und was es werden soll. Die Kanzlerin würde sich ‹der Zukunft zugewandt› beschreiben und den sozialistischen Touch dieser Liedzeile nicht ablehnen. Der Präsident sagt: «Wir lassen uns unsere Demokratie nicht wegnehmen.» Er versteht Demokratie als ein ‹lernfähiges System›. Sein Vokabular sammelt all jene wertbeschwerten Worte ein, die bei Merkel nur als Zitate aus der Welt der Noch-nicht-Angekommenen auftauchen. Zu fast allem, was er sagt, würde Merkel müde nicken. Sein Pathos ist ihr fremd. Sie will auch nicht so sprechen. Das erspart ihr die Frage, ob sie so sprechen könnte.

Also Arbeitsteilung? Er für die Leidenschaft, sie für die Vernunft? Die Niederlage ist noch zu frisch; noch fehlt der Humor für solche Gedanken. Für Merkel hat die Politik kriegerische Züge. Der Ausbruch ihres Koalitionspartners aus dem Koalitionsghetto ist der jüngste Beweis. Mit Erklärungen für den Aufstand befasst sie sich nicht. Er durfte nicht passieren. Darum wird er behandelt wie nicht passiert. Ob es ein ‹gerechter Krieg› war, den die Liberalen da anzettelten, das wäre eine Frage aus Gaucks Welt. Sie wird sich darum kümmern, dass Bellevue bald wieder weit genug von ihren Schlachtfeldern entfernt ist.

Was waren die Motive der Kanzlerin 2010 und 2012, den Kandidaten Gauck als «für die CDU nicht wählbar» zu deklarieren? Die Parteilosigkeit kann es nicht gewesen sein. Die Sympathie der SPD und der Grünen, beides Parteien, in denen Merkel bereits als Besatzungsmacht präsent ist, kann es auch nicht sein.

Ist Joachim Gauck, in der Projektplanung des Systems M, ein Rückfall? Ist er damit ein Verzögerer ihres Ausstiegs aus dem alten CDU-Latein, dem Gaucks Sprachbaukasten allzu ähnlich ist?

Warum gefällt der Kanzlerin die Allparteien-Akzeptanz des neuen Präsidenten nicht, da sie doch selbst ständig am Verschwimmen der Parteigrenzen arbeitet? Der Unterschied beunruhigt sie: Ihre Entgrenzung der Parteien hat das taktische Ziel, grenzenlos koalitionsfähig zu sein.

Gaucks Einigungswirkung geschieht ohne ein taktisches Kalkül des Kandidaten: Er bindet, ohne bändigen zu wollen; er versammelt die verschiedensten Programme um sich, eben weil er nicht taktiert. Vertrauen, das er in seiner Antrittsrede als ‹Geschenk› erbittet, sammelt sich auf seiner Person, weil keine verborgene Absicht die Bürger verstimmt. Davon haben sie in drei Präsidentenwahlen genug erlebt: getarnte Ziele, verschwiegene Absichten.

Wenn Gauck in Merkels Augen ein Rückfall ist, dann wird die große Mehrheit, die ihn gewählt hat, ihre Zeit nutzen müssen, um zurückzuholen, was wir alle nicht dauerhaft entbehren wollen: den Mut der Bürger, denen ihr Staat gehört, nicht umgekehrt. Dann ist dieser Präsident kein Rückfall, sondern eine Richtigstellung.

Joachim Gauck hat öfter gesagt, die Bundesrepublik «erinnere ihn ein wenig an die DDR. Sie sei viel sozialistischer und unflexibler, als er erwartet habe». – «Mit solchen Thesen», schreibt *Der Spiegel* nach Gaucks Wahl, «ist Gauck für die Kanzlerin, die wie er aus dem Osten stammt, der unbequemste Präsident, den sie bislang neben sich hatte.» Aber seine Enttäuschung über Merkels doppelte Ablehnung seiner Kandidatur 2010 und 2012 wird von seinen höflichen Dankesworten an die Kanzlerin nach seiner Wahl nicht aus der Welt geschafft. «Ich verstehe sie nicht», sagte Gauck nach den drei Wahlgängen für Christian Wulff 2010.

Merkel hingegen verstand den Unterschied, den Gauck als Präsident machen würde, schon 2010 genau. Seine Unabhängigkeit ist für sie gefährlich. Zu Vertrauten bemerkte sie, Gauck sei «unpolitisch», eine Schutzbehauptung, die ihre Bedrohungsgefühle versachlichen soll. Mit «unpolitisch» meine die Kanzlerin wohl «nicht lenkbar», sagen die *Spiegel*-Autoren.[185]

Die Kanzlerin hat noch viel mehr ernste Gründe, Gauck als eine belastende Wahl zu werten. Er ist der erste von ‹ihren› drei Präsidenten, der ihr zu nichts verpflichtet ist. Sie ist es aber gewöhnt, Loyalität als ein Schuldnerverhältnis zu behandeln. Loyale Mitarbeiter sind danach abhängige Mitarbeiter. Wulff behandelte sie in diesem Sinn, je ernster seine

185 Für die *Spiegel*-Zitate vgl. «Apostel der Freiheit», *Der Spiegel* 12, 2012, S. 29ff.

Lage wurde, desto offener wie einen von ihr berufenen Mitarbeiter, dessen Abhängigkeit immer deutlicher werden, sollte, je länger er ausharrte. Wieder ein multifunktionaler Handlungsentwurf: Von außen kassierte sie Zustimmung für ihre Vertrauenserklärungen; den gefangenen Präsidenten hielt sie im Vertrauensghetto so lange als möglich berechenbar: Schon dieser Plan funktionierte nur auf kurzer Strecke; eine Vorwarnung, dass ihr eines Tages auch größere Formate entgleiten könnten. Eigentlich müsste sie Gaucks Freiheitsmelodie gar nicht fürchten; sie selbst hat das Thema schon in der Großen Koalition 2005 bis 2009 beerdigt; ihr letzter Freiheitsauftritt datiert vom Leipziger Parteitag 2003. Als sie 2005 nur die halbe Macht einfuhr, in der Großen Koalition, war im Grunde auch das geplante Bündnis mit den Liberalen erledigt. Aber 2009 war die Grenzauflösung durch Themenraub bei den anderen Parteien noch nicht so weit gediehen, dass sie einen anderen Partner hätte wählen können. Wichtiger noch: Bei den Liberalen lebte das Freiheitsthema fort; sie galt es, unschädlich zu machen – was dann gründlich gelang.

Die Kanzlerin mit dem zentralistischen Machtanspruch glaubt also schon länger nicht mehr an die Macht der Freiheit. Wer Freiheit als zentrale Botschaft mitbringt, bringt sozusagen einen anderen Gott ins Spiel, von dem sie nicht genau weiß, ob er durch die Götter der sozialen Gerechtigkeit und staatlich verordneter Sicherheit wirklich entmachtet worden ist.

«Zwischen Präsidialamt und Kanzleramt liegt fortan ein Spannungsfeld», schreiben die *Spiegel*-Autoren im Frühjahr 2012, «das es in der Geschichte der Republik so noch nicht gab. Hier eine Regierungschefin, die die Bürger vor den Härten einer marktliberalen Gesellschaft schützen will; eine Frau, die für den Mindestlohn kämpft und die Finanzmärkte zähmen will. Dort, im Schloss, sitzt fortan ein Mann, der in erster Linie an die Eigenverantwortung der Menschen appelliert.»[186]

Diese Konstellation bietet eigentlich die Chance, verspätet die Lektion zu Ende zu buchstabieren, die mit der deutschen Einigung akut wurde: Wieviel Sozialismus, wieviel Freiheit für die Menschen im geein-

---

186 «Apostel der Freiheit», *Der Spiegel* 12, 2012, S. 33.

ten Deutschland? Bei Gauck ist die Freiheit auf Platz eins geblieben, bei Merkel steht auf Platz eins die Macht; da musste die Freiheit weichen.

Alle Bundespräsidenten vor Gauck, so die herrschende Meinung, waren auch Herolde des Zeitgeistes. Joachim Gauck, so die kurzgeschlossene Folgerung, wäre mit dem Freiheitsthema also ein Präsident gegen den Zeitgeist, der auf viel Staat und viel staatlich garantierte Sicherheit und Gerechtigkeit gerichtet sei.

Gauck hat dazu bei seiner ersten Reise als Präsident, in Polen, ein paar klare Sätze abgeliefert, die nicht nur für totalitär regierte Staaten gelten: «Man kann widerstehen gegenüber der Macht eines doktrinären Zeitgeistes.» Sein Appell richtet sich an die geistige Elite des Landes. Vor allem dann, wenn «der Zeitgeist eine Vereinheitlichung des Urteils» erzeuge, müsse dieser Vereinheitlichung widersprochen werden. Und Gauck scheut sich nicht, an die jungen Polen, die ihm zuhören, sein Plädoyer zu wiederholen, nachdem er die Widerstandsfähigkeit der Jugend gelobt hat: «Sie können aber später nachweisen, dass Sie widerstehen können gegenüber der Macht eines modischen Zeitgeistes.»[187]

Dem «doktrinären Zeitgeist» in unfreien Gesellschaften, so Gaucks Botschaft, entspricht der «modische Zeitgeist» in demokratischen Staaten. Beide erfordern Widerstand.

Der Bundespräsident des Startjahres 2012 hat das verdeckte Thema seiner Präsidentschaft erkannt und benannt. Joachim Gauck ist keiner «aus dem alchemistischen Machtlabor der Angela Merkel», wie Werner Weidenfeld schreibt.[188] Er bringt eine ideologische Immunlage mit, die eine Kanzlerin der situativen Volten schon das Fürchten lehren könnte.

Mit Gaucks Amtsantritt beginnt eine Probe auf das, was Deutschland will, die es so seit Merkels Sturmangriff auf die Staatsspitze nicht gegeben hat: Die Massenflucht der potentiellen Rivalen um höchste Ämter zeigt, dass die geflohenen Wettbewerber die Herausforderung Merkel nicht als eine ideologische Herausforderung verstehen wollten, weil sie alle glaubten, mit der neuen Chefin in einem Boot zu sitzen. Dass die

187 «Apostel der Freiheit», *Der Spiegel* 12, 2012, S. 35.
188 Vgl. dazu «Der Hauptstadtbrief» Nr. 106, 23. Februar 2012, S. 42f.

Verbündete im Geiste der bewährten CDU in Wahrheit eine Angreiferin war, nahm der eine oder andere von den Entflohenen vielleicht später wahr, ohne den Mut zu einem Bekenntnis zu finden, dessen Radikalität von Angela Merkels Ausstieg aus der Partei-Identity in jedem Fall geschlagen würde. Die Zusteigerin war eine Aussteigerin, und niemand wagte, ihren Angriff auf die Kernwerte der Demokratie zu melden.

Joachim Gauck verkörpert diesen Durchblick, und wieder gilt das Tabu: Nur im Schutz dieses Tabus konnte der Angreifer gegen die Angreiferin plaziert werden. Plötzlich erscheint das gesamte Verfahren von einem verborgenen Sinn getrieben: Es sind, die niemand mehr ernstnehmen soll, die naiven Liberalen, geprügelte Kinder im Bündnis mit der unsinkbaren Kanzlerin, die der Lehrerin einen Streich spielen. Sie wechseln das Lager, nachdem ihr eigenes von der Kanzlerin planiert wurde, und treten der Meisterin aller gebrochenen Versprechen mit einer Allparteien-Streitmacht in den Weg. Nicht einmal als Intrige lässt sich dieser Aufstand der Geächteten lesen. Und das Bild des Kandidaten trägt dieselben Züge: Da betritt kein Intrigant die Bühne, um der Dealerin endlich das Handwerk zu legen, sondern ein mit der Einfalt der Wahrhaftigkeit bewaffneter Deutscher aus einem Wertekosmos, der von nun an wieder zur Debatte steht, wenn die Demokraten es wollen. Dieser Wettbewerber aus dem anderen Deutschland ist der sieggewohnten Karrieristin Merkel in einer Weise überlegen, die ihr Sorgen machen muss. Ihre eigene Überlegenheit, als sie auf die westdeutsche Politstrecke ging, bestand nämlich in der Verschrottung all jener Werte, die das Lager der Westpolitiker der CDU/CSU und der FDP zusammenhielten. Sie war die Leichtfüßige, die situativ nach Wertzitaten griff und radikal Verfassungswerte und Rechtsnormen außer Kraft setzte, wenn sie dem Augenblickserfolg im Wege standen. Fassungslos blieben die Mitbewerber zurück, die nicht auf den Ruderbänken unter Deck PLatz nehmen wollten.

Die Vorgeschichte der Kanzlerin ist eine Erfolgsgeschichte beim Werte-Schreddern und Werte-Transfer. Auch die Planwirtschaft braucht Werte, aber nur von Fall zu Fall und nur im Takt des Fortschritts der Macht.

Der neue Präsident wird schon bald und ungewollt zum Gegenspieler der Kanzlerin.

Er reist nach Israel und trifft auf erwartungsvolle deutsche Journalisten, die Merkels Credo im Ohr haben, die Sicherheit Israels sei Teil der deutschen Staatsräson. Wird Joachim Gauck die Formel übernehmen oder wird er eine Variante wagen? Die meisten Beobachter, auch in Israel, ahnen: Dieser Präsident wird nicht den Geist der Losung verlassen, die Merkel ausgegeben hat; aber er wird versuchen, das Dilemma zu verlassen, in das die Kanzlerin bei jeder militärischen Konfrontation des Staates Israel mit seinen Nachbarstaaten geraten wird: Das «Existenzrecht Israels» sei für die deutsche Politik «bestimmend», sagte er vor seiner Begenung mit dem israelischen Präsidenten Schimon Peres. Merkels Satz von der Staatsräson sei «ein sehr gewagtes Wort», bemerkte der Präsident. Nicht alles, was man moralisch vertrete, könne man auch politisch verwirklichen. Die Kanzlerin, so Gauck, könne mit ihrem Bekenntnis noch in «enorme Schwierigkeiten» geraten. Auf Journalistenfragen ergänzte er in den Medien: Er wolle sich nicht jedes Szenario vorstellen.

Die Kanzlerin hatte sich 2008 vor der Knesset noch entschiedener festgelegt: Diese Staatsräson Deutschlands sei «niemals verhandelbar».[189] Gauck versucht, die wachgerüttelten Beobachter zu beruhigen: «In der Sache bin ich ganz dicht bei Angela Merkel», versicherte er.[190]

Die *Süddeutsche Zeitung* dokumentierte am 1. Juni 2012, was die Kanzlerin zur «Staatsräson» gesagt hat:

Die Kanzlerin am 25. September 2007 vor der UN-Vollversammlung:

«Jeder deutsche Bundeskanzler vor mir war der besonderen historischen Verantwortung Deutschlands für die Existenz Israels verpflichtet. Zu dieser besonderen historischen Verantwortung bekenne ich mich ausdrücklich. Sie ist Teil der Staatsräson meines Landes. Das heißt, die Sicherheit Israels ist für mich als deutsche Bundeskanzlerin niemals verhandelbar.»

189 Zu den Vorgängen vgl. «Merkels Wort zu Israel gilt», *FAZ*, 31. Mai 2012.
190 *Die Welt*, 31. Mai 2012.

Der Bundespräsident Joachim Gauck am 29. Mai 2012 in Israel:

«Ich will mir nicht jedes Szenario ausdenken, welches die Bundeskanzlerin in enorme Schwierigkeiten bringen könnte mit ihrem Satz, dass Israels Sicherheit deutsche Staatsräson ist.»

Und der Bundespräsident im Interview mit der Wochenzeitung *Die Zeit*, das am 31. Mai 2012 erschien:

«Dieser Satz von Frau Merkel kommt aus dem Herzen meiner Generation. (…) Er bedeutet letztlich womöglich eine Überforderung, vielleicht auch eine in ganz tiefen Schichten wurzelnde magische Beschwörung. Alles, was wir tun wollen, soll geleitet sein von dem Ziel, dass Israel als Heimstatt der Juden beschützt sein soll. Dieser Satz ist nicht nur aus der politischen Ratio geboren, sondern aus einer tiefen Zerknirschung. Es ist ein moralischer Appell an uns selber, bei dem ich sehr besorgt bin, ob wir die Größe dieses Anspruchs an uns selbst in politisches Handeln umzusetzen vermögen. Das kann sich ein Mensch meiner Generation nur wünschen.»

Der Präsident denkt nach, die Kanzlerin stellt fest. Gauck könnte, wenn die Kanzlerin es zulässt, ein Ratgeber und Mentor für die Mitbürgerin vom andern Stern, für Angela Merkel, werden.

Unprofessionell wie er ist, kein Hai unter Haien, nicht einmal Wolf unter Wölfen, sieht der neue Präsident aber mehr, als die Kanzlerin möchte. Ungefragt kommentiert er die im Status eines Göttergebots angekommene ‹Energiewende›: Kaum im Olymp über den Heroen der Wende angekommen, teilt der neue Präsident mit ruhiger Hand die Wolken, hinter denen der Energie-GAU in ein Kommandounternehmen staatlicher Allmacht verwandelt werden soll.

Gauck zeigt in aller Ruhe und Klarheit, wie er seinen Auftrag als Präsident versteht: Die schleichende Machtergreifung des Staates im Kern der Wirtschaft, der Energie-Industrie, kann er nicht arglos hinnehmen. Er warnt vor einem «Übermaß an Subventionen». Und er wird genauer: Das ehrgeizige Projekt der deutschen Regierung könne «nicht gelingen allein mit planwirtschaftlichen Verordnungen».[191] Damit ist der Anklang

---

191 Vgl. *FAZ*, 6. Juni 2012.

an jenes System gegeben, dessen Scheitern beide, die Kanzlerin und der Präsident, auf verschiedenen Plätzen erlebt haben. Gegen Planwirtschaft, für Wettbewerb: Der Bundespräsident wirft die wichtigen Stichworte in die Debatte, die im allgemeinen Staatsgehorsam selbst aus der Energiewirtschaft niemand mehr vertritt. Umweltfreundliche Produktion müsse sich für die Unternehmen im Wettbewerb auszahlen, so der Präsident. Wenn Selbstverständlichkeiten der Marktwirtschaft in Vergessenheit geraten, ist es gut, einen Präsidenten zu haben, der nicht vergessen hat, was Planwirtschaft anrichtet. Eher ein Gegenspieler, wird Merkel nach diesen Auftritten des Präsidenten denken, den sie nicht wollte.

Der neue Präsident hat nun seine Mehrheit geholt nicht ‹gegen Merkel›, sondern an Merkel vorbei. Er kann nicht, was sie kann, und er will nicht lernen, was sie kann – aber das Paradox beunruhigt die Kanzlerin mit Recht. Es wird keine Arbeitsteilung, wie sie ihr mit Köhler, mit Wulff vorschwebte. Es wird überhaupt kein Merkel-Projekt, was da anläuft. Das ist sie schon lange nicht mehr gewohnt – und nun geschieht es beim höchsten Staatsamt.

Ob wir das später einmal als den Anfang der Auflehnung sehen werden oder als ein folgenloses Wetterleuchten, das hängt nicht nur vom Mut des Präsidenten ab, die Macht des Wortes auszureizen. Es entscheidet sich vielmehr bei uns, den Bürgern, und bei den Medien, die im Präsidentenpoker ihre legitime Macht gezeigt haben, ob die Botschaften des Präsidenten Joachim Gauck als unsere Appelle an das System M nicht mehr überhört werden können.

Noch im Oktober 2011 hatte Joachim Gauck die Medien nicht im Unklaren darüber gelassen, wie er die Politik der Kanzlerin einschätzt: «Man könne wichtige politische Entscheidungen, wie etwa den Ausstieg aus der Kernkraft, nicht von der Gefühlslage der Nation abhängig machen», so Gauck vor wenigen Monaten. «Genau das aber tue die Regierung Merkel, weil die Furcht vor der nächsten Wahlniederlage das politische Handeln dominiere.» – «Ich fürchte mich vor einem modernen Politikertyp, der völlig auf Inhalte verzichtet», fügte er hinzu.

Auf den Führungsstil der Kanzlerin angesprochen, sagte er dann den merkwürdigsten Satz, der jemals im Politikbetrieb über Angela Merkel gesagt wurde: Er vermisse ‹Erkennbarkeit›. «Ich respektiere sie, aber ich kann sie nicht richtig erkennen.»[192]

Es ist ein philosophischer Satz, ohne Echo über eine Kluft gerufen, an deren anderem Steilufer die Schweigerin steht: Angela Merkel hat keinen Sprachbaustein dabei, um diesem Parzival auf der andern Seite zu antworten.

Im Gelobten Land stehen sie einander gegenüber, die beiden Kinder aus Anderland. Ihr Lernerfolg in der Kinderheimat könnte gegensätzlicher nicht sein: Der eine bewahrte, was ihm Halt gegeben hatte; die andere ließ alles hinter sich und begann von vorn – mit einem einzigen, verschwiegenen Credo: Nie mehr im Revier der Ohnmächtigen wohnen.

Auch wir ‹können die Kanzlerin nicht richtig erkennen›. Glaubt sie noch an die Demokratie?

192 Joachim Gauck, *Zeit*-Matinee in den Hamburger Kammerspielen, 16. Oktober 2011.

DER STAAT GEHÖRT DEN BÜRGERN – NICHT DIE BÜRGER DEM STAAT

Demokratie im Stresstest

Das Mädchen Angela, herübergeweht aus dem deutschen Begleitboot des Supertankers UdSSR – ist sie das Symptom oder die Krankheit?

Komplexe Systeme kollabieren in Zeitlupe und lautlos, wie wir es aus Fernsehbildern kennen, wenn Bunker gesprengt werden.

Angela Merkel wusste viel über die Vorläufigkeit von Systemen, als sie nach Westen ging. Und sie rechnete weiter damit, dass jede Entscheidung revidierbar ist. Sie ist zur situativen Entscheiderin geworden, weil sie weiß, dass nichts Bestand hat.

Sie hat auch die Erfahrung mitgebracht, dass Führung die Vorläufigkeit von Entscheidungen verschleiern muss, um die Bürger fügsam zu machen.

Darum sagt Angela Merkel bei jeder Entscheidung, dass sie «alternativlos» sei, bei jedem Beschluss, dass er «unumkehrbar» sein müsse. Die Chefin des geeinten Deutschland arbeitet mit einer Führungsphilosophie, die zwei Kommunikationsstrategien kombiniert, die sie bei den Mächtigen im geteilten Deutschland gesehen hat: Halte bei jeder Entscheidung den Ausstieg offen und deklariere jede Entscheidung als bindend.

Es ist die Philosophie der bindungslosen Herrscherin, die Deutschland und seine Nachbarn seit 2005 erleben. Die Demokratie ist seither im Stresstest, der sich leicht aus der Lage Europas ableiten lässt. Die Kanzlerin verfolgt ihre Ziele im Aufmerksamkeitsschatten der Staatsschuldenkrise. Und auch diese unbequeme Wahrheit fängt sie mit einer schlichten Vokabel ein: Es geht um den Euro. Es geht um die Schatztruhen Europas, die voller Dukaten sind. «Scheitert der Euro, dann scheitert Europa», sagen Merkels Berater.

Merkel stellt die Demokratie auf die Probe. Sie ist die erste überparteiliche, bald wird man sagen können: die erste parteilose Kanzlerin Deutschlands. Deutsche Zeitungen proben immer mal wieder den nächsten Steilflug: «Angela Merkel, die Königin von Europa», lesen wir da. Auch diese Ernennung lässt die Frage aus, ob Angela Merkel eine Europäerin ist.

Wir wissen es nicht genau, und hier zeigt sich die Fügsamkeit der deutschen Bürger: Wir wollen es gar nicht genau wissen, wenn sie meint, das sei nicht entscheidend.

Angela Merkel hat alle Etappensiege in der deutschen Politik durch Abweichung von dem geholt, was ihre westgeprägten Mitspieler kannten.

Sie wurde und blieb überlegen, weil sie keine von den Erwartungen erfüllte, die jene Partei, in der sie gelandet war, auf sie richtete. Christlich und demokratisch, das erfuhr man bald, ist sie nur situativ, also wenn es der Karriere dient. Sie macht keine ‹Parteikarriere›, sondern sie kassiert Karriereboni für sich selbst. Mit Angela Merkel tritt der Typus des Ego-Politikers auf, der niemandem etwas schuldet, auch nicht der Partei. Die Aufsteigerin nutzt den Rückenwind ihrer ersten spektakulären Grausamkeit, die ihre Rivalen für Jahre in Schach hält: die Entmachtung des Patriarchen. Männer, die den Vatermord an eine Frau delegieren, haben nur noch zwei Möglichkeiten: fliehen oder der Täterin dienen. Die Starken gehen, die Schwachen bleiben: Merkel kassierte ihren Lohn. Das System M hatte damals seine erste Stunde. Überlegenheit durch Abweichung war von nun an das Prinzip, mit dem sie Siege einfährt.

Sie profitiert ständig von ihren Bewegungsspielräumen in moralischen und ethischen Fragen, wo ihre Kollegen Vertragstreue anmahnen oder Rechtsnormen zitieren. Sie hat die imponierende Gleichgültigkeit der Herrschenden in der Diktatur erlebt und eine Lektion gelernt, die ihre Westkollegen erschreckt hätte, wenn Merkel nicht die weitere Lektion auch gelernt hätte: Vorsprünge dieser Art hält man nur durch Schweigen.

Die verschwiegene Lektion der Machthaber, die Merkel gelernt hat, heißt: Macht ist besser als Ohnmacht. In jedem System. Also setzte

Merkel auf Macht. Und sie zählte zusammen, was sie auch gelernt hatte: Idealismus ist ein Handicap, wenn du entschlossen bist, deinen Vorteil zu nutzen. Dass ihr das vielzitierte ‹Gewissen› der Abgeordneten, das immerhin im Grundgesetz steht, auch nicht vermittelbar ist, hat sie in der ‹Präsidentendämmerung› eindrucksvoll bewiesen, drei Akte lang.

Die Kollegen sind aber mit der entsprechenden Lektion, die sie lernen müssten, um diese Chefin ausrechnen zu können, immer noch nicht fertig. Sie müssten mit einer objektiven Beobachtung beginnen. Diese Frau nimmt sich Freiheiten, die alle andern schon laut Parteisatzung gar nicht haben. Sie schreddert Werte, kippt Kabinettsbeschlüsse, räumt Gesetze gleich im Dutzend ab. Sie wechselt Positionen im Stunden-, Tages- oder Wochenrhythmus, als sei die Kanzler-Volte ein garantiertes Privileg des Regierungschefs.

Und sie behält Recht: Fast alle spielen mit. Alle, die in der Sonne ihrer Gnade weiterleben wollen – und wir wissen: Die Starken sind von Bord gegangen –, belassen es bei der Faust in der Tasche.

Die Kanzlerin hat eine Technik entwickelt, mit den Altlagern in den Köpfen ihrer Mitspieler umzugehen. Sie zitiert aus den Wertbaukästen der Tradition, wenn das Heimweh nach Vertrauen und Verlässlichkeit bei ihren Ruderern ausbricht. Sie zitiert auch für das Publikum die Welt der versunkenen Bindungen, indem sie urplötzlich von Lastern redet wie ‹Verlogenheit› und ‹Scheinheiligkeit›. Wir sind sicher, von ihr noch kein Kanzlerwort zur Lüge zu kennen, und wir wundern uns über die Kühnheit, mit der sie den Wortbrocken ‹-heiligkeit› in den Mund nimmt, freilich durch die Verneinung geschützt. Beide Begriffe wirken in Merkels Sprache seltsam unwirklich; sie sind nicht heimisch im Kanzlerin-Deutsch. Sie sind Zitat für die Leute von gestern, die in der Präsidententragödie von Christian Wulff die Seite wechseln sollten, weil sie Worte aus ihrem eigenen inneren Wörterbuch hörten: verlogen, scheinheilig seien alle, die den wankenden Präsidenten tadelten.

Die Werte der anderen: für die Staatschefin Merkel Manövriermasse, um den Kontakt zu den Idealisten aus der alten Bundesrepublik nicht abreißen zu lassen. Auch in ihrem eigenen Kinderland gab es solche Leute. Einer von ihnen tauchte gegen ihren massiven Widerstand plötzlich und unerwartet im Frühjahr 2012 in ihrer Nähe auf und nahm über ihr Platz, obwohl sie das Präsidentenamt schon zweimal degradiert hatte zu einer Kanzlerin-Kolonie.

Auch Joachim Gauck, ein Kind des Ostens wie sie, verkörpert nun die Werte der anderen.

Angela Merkel ist von Umbruch zu Umbruch gewandert: Hinter ihr brach die DDR zusammen, und vor ihr lag der Westen im Einigungs-Stresstest – Jubel mit bangem Herzen. Die kühle Angela sah wieder, was sie schon kannte: Alle Regelwerke sind relativ. Was heute gilt, wird morgen fraglich und übermorgen wegsortiert.

Die Politstarterin Angela hatte in der DDR nicht wahrgenommen, dass für Werte andere Laufzeiten gelten. Man solle keine Versprechungen machen, sagt sie, weil man dann «erpressbar» werde. Sich aufeinander verlassen? Waghalsig. Vertrauen geben, noch ehe der Schwächere, ausgliefert, vertraut? Riskant. Großzügig kommunizieren, eher *overcommunicating* als unberechenbar sein? Schweigen schützt vor Widersprüchen, lernte die Aufsteigerin beim Durchstarten. Moral und Gewissen, so ihre Erfahrung, wirken als Handicaps.

Wer zur Alltagsklugheit mit Aristoteles die Kardinaltugenden Gerechtigkeit, Mut und Maß zählt, wird zum Verlierer, weil Tugend Tempo kostet.

Die Kanzleranwärterin Angela Merkel ist mit einem illusionslosen Kanon an Spielregeln unterwegs. Jeder Wert, den andere preisen, geht bei ihr durch das Feuer der Karrieretauglichkeit. Angela Merkel lebt mit einer utilitaristischen Moral. Allein dem Überraschungseffekt verdankt sie das Zurückfallen aller Rivalen, die nicht die Flucht ergriffen, auf Verliererplätze.

Die Positionswechsel und Volten, die zu Merkels Führungsstil gehören, zeigen den Unterschied: Westlich geprägte Parteileute würden Erklärungsversuche liefern, warum eine Überzeugung aufgegeben wurde. Merkel spricht gar nicht erst von Überzeugungen; folglich hat sie keinen Erklärungsbedarf. Sie weiß, dass kommentarlose Stellungswechsel autoritär wirken, und sie schätzt diesen Effekt: Im zentralgesteuerten System, das sie anstrebt, wird der autoritäre Komplex der Abhängigen eine große

Rolle spielen. Sie hat den Erfolg von angemaßter Autorität gesehen und wählt diesen einfachen Zugang, um Gefolgschaft herzustellen.

Und die andern? Haben sie diese Erfahrung vergessen, die im 20. Jahrhundert zwei Diktaturen mit Deutschen zugelassen hat?

Die Schwindsucht der Werte macht die Volksparteien CDU und CSU unsicher. «Es geht nicht um den fehlerlosen Politiker», sagt einer, der die Faust schon ziemlich lange in der Tasche hat. «Jeder von uns verstößt gegen den Wertekodex, den wir für zeitlos gültig halten. Wenn aber die Werte und Normen insgesamt, die doch auch unser Rechtssystem stützen, wie ein Baukasten mit beliebigen Spielsteinen von der politischen Führung beiseitegeschoben werden, dann entsteht eine Bindungslosigkeit, die uns alle unberechenbar macht.»

Der Merkel-Kanon überwundener Werte zeigt, dass Herrschaft ohne Berechenbarkeit und Vertrauen funktionieren kann: Wer alle unterwirft, braucht kein Vertrauen mehr, Es entsteht eine Variante von ‹Loyalität›, die nur auf der Abhängigkeit ruht. Wertleere Gefolgschaft. Wer Macht hat und nicht berechenbar ist, schafft erhöhte Aufmerksamkeit bei den Untergebenen: Sie verlassen sich nicht mehr ‹blind› auf ihre Führung, sondern sie schmiegen sich an jede unterwartete Bewegung an: Es entsteht die Schauseite einer verschworenen Gemeinschaft, obwohl es sich um Führungswillkür und Knechte in Fesseln handelt. Gerechtigkeit wird hier zum Fremdwort, Mut wird zum Karrierekiller.

Herrschaft geht ohne Werte, und die Wertleere nehmen nur die andern wahr, die sich noch erinnern.

Wer sich autoritäre Herrschaft als ein Lautsprechersystem vorstellt, lernt von der schweigenden Kanzlerin. Die deutsche Kanzlerin ist *undercover* autoritär; sie schweigt sich durch ihre Kanzlerschaft und arrondiert ihr innenpolitisches Revier durch Übernahmen. Keine Partei hat, seit Merkel an der Macht ist, ihren Markenkern unversehrt durch das erste Jahrzehnt des neuen Jahrhunderts gerettet.

In der Wirtschaft würde man von *unfriendly overtakes*, unfreundlichen Übernahmen sprechen. In der Politik bleibt der Kreis der Akteure klein; jede feindliche Attacke von heute kann morgen in eine Koalition führen.

Der autoritäre Schweigestil erzeugt eine Fügsamkeit, die sich mit Wachsamkeit wappnet. Im Umgang der Parteien miteinander zeichnet sich seit 2005 die Erwartung ab, dass es jede Partei treffen kann, mit der Kanzlerin in der Regierung zu sitzen. Wer sich ehemals der FDP nahe fühlte, möchte daran 2012 nicht mehr erinnert werden.

Die Kanzlerin kultiviert eine Führungseigenschaft, die im Business zum Verlust der Mitgliedschaft im Club der *High Potentials* führen würde: Sie ist ‹schwer lesbar› – und will es sein. Obwohl sie offiziell Entscheiderin ist und das nicht verbergen müsste, macht sie, schwer lesbar agierend, den Eindruck einer Tarnkappenträgerin. Weil sie schweigt, entsteht der Eindruck, sie plane Entscheidungen, denen niemand zustimmen würde, wenn sie bekannt werden. So bewegen sich Regierungsentscheidungen unter Merkel oft im Klima des Subversiven, so als sei unzumutbar, was da durchgesetzt wird. Beim Thema Euro-Rettung schien der Kanzlerin die Tarnkappe wohl unentbehrlich.

Das System M produziert mit dem Mix aus Wertleere und autoritärem Schweigen einen neuen *Mainstream*, bei dem allen Mitschwimmern die Frage aus dem Blick gerät, dass ein Systemwechsel stattfindet. Viele kleine Puzzlesteine, jeder für sich als Harmlosigkeit verkauft, setzen einen neuen Trend zum Allparteien-Staat. Mindestlöhne, Schulreformen, Bündnis-Affronts und Steuererhöhungen, Rechtsbrüche und moralische Indifferenz, flankiert von Ethik-Kommissionen, die über Hochtechnologie entscheiden, Verstaatlichung der Energieindustrie, Verletzung Dutzender von Verfassungswerten: Da ist für jede Partei etwas dabei, weil bei jeder Partei regierungsamtliche Enteignung stattfand.

Wer so regiert, schleift Gegnerschaft und Wettbewerb. Und aus dem großen Themenmix erwachen wir eines Tages arm an Freiheit, in einer zentralistischen Planwirtschaft neuer Ordnung.

Der Allparteien-Zentralismus führt in eine Republik ohne Opposition. Die Probeläufe bei den Themen Euro und Energie versprechen eine arglose Zustimmungsbereitschaft bei fast allen Parteien – bis auf jene, die sich nicht für eine Koalition mit dem Merkel-Block zu präparieren braucht, die Linke. Alle andern laufen schon heute an der kurzen Leine gedachter Koalitionsverträge von morgen. Konfliktmüdigkeit aus der

Finanzkrise erzeugt Willfährigkeit in der Staatsschuldenkrise Europas, die poetisch ‹Euro-Krise› heißt. Wenn es schon zur Regel wird, im Parlament über nie gesehene ökonomische Dimensionen abzustimmen, dann lieber in möglichst großer Gesellschaft; das sieht die Kanzlerin genauso. Lähmender Friede ist ihr lieber als demokratische Streitkultur.

Der eigentliche Souverän bleibt Zuschauer. Im Parlament etabliert sich eine neue Hypermoral: Dagegensein ist unanständig. So schreitet nach der Fügsamkeit im Handeln auch die neue Stromlinie im Denken fort. Immer weniger kritische Köpfe im Parlament können sich an ihre begründeten Einwände gegen den Rettungsrausch erinnern; bei immer mehr Parlamentariern geht der Sachverstand auf Tauchstation.

«Der Schlaf der Vernunft gebiert Ungeheuer», meinte der Maler und Radierer Francisco de Goya. Das *Narrenschiff* des Sebastian Brant fällt manchen Gebildeten unter den Verächtern des Systems M ein.

Mehr als zwanzig Jahre nach der Wiedervereinigung erleben wir eine Einheitsfront in der deutschen Politik unter Führung einer Kanzlerin mit Erfahrungsvorsprung im Gleichschaltungsregime.

Zwei Varianten von Enteignungen gehen der Gleichschaltung voraus: Die Botschaften der Parteien werden okkupiert für einen zentralen Themenpool, und die Wertebasis der Demokratie geht Pfeiler für Pfeiler in einen lautlosen Prozess virtueller Sprengungen. Nur wer hinschaut, sieht die Leere wachsen. Wer nur lauscht, hört nichts.

Das System M profitiert von Angela Merkels Erfahrung, dass man niemandem trauen kann. Folglich entwaffnet sie Freund und Feind; man kann nie wissen, ob sie nicht morgen die Plätze wechseln.

«Die zentrale Rolle des Parlaments in der Politik», schreibt Bernd Ziesemer im *Handelsblatt* im Sommer 2011, «die unser Grundgesetz postuliert, kommt von ganz unterschiedlichen Seiten unter Druck: durch die fortlaufende Übertragung von Kompetenzen an die EU und an supranationale Institutionen wie den IWF; durch die immer größere Rolle der Rechtsprechung durch internationale Gerichte und den EuGH; durch ein skrupelloses Handeln der Bundesregierung, das auf Parlamentsrechte immer weniger Rücksicht nimmt; durch die Verlagerung wichtiger Diskussionen und Entscheidungen in außerparlamentarische Gremien wie etwa den Ethikrat. (…) Eigentlich sollte man von der Opposition erwarten, dass sie sich der Entmachtung des Parlaments am stärksten widersetzt. Das ist heute jedoch keineswegs immer der Fall.»[193]

Das krypto-autoritäre System M verdankt seinen Erfolg auch der überdurchschnittlichen Bereitschaft von Bürgern und Abgeordneten, autoritäres Führungsverhalten zu tolerieren. Wenn die Kanzlerin den Willkürakt einer kompletten Übernahme der Energiewirtschaft durch den Staat mit der Programmvokabel ‹Wende› belegt, dann reicht das für die meisten Deutschen aus, um eine höhere Macht am Werk zu sehen, nicht aber ein taktisches Manöver der politischen Führung mit multifunktionaler Zielrichtung.[194] Ob der zitierte Anlass für den Zugriff auf Eigentumsrechte, auf das Aktienrecht, das Schreddern von Gesetzen und den Rückfall in überwundene Emissionsschleudern ausreicht, fragte niemand hörbar. OB das Risiko für die Energieversorgung vertretbar sei, sollten Ethik-Experten kanzleramtskonform entscheiden; sie gehorchten. Lügen sind in solchen selbstinszenierten ‹Notlagen› unvermeidlich: Man werde keinen Atomstrom von Nachbarn kaufen, rief die Kanzlerin ungefragt in den Medienpool. Nach wenigen Wochen floss der Atomstrom der Franzosen und der Österreicher nach Deutschland. Man werde Klimaprimus bleiben – und mindestens sieben neue Kohlekraftwerke bauen – nicht auf deutschem Boden, nein, im aufstiegshungrigen Osteuropa. 2012 mehren sich die Folgeschäden des tollkühnen Energie-GAUs; aber die Kanzlerin ist anderswo beschäftigt. Ihr ging es, wie jedem zentralistischen Machthaber, nur um den Startmoment. Und um den Test, was in Deutschland geht. Nahezu alles, lautet die Antwort.

Die Staatswirtschaft kommt auch international auf Touren. Die «Fiskalunion» ist nicht nur die Enteignung der Haushaltshoheit, des Königsrechtes der Parlamente Europas, sie ist auch, was nur noch müdes Kopfschütteln hervorruft, ein Verstoß gegen gültige Gesetze und gegen die Verfassung.

193 Bernd Ziesemer, «Die schleichende Entmachtung des Parlaments», *Handelsblatt*, 6. Juni 2011.
194 Siehe dazu das Kapitel «Die ‹Energiewende›: Merkels Moratorium der Demokratie», S. 106ff.

Die europäische Union ermächtigt sich selbst zum Vertragsbruch im Fall Griechenland: erste Schritte in eine Transfer-Union, die heute kryptisch «Fiskalunion» heißt, wurden mit den Griechenland-Transfers getan, obwohl die EU-Verträge jede Haftung für einen Staat durch die andern ausschließen. Auch hier nur müdes Achselzucken: Das machen wir doch schon länger, und die Europäische Zentralbank hat auch längst den erlaubten Handlungsspielraum verlassen.

Was national eingeübt wird – zum Beispiel die Entmachtung der Parlamente –, das läuft international dann umso glatter.

Demokratie ist täglich von Entgleisungen bedroht, wie das Wirtschaftssystem, dem wir unseren Wohlstand verdanken. Auch der politische Wettbewerb der Kräfte braucht Kontrolle. Stirbt der Wettbewerb den Allparteien-Tod, weil niemand mehr Wächter sein möchte, dann steht die Demokratie selbst zur Disposition.

Die Kanzlerin wurde zu dieser Bedrohung noch nicht gehört. Sie ist es ja, die am Sterben des parlamentarischen Wettbewerbs der Parteien arbeitet.

Immer mehr ‹Konsens› in und zwischen den Parteien bedeutet nicht mehr, sondern weniger Chancen auf die beste Lösung. Die planwirtschaftliche Gesellschaft ist in diesem Sinne eine ‹Konsensgesellschaft›. Der staatliche Durchgriff auf die Energiewirtschaft, gut getarnt durch das Gutmenschen-Thema Atomausstieg, ist eine Operation am offenen Herzen der Wohlstandsgesellschaft. Die Energiewirtschaft ist das pochende Herz unserer Leistungskultur. Die Manager der aus der Bahn geworfenen Energieriesen wissen das. Weiß es die Kanzlerin?

Dann wäre ihr Rundschlag noch fragwürdiger. Während die Konzerne dem ungerechten Spott für ihre Fukushima geschädigten Ergebnisse ausgesetzt sind, hat der Staat leichtes Spiel, ihre Abhängigkeit für die Zukunft zu organisieren: Die Köder liegen bereit, Investitionskosten-Zuschüsse von 15 Prozent. Wer Energie braucht, so lernen auch die kleinen Steuerzahler, muss jetzt für den regierungsamtlichen Strom-GAU zahlen.

Die Begleitmelodie geht wieder mitten ins schwärmerische Herz der Deutschen: Die staatliche Wirtschaftslenkung, im Kernsektor Energie gestartet, erfordere ein «neues Marktdesign», heißt es poetisch.

Der Staat macht in diesem neuen Wirtschaftsdesign die Preise. Ausländische Investoren schauen aufmerksam auf die zunehmende Regelungsdichte in Deutschland. Die Kanzlerin steht über den Dingen, so das Kanzleramts-Design für die wachsende Problemdichte nach dem Rundschlag der Chefin, für den jede rationale Begründung bis heute fehlt. Die verdeckten Ziele – Baden-Württemberg halten, die Grünen entmachten – können die Verwüstungen nicht rechtfertigen, die im Energiesektor angerichtet wurden. Wenn wir die grün-rote Zielmarke eines geordneten Abschieds von der Kernenergie 2022 passieren, werden Vergleiche fällig. Die Auslöser des Planungschaos in der Energiewirtschaft werden wir dann am Tatort nicht mehr antreffen.

Ein Jahr nach dem regierungsamtlich angezettelten Energie-GAU herrscht das Chaos in den Wettläufen um staatliche Subventionen für die Wind- und Sonnenparadiese der Zukunft. Nahezu jede Branche möchte möglichst staatsnah mitspielen. Das Ziel, im Herzen der Wohlstandskultur nun buchstäblich die Schlagzahl zu bestimmen, ist erreicht. Dass ein Masterplan fehlt, hat die Kanzlerin noch nicht als Planungslücke empfunden. Was für sie zählt, ist der größte anzunehmende Sprung in Richtung Zentralismus; denn wer die Energiewirtschaft gleichschaltet, herrscht über die Industriekultur.

Für die Demokratie ist genau dieser Erfolg der Staatsführung der Super-GAU.

Das System M präsentiert: Die unsinkbare Kanzlerin

Angela Merkel hat die Vorläufigkeit einer Gesellschaftsordnung kennengelernt. Seither glaubt sie an die Vorläufigkeit aller Systeme. Auch das vom Westen geprägte System der deutschen Demokratie, so ihr Eindruck, muss überwunden werden. An dieser Ausstiegsidee ist ihr Machtkonzept beteiligt, dessen Radikalität sie aus der Überlebenskraft des Regimes ableitet, das trotz zahlloser Widersprüche vier Jahrzehnte lang Millionen Deutsche an sich fesseln konnte.

Die Überlebenskraft von Systemen, so Merkels frühe Erkenntnis, hängt nur zum Teil von ihrer Glaubwürdigkeit ab. An der Macht zu bleiben, gelingt auch Unrechtsregimen; denn das ‹Gute› spielt für den Machterhalt nur eine Nebenrolle, so Merkels Erfahrung.

Angela Merkel ist als Kanzlerin zur ‹Königin von Europa› ausgerufen worden. Sie beherrscht die Kunst, Niederlagen in Siege umzuschreiben, daher halten viele sie für unverwundbar. Aber die unsinkbare Kanzlerin hat noch nicht die Macht, ihre Unsinkbarkeit auf ihre Truppen zu übertragen. Sie spielt auf Risiko bei der Entmachtung des Parlaments, und auch beim Enteignen von Kernthemen der Wettbewerber könnte sie sich verrechnen: Sie rechnet bei allen demokratischen Parteien mit demselben brutalen Willen zur Macht, der ihr Taktieren bestimmt.

Oft wird die Machtfrau Merkel mit Maggie Thatcher verglichen. Jakob Augstein hat in wenigen Sätzen überzeugend widersprochen: «Den Ruf der neuen Eisernen Lady Europas trägt sie (...) zu Unrecht. Thatcher wollte die Revolution. Merkel will nur das Amt.»[195]

«Thatcher», fährt Jakob Augstein fort, «hielt bis zum Ende an ihrer totalitären Vision fest, einer eigentümlichen Mischung aus radikalem Liberalismus und traditionellem Glauben an den starken Staat.» Merkel hingegen hat sich vom Liberalismus nicht nur ausdrücklich verabschiedet; sie hat die liberale Partei Deutschlands in eine Koalition eingeladen, die zur tödlichen Umarmung wurde. Die Kanzlerin der schwarz-gelben Koalition hat ihren Vertragspartner systematisch in eine Agonie geschickt, die tödlich sein sollte. Gäbe es nicht andere elementare Unterschiede zwischen den beiden starken Frauen Europas, dieser würde schon ausreichen. «Auch Merkel ist eine Radikale», schreibt Jakob Augstein, «aber ihre Radikalität liegt in ihrem grenzenlosen Pragmatismus. Sie ist zu buchstäblich jeder noch so atemraubenden Wende bereit und bleibt ihrem Kurs dennoch treu. Denn ihr Kompass weist immer dorthin, wo das nächste Ziel liegt. Es ist ein bisschen wie bei dem Piraten Jack Sparrow, nur dass Merkel ihre Ziele nicht selber wählt – weil sie außer dem Amtserhalt keine hat. Merkel hat die Maxime begriffen, die Brecht über Ibsens

195 Jakob Augstein, «Margaret Merkel? So ein Quatsch!», www.spiegel.de, 1. März 2012.

Theater aufgestellt hat: ‹Es ist nicht mehr der Mensch, der handelt, sondern das Milieu. Der Mensch reagiert nur.›»[196]

Treffender als Jakob Augstein hat kaum ein Journalist im Jahr 2012 das System M analysiert. «Merkel opfert die Strategie der Taktik», schreibt Augstein. Deutlicher gesagt: Sie ist gar kein strategischer Kopf; sie hat also keine Wahl. Augstein nennt es «Politik-Simulation» mit verheerenden Folgen für Europa: «Die Europäer verlieren zusehends die Geduld miteinander, die Gebenden ebenso wie die Nehmenden.» Ein wirkliches *Commitment* für Europa ist in Merkels Kurs nicht zu erkennen. Ob sie ein Konzept hat für das kleingesparte Europa der Zukunft, weiß niemand genau. Sie wird weiterhin an der Vormachtstellung Deutschlands arbeiten, aber das Rätsel bleibt: Tut sie das für Deutschland oder für Europa? Die ernüchternde Antwort lautet: Sie tut es für das Nahziel ‹Amtserhalt›.

Das aber ist ohne die Raubzüge im Gelände der politischen Wettbewerber nicht zu erreichen. Selbst Koalitionen mit ehemals befreundeten Parteien können überraschend eine neue Funktion erfüllen: die Vernichtung der konkurrierenden Botschaft sicherer zu machen. Jüngstes Beispiel ist die FDP, weitere könnten folgen.

Angela Merkel sieht sich insgeheim längst als parteilose Kanzlerin. Da Deutschland noch nicht so weit ist, diese überlegene Variante von Allparteien-Macht zu verstehen, kann sie nicht darüber reden. Die parteilose Kanzlerin könnte ohne Tarnkappe die Umwandlung des immer unübersichtlicher werdenden Vielparteien-Staates in eine zentral geführte Republik ansteuern. Zugleich würde die deutsche Dominanz in Europa anschaulicher und der Durchgriff auf die nationalen Haushalte der Mitgliedsländer direkter. Obendrein fände die deutsche Debatte um das ‹Königsrecht des Parlaments›, die Mitwirkung in der Finanz- und Wirtschaftspolitik, ein Ende.

«Wir zerstören unser System *top-down*», sagte ein erfahrener Parlamentarier im dritten Akt des ‹Präsidentendramas›. Die Nivellierung von Institutionen, die er damit meinte, hat die Kanzlerin längst begonnen. Die Marginalisierung der Bundesversammlung war in zwei Präsidenten-

196 Jakob Augstein, «Margaret Merkel? So ein Quatsch!», www.spiegel.de, 1. März 2012.

wahlen 2004 und 2010 Regierungsauftrag. Um den Kandidaten der Kanzlerin die Mehrheit zu sichern, wurden externe Abgesandte der Länder ausgetauscht; die CDU/CSU-Abgeordneten des Bundestags wurden unter Druck gesetzt und bedroht; 2010 traf der Bannstrahl der Regentin dann auch die Abgeordneten der FDP, mit der die Kanzlerin seit 2009 regiert.

Wer Wahlen zum höchsten Staatsamt so vorbereitet, zeigt Geringschätzung für dieses Amt. Wer freie und geheime Wahlen mit Drohungen beeinflusst, stellt sich über das Grundgesetz. Tut eine Regierung dies öfter, so setzt sie einen Gewöhnungsprozess in der Gesellschaft in Gang, der die Akzeptanz von Norm- und Regelbrüchen vorantreibt.

Wenn über die Führungsqualitäten der Kanzlerin gesprochen wird, fehlt meist dieses Prinzip ‹Umbau›, das Rechtsnormen, Verfassungswerte und Alltagstugenden betrifft: Verlässlichkeit, im Grundgesetz als Vertragstreue verankert, Wahrhaftigkeit. Die Bindungskraft von Führung entsteht aus ihren konstruktiven Botschaften, die schon Aristoteles und Thomas von Aquin formuliert haben: Klugheit, Gerechtigkeit, Mut und Maß walten zu lassen und zu schützen.

Die Bindungslosigkeit von Führung hat nicht konstruktive, sondern destruktive Wirkung. Das ‹Vorbild› einer Kanzlerin, die Wertbewusstsein situativ knackt, um ihre eigene Prioritätenliste durchzusetzen, ermutigt ihre Umgebung und schließlich die Bürger der Republik, der Chefin nachzueifern.

Die Motive der Nachahmer ähneln zwangsläufig denen ihrer Arbeitgeberin: Machterhalt. Wer im Nahfeld der Kanzlerin für den Wertverfall in der ‹Causa Guttenberg› kämpfen musste, wird längst erwägen, ob der gesamte Wertebesitz der demokratischen Gesellschaft nicht tatsächlich eher Manövriermasse werden sollte. Wer beim Energieumsturz nahe bei der politischen Revolutionsführerin arbeitete, konnte hautnah erleben, wie Zentnerlasten von gültigen Gesetzen und Verträgen auf die Müllhalden der neuen Planwirtschaft verschoben wurden. Wer mit wachen Sinnen die Metamorphose des Transferabkommens – alias Finanzpakt, alias Fiskalpakt – als einen fundamentalen Bruch des Lissabon-Vertrags der Europäer erlebte, der ist bereits zum Mitspieler eines fortschreitenden

Umbaus geworden, der vor keiner Zusage, keinem Verbot und keiner Vertragsklausel mehr Halt macht.

Das ‹Präsidentendrama› in drei Akten hat in dieser Geschichte der Erosion von demokratischem Konsens durchaus symptomatischen Charakter. Es ging ja nicht um irgendeinen Winkel der politischen Arbeitsteilung, sondern um das höchste Staatsamt, das genau diese politische Willkür, deren Opfer es wurde, verhindern soll. Grundsätzlicher als sie es im Präsidentenpoker getan hat, kann die oberste Führungskraft der Bundesrepublik, die Kanzlerin, der Werteordnung unseres Landes nicht widersprechen.

Wäre sie nicht eine Schweigerin, die ihre Geheimnisse hütet, würde Angela Merkel jetzt einwerfen: ‹Aber es geht! Man kann das machen in Deutschland!›

Auch international, bei unseren Verbündeten, hat die Kanzlerin das neue Profil der Bundesrepublik in eine Proberunde geschickt: im Fall des Beistandspakts für Libyen. Der FDP-Außenminister war diesmal der Mohr, und er spielte mit.

Es war eine Stunde der Wahrheit im größeren Format und mit Signalcharakter, am 17. März 2011, als der deutsche Botschafter in der UN-Vollversammlung gegen alle NATO-Partner stimmte: Stimmenthaltung – also die klare Botschaft, Deutschland werde am UN-Mandat nicht teilnehmen. Noch 2003 hatte Merkel anlässlich der Abstimmung zum Irak-Krieg die rot-grüne Regierung unter Gerhard Schröder heftig angeklagt, «die wichtigste Lektion deutscher Politik» zu missachten, dass es nie wieder einen deutschen Sonderweg geben dürfe.

2011 ist sie die Kanzlerin des deutschen Sonderwegs, und zwar in ganz anderer Gesellschaft als Schröder 2003, der Frankreich an seiner Seite hatte.

Wie immer man zu dieser Entscheidung Deutschlands, an der Seite von Russland und China die NATO zu relativieren, stehen mag: Wer das System M studiert, erkennt vor allem eins: Ein weiteres, diesmal weltpolitisch wirksames Signal der Lockerung von Bindungen. Barack Obama hat beim nachfolgenden G8-Treffen auf den deutschen Isolationismus reagiert: An die Stelle Deutschlands als bisher wichtigstem transatlantischem Bündnispartner werde nun Großbritannien treten. David Cameron, der englische Premier, zeigt mit seinem Ausscheiden aus der europäischen Transferunion in dieselbe Richtung: die bewährte Achse England-Amerika verspricht mehr Verlässlichkeit als die deutsche Führung liefern will.

Der vom ehemaligen UN-Generalsekretär Kofi Annan vertretenen *Responsibility to protect,* die militärisches Eingreifen dann erlaubt, wenn die Zivilbevölkerung bedroht ist, schließt sich die deutsche Regierung nicht an.

Die diplomatische Vorgeschichte der Resolution ist kompliziert, auch unter den transatlantischen Verbündeten schwanken die Positionen. Die USA entscheiden erst Mitte März für ein Eingreifen; Sarkozy votiert schon etwas früher für die Militäraktion. Die deutsche Kanzlerin sendet ein erstes Zeichen ihrer Regie über die deutsche Position, die keineswegs ein Alleingang des Außenministers ist, in der *Saarbrücker Zeitung* am 17. März 2011. Am 16. März hat sie verspätet von Obamas Entscheidung für die Intervention erfahren, die am 15. März gefallen ist. Einen Anruf aus dem Weißen Haus hatte es nicht gegeben. Merkel plädiert in dem Zeitungsinterview für harte wirtschaftliche Sanktionen. «Eine militärische Intervention allerdings sehe ich skeptisch», teilt sie mit. «Als Bundeskanzlerin kann ich uns da nicht in einen Einsatz mit äußerst unsicherem Ende führen.» Die Verbündeten hatten mit ihrer Entscheidung für das Eingreifen das Votum der Arabischen Liga abgewartet, das am 22. Februar veröffentlicht wurde. Die Arabische Liga verurteile die Gewalt des Gaddafi-Regimes und biete den Rebellen ihre Unterstützung an, heißt es darin.

Der wichtigste Kommentar zur deutschen Haltung kommt vom ehemaligen General Klaus Naumann und seinen Fachkollegen: Deutschlands demonstrative Absetzbewegung aus dem transatlantischen Bündnis in der UN-Abstimmung sei keineswegs, wie es im Regierungsjargon heißen könnte, ‹alternativlos› gewesen. Der deutsche Botschafter hätte vom Kanzleramt – denn dort fiel die Entscheidung – den Auftrag erhalten können, ein «Ja, aber» zu liefern: Zustimmung zur gemeinsamen Resolution, verbunden mit dem Hinweis auf Auslandsengagements und der Bitte um Planungsspielräume.

Naumanns Hinweis liefert zugleich den Beweis, dass Merkel die Alleinstellung Deutschlands bei der UN-Resolution wichtig war. Es kann ja gar nicht bezweifelt werden, dass sowohl das Auswärtige Amt als auch das Kanzleramt den Rat erfahrener Militärs in Anspruch genommen hatte, die Naumanns Rat bestätigten.

Die Kanzlerin wollte die Demonstration: Wir lockern auch bewährte Bindungen; Deutschland dominiert einen Prozess, der Umbau und Neuordnung nicht nur der europäischen, sondern auch der transatlantischen Beziehungen zum Ziel hat.

Im innenpolitischen Wettbewerb um die Macht arbeitet das System M mit der Methode der Enteignung von Schlüsselthemen der Konkurrenten. Die bisher spektakulärste Volte der Kanzlerin liefert für dieses Verfahren das beste Beispiel. Was das Kanzleramt bald darauf mit der Schicksalsvokabel ‹Energiewende› belegen sollte, war vor allem ein Überfall auf das angestammte Revier der grünen Partei: Plötzlich, von einer Sekunde zur andern, wurde die Botschaft der Grünen, die sich auf eine neue Koalition mit den Sozialdemokraten vorbereiteten, Regierungsmelodie einer CDU-Kanzlerin.

Ein Jahr nach dem Einmarsch der Regierungspartei CDU in ihr Allerheiligstes, das Antiatom-Credo, schwächelt die grüne Partei genauso wie die Sozialdemokraten nach der Großen Koalition, wo sozialpolitische SPD-Unikate plötzlich mit CDU-Tinte unterschrieben wurden. Auch die Sozialdemokraten kamen deutlich geschwächt aus dieser verlustträchtigen Umarmung mit der christdemokratisch kostümierten Aussteigerin. Denn zugleich stieg die CDU-Vorsitzende aus Themenklassikern ihrer eigenen Partei aus: in der Arbeitsmarktpolitik, der Familien- und Bildungspolitik, in der Gesundheitspolitik.

Thementransfer gegen den Willen der Enteigneten ist eins der durchschlagenden Machtvehikel der Kanzlerin Merkel. Eine Partei aber schließt sie als Lieferanten von Themen-Unikaten aus: die Liberalen.

Mit dieser Partei geht sie 2009 in eine Koalition ohne Beispiel, die schon am Start nur zwei Ziele hat: ein kurzfristig erreichtes, die Zulieferung von Wählern für die Regierungsmehrheit, und ein längerfristiges, das aber auch schon deutlich vor dem Ablauf der vier Regierungsjahre

erreicht wird: die Tilgung der liberalen Partei von der politischen Land-
karte Deutschlands. Ohne Beispiel ist diese Koalition nicht nur, weil der
hastig zusammengehauene Koalitionsvertrag von der Regierungschefin
völlig unbekümmert von Anfang an zur Nichterfüllung freigegeben
wurde. Ohne Beispiel ist dieser Arbeitsvertrag zweier Parteien vor allem
deshalb, weil er erstmals in der deutschen Nachkriegsgeschichte das
Ziel verfolgt, eine kleine Partei, die in der gesamten Demokratiege-
schichte der Deutschen als Partnerin der Volksparteien CDU/CSU und
SPD eine unverwechselbare Position hatte, überflüssig zu machen.

Immerhin gehört zu diesem Plan auch die Nonchalance, die eigene
Partnerwahl sofort wieder zur Disposition zu stellen; eine Merkelsche
Volte, die kaum noch jemanden verwundert. Bald hatte sie freie Hand
bei der Marginalisierung der liberalen Ideen, die prominent im Koalitionsvertrag standen. Steuersenkungen zum Beispiel, und die Ablehnung
von Mindestlöhnen. Unbekümmert ließ die Kanzlerin ihre Regierungspartner bei beiden Themen und beim schwersten Brocken, der Gesundheitspolitik, in die falsche Richtung laufen. Das Verfahren hatte sie schon
in der Großen Koalition geübt: Themenraub und Themenkillen sind im
System M zwei Seiten derselben Medaille.

Erstmals also killt ein dominanter Koalitionspartner beim gemeinsamen Regieren eine ganze Partei. Merkel kann diese Pioniertat für sich
reklamieren. Warum die FDP als Themenlieferant ausfiel, und weshalb
sie für das System M eine reale Gefahr darstellte, habe ich an anderer
Stelle erläutert.[197]

Die Kanzlerin könnte Vorbild werden mit einer Werte-Kasuistik, die
wir bisher nicht kannten. Ein sehr klares Beispiel für dieses Verfahren liefert ihr Umgang mit dem Fall des Verteidigungsministers Theodor zu Guttenberg. Für Angela Merkel ist sofort klar, dass es um zwei Systeme geht,
die man im Fall einer Kollision nicht miteinander konfrontieren sollte.
Das System Wissenschaft und das System politische Führung prallen aufeinander und müssen schleunigst voneinander getrennt werden, damit
der ‹Fall› gar nicht erst einer wird. Die Kanzlerin teilt also mit, dass sie im

197 Siehe dazu S. 154–164.

System politische Führung nicht die Kriterien der Wissenschaft anlegt: Sie habe Herrn zu Guttenberg nicht als Wissenschaftlichen Assistenten, sondern als Verteidigungsminister eingestellt, so ihr knapper Kommentar.

Wer diese Argumentation bestrickend findet, der sollte noch einmal genauer hinschauen, was zur Debatte steht und die Kollision der Systeme bewirkt hat. Der Verteidigungsminister hat in seiner wissenschaftlichen Vorgeschichte, um einen ehrenvollen Titel zu erwerben, die dafür erforderliche Leistung in großen Teilen bei anderen Autoren entwendet, ohne das geistige Eigentum der Verfasser zu kennzeichnen. Die Täuschungsabsicht, vom Autor Guttenberg bis heute bestritten, wurde einwandfrei nachgewiesen.

Die Verfehlung im System Wissenschaft wird von der Kanzlerin nun behandelt, als habe der Verteidigungsminister in einer Lehrzeit irgendwo Schrauben in einen falschen Karton wegsortiert. Darauf, so die Kanzlerin, komme es aber doch in seinem Job als Verteidigungsminister überhaupt nicht an. Sie behandelt eine justitiable Verfehlung, die in Täuschungsabsicht vollzogen wurde, wie ein wertfreies Versehen, das weder moralisch noch rechtlich von Bedeutung sei. Die akademische Jugend reagierte mit Empörung; die Kanzlerin schwieg. Diese Technik der *split values*, der Wertespalterei, wendet die Kanzlerin sichtlich unbekümmert an. Sie fördert damit die Erosion des Rechtsempfindens und der Werte, die hinter den Rechtsnormen stehen.

Ähnlich ‹unabhängig› vollzog sich die Urteilsbildung der Kanzlerin im Fall des konfliktbeladenen Bundespräsidenten Wulff. Verstöße gegen die Rechte und Pflichten in seinen politischen Ämtern waren bereits erwiesen; dennoch ließ die Kanzlerin durch ihren Regierungssprecher mitteilen, sie habe volles Vertrauen in die Person und die Amtsführung des Präsidenten. Wer als Bürger in diesem Staat lebt, hat sich in jenen Wochen gefragt, ob die Kanzlerin mit ihrer Vertrauenserklärung nun sein Vorbild sein solle – oder ob die Regentin in einer Sphäre mit anderen Maßstäben unterwegs sei, die für Normalverbraucher nicht gelten. Täglich lasen die Deutschen in der Zeitung, dass die Rechtsordnung durch ihren Präsidenten verletzt worden sei – und die Regierungschefin trat wie eine Arbeitgeberin auf, die sie faktisch für keinen Präsidenten sein kann – und deklarierte ihr Spezialvertrauen als die gültige Botschaft, der sich die gesamte Jurisprudenz, die Staatsanwälte und Richter zu stellen – oder zu fügen? – hatten.

Das unheimliche Wettrüsten – hier Kanzlerin, da die Anwälte der Verfassung – nahm durch Wulffs Rücktritt ein jähes Ende. Wird der Tag kommen, an dem die machtorientierte Vertrauensmeldung der Kanzlerin für wen auch immer Gesetzeskraft erlangt? Wer will noch wetten, diese Schwelle werde nie überschritten, wenn wir den Willkürgehalt der sogenannten Energiewende betrachten?

Merkel ist eine vorsichtige Aussteigerin. Sie will ja Mehrheiten mitnehmen, ohne dass die es bemerken. Sie tut immer nur, was heute geht. Schauen wir aber genauer hin, dann sehen wir: Was heute geht, ging gestern noch nicht! Weder das Machtprinzip Themenenteignung bei andern Parteien war gestern durchsetzbar noch die Drohkampagne vor Präsidentenwahlen und der radikale Austausch nicht programmierbarer Wahlleute für die Bundesversammlung. Die Vernichtung einer ganzen Partei via Regierungsbeteiligung, wie mit der FDP praktiziert, war und ist bis heute ohne Beispiel. Die Beschränkung des Rederechts im Parlament, gegen die Finder und Verkünder unbequemer Wahrheiten gerichtet, ist eine flankierende Maßnahme zum Mix der Parteienziele auf dem Weg zur Zentralregierung, die als Allparteien-Konsens verkauft wird. Hat die Regierung jemals bei den Bürgern nachgefragt, ob sie mehrheitlich wünschen, dass es keine unterscheidbaren Parteien mehr gibt? Gilt in der Demokratie nicht der Bürgerwille?

Die Gegenrede im Parlament zu verbieten und die Parteiprogramme durch Raubzüge im Bekenntnisvorrat der Wettbewerber verwechselbar und bekenntnisfrei zu machen, sind zwei Maßnahmen zum gleichen Ziel: den Wettbewerb der Ideen und Ziele zu ersticken.

Die Demokratie lebt vom Wettbewerb. Staaten, in denen der Wettbewerb nur vorgetäuscht wird, Nationen, von denen regelmäßig sehr hohe Mehrheiten für die Projekte der Regierung gemeldet werden, nennen wir totalitäre Systeme oder Unrechtsstaaten.

Übergangsformen kündigen sich durch Verstöße gegen die Gewissensfreiheit der Abgeordneten und die Wahlfreiheit der Bürger an. Wenn nicht mehr zwischen verschiedenen politischen Richtungen gewählt werden kann, weil die Parteiprogramme einander immer ähnlicher werden, so ist das nicht eine frohe Botschaft, sondern ein Gefahrensignal: Wo kein Wettbewerb mehr möglich ist, hat der Wähler keine Wahl mehr. Er spürt, dass er kaltgestellt wird. Aber spürt er es früh genug? Einer aus der Gründerrunde unseres Grundgesetzes, der Nationalökonom Wilhelm Röpke, hat schon bei der Gründung der Bundesrepublik auf die Verletzbarkeit des Wettbewerbs hingewiesen, der Wirtschaft und Politik bestimmen sollte: Der Wettbewerb, so Röpke, sei jeden Tag von Entgleisungen bedroht. Jeden Tag.

Spüren wir es also früh genug? Die Demokratie hat ein Problem, das wir bisher nicht kannten. Nur sehr wenige Experten verstehen die sogenannte Euro-Krise, genauer die Verschuldungskrise der europäischen Staaten, wirklich. Hunderte von Abgeordneten entscheiden über sogenannte Rettungsschirme, Gebilde, die so fragil sind wie die verräterische Vokabel ‹Schirm› sagt, ohne die Höhe der Geldtransfers zu kennen, denen sie da zustimmen. Warum tun sie das? Damit niemand erfährt, dass sie nicht verstehen, und weil sie, ohne zu verstehen, eine abweichende Meinung nicht vertreten könnten. Also stimmen sie zu.

Tritt nun gelegentlich einer auf, der schlüssig nachweist, dass die gemeinsame Währung eben nicht die Angleichung der Lebensverhältnisse gefördert, sondern verhindert habe; dass die Geldtransfers in die verschuldeten Länder eben nicht als Sparmotoren gewirkt haben; dass also die Therapie falsch sei, weil die europäische Krankheit nicht verstanden werden darf; zu viele von den behandelnden Ärzten waren Mitspieler im Theater der Illusionen: Zuerst die Währung, dann die Wirtschaft, stand auf dem Spielplan. Tritt nun so einer auf, der die Faktenkette aufrollt, dann leeren sich die Säle. Niemand will bei der Minderheit sein, die der aufstrebende Demokrat Norbert Röttgen bedroht hat, sie würden sich «am Rande der Gesellschaft wiederfinden».[198]

---

198 So Röttgen, damals Umweltminister, gegen den RWE-Chef, Grossmann, der auf die Gesetzesbrüche im Zuge der Regierungsattacke auf die Energiebranche hinwies.

Dass Minderheiten Unrecht haben, soll im System M zum allgemeinen Bewusstsein werden. Rederechte zu beschränken, ist eine der Maßnahmen, der Bevölkerung klarzumachen, wie wenig Komfort das Leben auf der falschen Seite bietet. Als Ronald Pofalla, der Kanzleramtsminister, eine Entgleisung vorführte, die jede Toleranz für emotionale Zwischenrufe durchschlug, fand die Kanzlerin das offenbar nachvollziehbar; eine öffentliche Rüge gab es jedenfalls nicht. Dass ihr Amtschef «die Fresse» des Kollegen Bosbach «nicht mehr sehen» konnte, fand seine Chefin wahrscheinlich nachvollziehbar: Der Abgeordnete Bosbach hatte sein Nein zum Rettungsmanöver durch Geldtransfers angekündigt und begründet. Er wurde, auch das mag die Kanzlerin schweigend ins Kalkül gezogen haben, zu einem Prügelknaben der Chefetage, dem kaum jemand würde nacheifern wollen.

So sieht die Demokratievariante des Kanzleramtes im Jahr 2012 aus.

Korrekturen an diesem neuen Demokratiestil gibt es nur, wenn mutige Abgeordnete eine Klage nach Karlsruhe schicken, ans Bundesverfassungsgericht. Im Allparteien-Regiment, das die Kanzlerin anstrebt, wird es diese Klagen dann bald nicht mehr geben: Sie kommen in aller Regel von der Opposition.

Zwei SPD-Abgeordnete waren es, die gegen eine neue Variante der Parlamentsentmachtung Verfassungsklage anstrengten.

Schon im Jahr 2011 hatten CDU, SPD und Grüne sich geeinigt, über heikle und schwer vermittelbare Entscheidungen zur Euro-Rettung künftig ein Sondergremium von neun handverlesenen Abgeordneten abstimmen zu lassen. Damit wäre nicht nur das Parlament umgangen; auch die kritische Passage der Geldpakete durch den Haushaltsausschuss würde vermieden. Die Idee gehört logisch zu dem, was im Frühjahr 2012 versucht wurde: Auch das Rederecht im Bundestag so zu dosieren, dass nur noch Mainstream-Redner zu Wort kämen.

Das Urteil aus Karlsruhe kam am 28. Februar 2012.[199] Auch in der Schuldenkrise, so der Präsident des Bundesverfassungsgerichts, Andreas

199 Bundesverfassungsgericht, Urteil vom 28. Februar 2012, 2 BvE 8/11 Pressemitteilung Nr. 14/2012.

Voßkuhle, dürften «verfassungsrechtlich verbürgte demokratische Spielregeln» nicht missachtet werden: «Sonst laufen wir Gefahr, der Funktionsfähigkeit des Parlaments insgesamt zu schaden.»[200]

Der dritte Akt der ‹Präsidentendämmerung› lag noch nicht weit zurück; als das Urteil kam. Die verpasste ‹Kanzlermehrheit› beim zweiten Griechenland-Paket kam hinzu: Frank-Walter Steinmeier, der eher gemäßigte Fraktionschef der Sozialdemokraten, meinte, nun sei er «Zeuge geworden, wie die Bundesregierung zerfällt».[201]

Der Bundestagspräsident, Norbert Lammert, gab sich als stiller Genießer des Grundsatzurteils. Er weiß, dass viele Euro-Skeptiker und Gegner der Geldverbrennungsaktionen sich durch Karlsruhe gestärkt und bestätigt sehen. Lammerts Motto, das Parlament sei «das Herz der politischen Willensbildung», war wieder einmal höchstrichterlich bestätigt worden.

Nicht lange nach der Phase der Regierungsniederlagen im Februar wagte das *Handelsblatt* den provokanten Aufmacher: «Die deutsche Einheitspartei» und erledigte die Nachfrage, wer denn da gemeint sei, mit einem brandroten CDU-Logo, in das sich harmonisch die Sozialistenfaust mit der roten Rose schmiegt.

Die Zeitung war schnell ausverkauft an diesem 12. März 2012. Der programmatisch vorgetragene Befund beginnt gleich auf dem Cover: Da wird der als Parlamentsanwalt so gern zitierte Norbert Lammert als Mitschwimmer im neuen Strom der sozialdemokratisierten CDU gezeigt. Schon 2010 habe er dafür plädiert, dass die «Glücklichen», die ein besonders hohes Einkommen beziehen, dem Staat einen «zusätzlichen Beitrag» schulden. Lammert sagt nicht, «die Tüchtigen», er sagt «die Glücklichen», als handle es sich um eine Art Lottospiel, das einige an die Spitze katapultiert. Und er präzisiert 2012 vor einem Auditorium von Top-Unternehmern, wie er dieses unverdiente «Glück» definiert: «Wenn es keinen Zusammenhang mehr gibt zwischen individuellen Einkommen und individueller Leistung», dann schlage die Stunde des Steuerstaates.

---

200 Vgl. dazu «Missachtung von Spielregeln», *Handelsblatt*, 29. Februar 2012.
201 Ebenda.

August Oetker und seine Unternehmerkollegen hörten sich diesen herablassenden Kommentar zu ihrem riskanten Engagement als Familienunternehmer höflich an. So sehr lange lag es gar nicht zurück, dass sie bei diesem neuen CDU-Sound ihren Ohren nicht getraut hätten. Wer Ohren und Augen offenhielt, der spürte schon seit 2005 die neue Kumpanei zwischen Rot und Schwarz: Nicht, dass die schwarzen Themen Richtung Rot gewandert wären; nein, der Projekt-Transfer lief und läuft bis heute in die umgekehrte Richtung: Schwarz annektiert rote Schlüsselthemen. So gerät seit einigen Jahren in Vergessenheit, dass die profilbildenden Themen der SPD längst fest in CDU-Hand sind; nur die Wähler der Sozialdemokraten sind nicht mitgewandert.

So verschwimmen die Parteigrenzen bei Schulreform und Mindestlohn, bei Atomwende, Frauenquote, bei Bundeswehrreform und Gesundheitspolitik. Selbst der Finanzminister Wolfgang Schäuble votiert nun für eine Finanztransaktionssteuer, die er aber gut sozialdemokratisch inzwischen ‹Spekulationssteuer› nennt: Feindbilder mit klaren Konturen beschleunigen Gesetzgebungsverfahren in Deutschland.

Das *Handelsblatt* zieht ein knappes Fazit: Es geht nicht um bedenkliche Positionen. «Bedenklich ist die spürbare Verengung des politischen Angebots. Aus Schwarz und Rot ist Grau geworden.»[202]

Die deutsche Einheitspartei, wie das *Handelsblatt* sie im Faktencheck nachweist, ist nur formal noch nicht ausgerufen; bei den beiden ehemaligen Volksparteien gibt es keine Konfrontation mehr. Die Thementransfers begannen mit Angela Merkels Kanzlerschaft in der Großen Koalition. Die einzige Partei, von der sie sogar in der Vertragsbindung kein Projekt übernahm, ist die FDP. Vertragsbrüche waren längst Alltag geworden, als Schwarz-Gelb einen Vertrag unterschrieb, den die Kanzlerin für sich nicht als bindend qualifizierte. Es dauerte nur zu lange, bis die FDP das begriff.

Merkels Politik der Enteignung von Kernbotschaften politischer ‹Nachbarn›, die ehemals Opposition zur CDU waren, hat eine wenig beachtete Nebenfolge.

---

202 *Handelsblatt,* 12. März 2012, S. 1.

Während die Kanzlerpartei ehemals ‹linke› Themen schluckt, weicht die SPD nach links aus. Die Schauseite der Partei ist ein Kontrastprogramm zu dieser Linksdrift: Frank-Walter Steinmeier, Fraktionschef, gehört dem rechten Flügel an; Sigmar Gabriel, Parteichef, ist ein Mann der Mitte. Peer Steinbrück, einstweilen auf eigene Rechnung unterwegs, gibt den intellektuellen Pragmatiker, während er ein radikaler Etatist ist. In der europäischen Krisensprache könnte man diese Schlachtordnung eine ‹Brandmauer› nennen, die den Linksruck der Partei als ein gemäßigtes Programm der Mitte wählertauglich tarnen soll.

Die Thementransfers der Kanzlerin haben während der Großen Koalition 2005 als bestes *Undercover-play* begonnen: Koalition ist *compromizing*, war die Begleitmelodie. Dass die Kanzlerin aber nicht generell so koalitionstreu ist, hat ihr trügerisches Bündnis mit den Freien Demokraten ab 2009 gezeigt. Sie greift nur dort zu, wo sie den Genossen Trend vermutet.

Die Kanzlerin hat also die SPD nach links geschoben. Die sozialdemokratische Führung hat öfter darüber geklagt, dass sie nicht die eigenen Ziele attackieren könne, nur weil sie in falschen Händen seien.

Stattdessen tarnt die SPD ihren Marsch nach links mit einer Strategie der leisen Töne. Die Herren in der ersten Reihe vermitteln dem Publikum ein Gefühl der Mitte. Dass Schröders Agenda 2010 rückabgewickelt wird, erscheint niemandem mehr spektakulär, seit es quasi hinter der öffentlichen Bühne geschieht.

Jeder öffentliche Themenwechsel, das haben die Sozialdemokraten in den letzten Jahren gelernt, ruft sofort die Plagiatoren der Kanzlerin auf den Plan. Und die Klügsten in der SPD fahren die Strategie der soften Schauseite, weil sie den Weg in die nächste Große Koalition nicht mit Kontrasten pflastern wollen. Die Wähler sollen für eine gefühlte Harmonie entscheiden, die vom Wegschmelzen der Gegensätze zwischen den Parteien lebt. Eine solche Wähler-Erwartung, so das Kalkül der SPD-Strategen, könnte der SPD ein paar Wählerstimmen mehr und damit eine stärkere Position in der Großen Koalition bringen – falls sie kommt.

Wie weit links das Herz der SPD in Wahrheit schlägt, kann anderen Mitspielern jederzeit bewiesen werden.

Plötzlich und unerwartet: Einer wagt den offenen Kampf

Will die Kanzlerin unsinkbar bleiben, müssen andere untergehen. Am 13. Mai 2012 war es die Partei, von der immer noch viele meinen, sie sei ‹ihre›, Merkels Partei. Am Tag nach dem Untergang der CDU in NRW deckte die Kanzlerin erstmals eine ihrer verdeckten Karten auf: ‹Ich stand ja nicht zur Wahl›, erinnerte sie die Journalisten. Die CDU und ich, das sind zwei verschiedene Adressen, hieß das. So deutlich hatte sie das bisher nicht gesagt, aber so deutlich war bisher auch keine Niederlage, wie diese vom 13. Mai 2012 mit 26,3 Prozent. Der Kandidat der verlorenen Wahl stand neben ihr, als die Kanzlerin das klarstellte.

Norbert Röttgen hatte, wie seine ‹Parteifreunde›, gewusst, dass die Wahl nicht zu gewinnen war. Er weigerte sich, fünf *Loser*-Jahre in NRW gegen sein Ministeramt einzutauschen. Schon dafür bezog er Prügel. Sein Wahlkampf war nicht nur glücklos, er zeigte auch einen lustlosen Minister, der sich als heimlicher Kanzler-Kronprinz hier unter seinem Wert beschäftigt sah. Er ist eben nicht Herkules, den die Athene Europas, Angela Merkel, zum Schutzpatron ihrer bisher explosivsten Wende ausgerufen hat: der ‹Energiewende›. Der römische Herkules ist der blasse Nachfahre eines Griechen – ob die Zuchtmeisterin der Prügelknaben Europas das bedacht hat? Der griechische Held Herakles verzehrt seine Söhne – das würde wieder passen, wenn Merkel nun selbst die ‹Herkulesaufgabe› stemmen will. Denn die Blitzwende vom NRW-Montag auf den Dienstag hat ja auch das Profil des Umweltministers radikal gewendet: vom Experten Röttgen zum leidenschaftlichen Amateur in der Wunderwelt der ‹Energiewende›, Peter Altmeier. Damit ist noch einmal belegt, was viele fast vergessen hatten: Für politischen Erfolg kann Sachkenntnis tödlich sein.

Röttgen mag geglaubt haben, dass sein Ressort als oberster Feldherr der sogenannten Energiewende nicht zur Disposition stünde. Als Merkel-Kenner konnte er aber wissen, dass die Rangfolge der Ziele, die für die Chefin gilt, auf Position eins den Machterhalt nicht des Umweltministers, sondern der Chefin selbst verzeichnet. Röttgen könnte jahrelang geglaubt haben, er sei als Kämpfer an der Hauptfront der Kanzlerin, auf dem tollkühn von ihr eröffneten Schlachtfeld ‹Atomausstieg und Energiewende› einfach unverzichtbar – im Kanzlerin-Deutsch: ‹alternativlos›. Er sah sich als ihr Verbündeter, und er kannte seinen Kompetenzvorsprung beim Thema Erneuerbare Energien.

Dass Merkels Agenda eine ganz andere Prioritätenliste enthielt, hätte er als aufmerksamer Vasall aber wissen können. Da fielen seine Vorteile mit einem Schlag auf die letzten Plätze. Merkels Agenda zeigt in Flammenschrift: Wahlniederlage delegieren! Debatte ablenken, Schuld verlagern – am besten auf Personen, weil keine Sachdebatte so viele Emotionen freisetzt wie eine Story um Personen. Auf Platz zwei von Merkels Agenda stehen die Verwerfungen im Chaos-Management für ihre Revolution: Der als ‹Wende› in die Kategorie ‹Schicksal› eingeordnete Husarenritt ist auf immer dünneres Eis geraten; dem Atom-GAU in Japan könnte der Energie-GAU in Deutschland folgen. Auch dieser Störfall im Siegertableau der Kanzlerin verlangte nach radikaler Entstörung. Platz drei auf der Agenda der Kanzlerin zeigte einen machtorientierten Kronprinzen, der keine fünf Büßerjahre als Wahlverlierer akzeptieren wollte. Deutlich wie nie zuvor erlebte die Kanzlerin den letzten Rivalen um ihren Thron als einen, der ihr selbst auf unheimliche Weise ähnlich ist: Röttgen gelang etwas, was willensstarke Moribunde fertigbringen, wenn sie die eigene Vernichtung vor Augen haben und den Täter nicht als Sieger entlassen wollen: Sie reißen noch einmal das Gesetz des Handelns an sich und nehmen damit, in der letzten Sekunde vor der Vernichtung, an ihrem Verräter Rache.

Auch für diesen Moment in der Röttgen-Saga gab es bereits ein Beispiel: So hatte die FDP der Kanzlerin in einem Überraschungsschlag den Präsidentenkandidaten Gauck aufgezwungen, nachdem die Kanzlerin die Partei für lange Zeit entmachtet zu haben glaubte. Nicht lange nach diesem Coup erhob sich die totgeglaubte liberale Partei wie Phönix aus der Asche.

Röttgen, den eigenen Untergang vor Augen, verweigerte der Kanzlerin die erwünschte Softvariante seiner Beseitigung aus dem politischen Bündnis vieler Jahre, weil er nicht zulassen wollte, dass sie als Siegerin vom Platz ging. Er riss das Gesetz des Handelns an sich und erzwang damit die kontroversen Debatten, die der Liquidation folgten und auch Merkel nicht ohne Tadel davonkommen ließen. Erstmals hatte ein Gefolgsmann den offenen Kampf mit der Kanzlerin gesucht. Er hatte nichts mehr zu verlieren als eine allerletzte Hoffnung, dass sie ihn trotz seiner Weigerung zu gehen halten würde, um selbst besser dazustehen. Die Kanzlerin erlebte erstmals einen ihrer Vasallen als unbeugsamen Gegner; der den vergifteten Friedensschluss mit dem blanken Schwert abwehrte: Die Kanzlerin hatte keine Alternative, es war Krieg.

Auf den letzten Metern seiner politischen Laufbahn lernte sie ihren Schützling und Rivalen von einer Seite kennen, die sie bisher unterschätzt hatte: unerbittlich, eigensinnig und fähig zu einem Zorn, der kampfstark macht. Röttgen galt bei seinen Kritikern als ‹autistisch› und ‹egozentrisch› – Urteile, die in die Welt der Kanzlerin führen, auch wenn die Vokabeln dort einen Tabubruch bedeuten würden. An jenem 15. Mai abends, als das lange und kontrovers geführte Gespräch der Kanzlerin mit Röttgen lief, mag die Kanzlerin erstmals gefühlt haben, was sie eigentlich nicht zulassen wollte: Da saß einer, der ihr viel ähnlicher war, als sie realisiert hatte. Da entwickelte einer die Macht, die von ihr geplante Rollenverteilung umzudrehen, die eigentlich darauf angelegt war, dass der Minister ihr die Dankesworte möglich machen sollte, die seinen und ihren Part zu ihrem Vorteil vertauscht hätten: Du, Röttgen, springst ins Nichts, und ich, Herrin aller Abstürze, rufe dir Dankesworte nach.

Der Minister und Verbündete vieler Jahre drehte die Handlung um: Du, Kanzlerin, stehst zu deiner egozentrischen Entscheidung und handelst; ich, Norbert Röttgen, werde Objekt deines Machtanspruchs und triumphiere, weil ich dieses eine letzte Mal nicht dein Komplize für deine Ziele bin.

Merkel erkannte kurz vor diesem letzten Schritt, dass dieser Gegner aus demselben Holz geschnitzt war wie sie, und, gefährlicher: dass es ihm bis zuletzt gelungen war, das zu verbergen. Eigentlich ein Privileg, das sie für sich reserviert hatte.

Norbert Röttgen wählte den offenen Kampf. Damit wurde umso klarer, dass er ein gefährlicher Gegner werden könnte. Einer, der im Fallen das Schwert zieht, rettet ein Stück von seiner Ehre.

Die Presse titelte nach diesem Pas-de-deux zweier Machtmenschen, nun sei eine neue Kanzlerin auf die Bühne gesprungen. Hatte wirklich niemand ihre ‹Härte›, von der jetzt gesprochen wurde, vorher bemerkt? Gab es ein Tabu vor der treffenden Beobachtung, dass hier erstmals einer auf der Abschussliste stand, der Angela Merkel ähnlicher ist als alle vor ihm? Röttgen zwang die Chefin, die Hinrichtung diesmal nicht als Suizid an das Opfer zu delegieren, sondern zu ihrer Tat zu stehen.

Die Wahlen in Schleswig-Holstein und Nordrhein-Westfalen brachten die Auferstehung einer planvoll hingerichteten Organisation: der Freien Demokraten. Auch diese Wiederbelebung, ‹plötzlich und unerwartet›, mag die Kanzlerin an ihr Vorratswissen erinnert haben: dass nichts Bestand hat, was den Bedürfnissen der Menschen langfristig widerspricht. Die Kanzlerin hatte ihre Machterweiterung für 2013 so kalkuliert, dass die FDP aus dem Bundestag ausscheiden sollte.[203] Nach den Wahlergebnissen in Schleswig-Holstein und NRW ermahnt sie ihre Dienerschaft: Achtet auf die FDP, sie könnte auch für uns wieder interessant werden.

Nach der Entlassung des Umweltministers Norbert Röttgen, zwischen Katholikentag und Aufbruch zum G8-Gipfel nach Camp David, erprobt die Kanzlerin ihr europäisches Format noch einmal in Richtung Griechenland. Sie habe, so hört man aus Athen, den Staatspräsidenten Karolos Papoulias am 18. Mai angerufen und ihm geraten, am 17. Juni, parallel zu den Parlamentswahlen in Griechenland, eine Volksabstimmung über den Verbleib des Landes in der Euro-Zone zu veranstalten. Selbst die konservative Nea Dimokratia, vertreten durch ihren Vorsitzenden Antonis Samaras, zeigte sich irritiert über die ‹Bevormundung›. Der Chef der radikalen Linken, Alexis Tsipras, urteilte, die deutsche Kanzlerin betrachte Griechenland ‹als ihr Protektorat›. ‹Merkel gibt uns noch mehr Rückenwind›, jubelten die Anhänger der Tsipras-Partei, die am 17. Juni gestärkt aus den Wahlen hervorgehen dürfte. Das Kanzleramt widersprach, ohne überzeugen zu können, dass ausgerechnet der in Deutschland ausgebildete Papoulias, der fließend Deutsch spricht, sich ‹verhört› haben könnte.

203 Vgl. dazu die auf S. 163 zitierte Analyse.

Referenden, so die offizielle Reaktion aus Athen, würden «grundsätzlich nicht vom Ausland vorgeschlagen».[204]

Griechische Journalisten fragen: «Ist sie nun die KAISERIN von Europa?»

Staatsstreich als Chefsache

Auf den ersten Blick ist die Energiewende eine triviale Story aus dem System M: Machtlüsterne Chef-Idee gerät in die Logik des Misslingens, weil Ideologie die Alltagsklugheit niederwalzt.

Im Business geschieht das regelmäßig: Siemens-Rückzug aus unausgereifter Offshore-Technik, Rückzug von Thyssen-Krupp aus einem ‹Jahrhundertprojekt› in Brasilien, Scheitern von Facebook beim Börsengang. Lauter Herkules-Projekte.

Der wichtige Unterschied zu Herkula Merkel: Unternehmen der Wirtschaft müssen sich korrigieren, weil sie sonst untergehen. Politik hält an Irrtümern fest und bittet ihre ‹Angestellten›, die Bürger, zur Kasse.

Wäre es nicht die Regierungschefin, die den tollkühnen Schlag ins Herz der Marktwirtschaft führte, so würde man von einem ‹Staatsstreich› sprechen. Die Kanzlerin setzte mit ihrem Angriff auf das Aktienrecht, auf Vertrags- und Eigentumsrechte die wichtigsten Bremssysteme der Marktwirtschaft außer Kraft. Sie vollzog im Handstreich die Verstaatlichung der Energiewirtschaft – und setzte damit die Ursachen für die Interessenkonflikte und die Lähmung des marktwirtschaftlichen Wettbewerbs, die sie heute durch Blendgranaten zu überstrahlen sucht. Schon im Frühjahr 2011 wurde die technologische Machbarkeit des Turbo-Umstiegs nach dem Täuschungsmuster ‹Ethik statt Experten› unter dem Präsidium von Klaus Töpfer bescheinigt, der später als Kandidat für das Bundespräsidentenamt wieder auftauchte.

2011 holt die Kanzlerin mit dem Verweis auf Risiken, die in deutschen Kernkraftwerken nicht bestehen, eine tonnenschwere Ladung

204 Vgl. dazu *FAZ*, 19. Mai 2012, S. 1.

Großrisiken in unser Land, die heute ein Bekenntnis fordern würden, das sie auf keinen Fall ablegen will: Wir haben uns überschätzt. Fatal wird dieser tollkühne Willkürakt, weil er einer schweren Krise ohne Not eine weitere hinzufügt. Die Staatsschuldenkrise in Europa wird durch den regierungsamtlich angezettelten Energie-GAU verschärft.

Die Begeisterung über soviel Selbstherrlichkeit im Namen des ultimativen Guten war schon 2011 groß in Deutschland. Preissteigerungen beim Strom schloss die Kanzlerin wider besseres Wissen aus. Ungefragt schwor sie auch, man werde auf keinen Fall Atomstrom von europäischen Nachbarn einkaufen. Wenige Wochen vergingen, da liefen die Transfers, aber keiner fragte nach.

Wer den emotionalen Wende-GAU der Kanzlerin drei Monate nach dem Tsunami getextet hat, bleibt einstweilen im Dunkeln. Die Beweisführung, mit der Merkel ihre Betroffenenkompetenz begründet, mutet dem Publikum eine Kette von gefühlsgeladenen Scheinwahrheiten zu, die das ‹persönliche› Fazit der Kanzlerin in den Mittelpunkt stellen, da ein ‹Hochtechnologieland wie Japan› die Risiken der Kernenergie nicht beherrschen könne. Kein Wort über die Standortwahl der Japaner für das Unglückskraftwerk, keine Silbe zur Erdbebengefährdung des Standortes, kein Halbsatz zu den Unterschieden zwischen deutschen und japanischen Sicherheitsnormen. – Auf keinen Fall in die Sachdebatte einsteigen! mögen die Merkel-Berater gewarnt haben.

Falsche Entscheidungen lösen Fluchtreflexe aus: Ein Jahr nach ihrem Alleingang zur Verstaatlichung der Energiewirtschaft tritt die Kanzlerin eine panische Flucht nach vorn an. Der Entlassung des Umweltministers folgt die Berufung eines Amateurs, die ihren Sinn schnell offenbart: Die Chefin übernimmt. Ein neuer Zentralisierungsschub wird demokratiefrei per Kanzlerwort Wirklichkeit: Die Bundesnetzagentur, ein Wortmonster, legt die Dynamik aller Mitspieler im großen Wendedrama an die Politkette. Rechtswege für Einsprüche werden verkürzt, ein ‹Bundesbedarfsplan› sorgt für beschleunigte Planfeststellungsverfahren; die Ministerpräsidenten der Länder sollen ihre Zuständigkeit zurückfahren. «… bis zum Ende des Jahres», so die Herrin der Energiewende, sollen die Pläne zum Ausbau der Netze, um die es vor allem geht, «in ein Gesetz gegossen werden». Stahlkocher und Gießer am Hochofen wissen, was das heißt: In Erz gegossen, wird dieses Gesetz jede Dynamik plattwalzen. Merkel bestätigt das mit einer Drohung: Sie werde den Länderchefs «sehr deutlich machen, in welchen Verantwortungsbereich» die Genehmigungshoheit für dringend benötigte Netze falle.[205]

Die Kosten für den beschleunigten Salto mortale zur Kanzlerwiederwahl werden zwischen 22 und 57 Milliarden geschätzt; kein Chefthema, weil die Kanzlerin ihre Zuständigkeit für die Vision offensiv in Marktdiktat umsetzt. Arbeitgeberpräsident Dieter Hundt ist einer der wenigen, die öffentlich zu dem Willkürakt im Jahr 2011 Stellung nehmen: er nennt «die Entscheidung überstürzt und nicht durchdacht und auch nicht europäisch abgestimmt».[206]

Die Energiekonzerne werden die politisch angeordneten Investitionen für den Bau von 1700 Kilometern neuer Stromleitungen nach ihren Verlusten durch die planwirtschaftliche Abschaltung ihrer Kernkraftwerke kaum am Kapitalmarkt finanzieren können. Der Netzspezialist Tennet, Käufer des EON-Netzes, beschreibt die Lage: «Tennet in Deutschland hat einen Wert von einer Milliarde Euro. Wir haben aktuell Investitionsentscheidungen über 5,5 Milliarden getroffen. Es werden voraussichtlich mindestens weitere 15 Milliarden Euro auf uns zukommen. Dieser riesige Kapitalbedarf ist kaum mehr zu bewältigen.»[207]

Die Abwanderung von Energiefirmen hat begonnen. Die Deindustrialisierung Deutschlands bleibt auch für unsere Nachbarn nicht folgenlos. Polen und Tschechien «beschweren sich massiv darüber, dass deutscher Windstrom ihre Netze flutet».[208] Stromknappheit in Deutschland, wie sie im Süden und Südwesten nach den Abschaltungen der Kernkraftwerke auftritt, wird gehorsam verschwiegen. Viertausend Kilometer bestehender Leitungen, so der ‹Netzentwicklungsplan›, könne man eventuell leistungssteigernd ausbauen. Bürgerproteste wären dann haltlos.

205 *Handelsblatt*, 30. Mai 2012.
206 *Welt am Sonntag*, 3. Juni 2012.
207 Lex Hartmann, Mitglied der Geschäftsführung, im Handelsblatt, 30. Mai 2012.
208 Ebenda.

Deutschland lässt sich ohne Widerstände autoritär regieren, das beweist die ‹Energiewende› bestürzend deutlich. Einer, der sich aus dem deutschen Meinungsdruck freigeschwommen hat, der ehemalige Ministerpräsident Günther Oettinger, liefert nun von Brüsel aus Klartext. Oettinger ist heute Energiekommissar der EU; er einnert daran, dass die Mehrheit der EU-Mitgliedsländer Kernkraftwerke betreibt und weitere Meiler bauen wird. Atomstrom, so Oettinger, wird auch in Deutschland verbraucht. «Grenzkontrollen für Strom gibt es in Europa nicht», merkt der Energiekommissar an.[209] Die *FAZ* notiert allerdings zusätzlich ein Laisser-faire, das Oettinger ankündigt: ‹Sollte es in Deutschland zur Rückverstaatlichung von Energieunternehmen und Netzbetreibern kommen, wie es sich im Zuge der Energiewende derzeit abzuzeichnen scheint, dann will der Fürsprecher der freien Marktwirtschaft dagegen aber nicht einschreiten.›[210]

Der Binnenmarkt in Europa, so meint Oettinger, funktioniere unabhängig davon, wem die Netze und Energiekonzerne gehören.

Aber der Binnenmarkt ist nicht die Welt. Ob die Wettbewerbsenergie im Herzen der Marktwirtschaft, die Energiewirtschaft, in der bündelnden Faust des Staates den freien Konkurrenten aus anderen Staaten überlegen sein kann, darf bezweifelt werden.

Für die Kanzlerin ist diese Frage irrelevant. Es geht um Langzeitprojekte; selbst die Nahziele liegen weit hinter ihrer Amtszeit. Sie folgt der Erfahrung, dass zentralistische Systeme von Auftritten stabilisiert werden, während Prozesse viel später erst einen Überblick gestatten, der Einsichten zulässt. Vierzig Jahre von der «Ostzone» bis in die «DDR» und die Deutsche Einheit haben gezeigt, wie lange Menschen brauchen, bis sie grundsätzlich gegen ein aufgezwungenes System entscheiden.

Die Kanzlerin setzt nach dem Interim von einem Wendejahr, in dem immer mehr aus dem Ruder lief, erneut auf spektakuläre Auftritte und symbolkräftige Maßnahmen, weil sie die Wirkung dieser Drogen kennt: Machtworte, Zentralisierung der Staatsgewalt in bürokratischen Behör-

209 «Strenge Blicke auf Berlin», *FAZ*, 30. Mai 2012.
210 Ebenda.

den, Drohungen an die Spielverderber, ethische Aufladung ökonomischer Tollkühnheiten. ‹Sauberer› Strom aus Deutschland ist eben etwas teurer. Der Alleingang wird als stolze Pioniertat kostümiert.

Die journalistische Begleitmusik intoniert die Hymne zum illusionären Aufbruch: «Merkel erfindet ihre Kanzlerschaft neu», titelt das *Handelsblatt*. Die Kanzlerin, so der Autor, sei «in der energiepolitischen Realität angekommen». Energiepolitik sei «jetzt Chefsache».[211] Jetzt? Aber das energiepolitische Abenteuer, dem die Kanzlerin sich nach einem Jahr wieder zuwendet, ist doch ihr Produkt! Diese «Chefsache» gäbe es gar nicht, wenn es den Willkürakt der 180-Grad-Wende 2011 nicht gegeben hätte. Auch darauf setzt Merkel: dass ihr Publikum vergesslich ist.

Dass die deutsche Wendegesellschaft auch ihre Schönheitsbedürfnisse radikal umstellen sollte, weil sie in der Rangordnung der Merkel-Werte keinen erkennbaren Platz haben, scheint ein wichtiges Kapitel im Lehrbuch der Wendemoral zu sein: Wer sein windradnahes Zuhause wegen des Licht-Schatten-Taktes in den Wohnräumen aufgibt, wer gar glaubt, neben dem Licht-Schatten-Spiel auch ein Surren, einen Metronomschlag der ‹sauberen› Energie zu hören, der wird sich, mit Röttgen gesprochen, «am Rande der Gesellschaft» wiederfinden. Wer gar das Plädoyer für den Feldhasen anstimmt, der als Windparkbewohner im Streberland nicht mitspielt, wer das «Seestück mit Windmühlen» von seiner Nordseeinsel aus auch bei gutem Willen nicht romantisch finden kann, wird kaum eine größere Lobby für seinen Verlustschmerz finden.

Oder doch? Der Phantomschmerz muss umgepolt werden – für drohende Verluste, die regierungsamtlich totgeschwiegen werden. Die Kanzlerin rechnet wieder einmal mit unserer Unfähigkeit zu trauern.

Der Journalist Roland Tichy könnte uns helfen, rechtzeitig den Phantomschmerz zu fühlen – ehe es zu spät ist: «Nun endlich legt der neue Umweltbundesminister Peter Altmaier Zahlen und Fakten zur Energiewende auf den Tisch: Es müssen 3800 Kilometer Stromautobahnen ge-

211 Michael Inacker, stellvertretender Chefredakteur, *Handelsblatt*, 30. Mai 2012.

baut werden; mit der Anbindung der Windparks in der Nordsee und regionaler Netze wird ein Betrag von über 60 Milliarden Euro fällig. Gleichzeitig räumt Altmaier auch ein, dass Deutschland um Haaresbreite an katastrophalen Blackouts vorbeigeschrammt ist. Diese Gefahr für den Wirtschafts- und Lebensstandort Deutschland wird sich bis zum kommenden Winter noch verschärfen, weil weitere stabile Kohle- und Gaskraftwerke durch flackernden Solar- und Windstrom ersetzt werden. (…)

In keiner Bilanz taucht auf, was die neuen Stromtrassen und Windparks für die Umwelt bedeuten: Da werden durch die letzten Wälder Schneisen geschlagen, die 100 Meter breit sind und auf denen dann die 61 Meter hohen Türme der Hochspannungsleitungen stehen oder noch riesigere Windräder. Kaum ein Waldstück bleibt unversehrt. Weit draußen vor dem Nordseestrand werden die früheren Fischfanggründe betoniert, Trassen an der Küste entlang geschlagen, ehe sich die Bulldozer dann durch den Teutoburger Wald, die Niederrheinlandschaften, die Rhön, den Spessart, Harz, den Rennsteig und den Thüringer Wald fressen bis zum Schwarzwald, von dessen Höhen Windräder grüßen. Er will ein ehrlicher Makler zwischen allen Beteiligten sein – doch Altmaier muss die brutalste Zerstörung letzter Naturräume exekutieren: die schnelle Abholzung des Waldes und der Mittelgebirgsrücken. Die Einspruchsfrist der Bürger gegen die Trassen läuft schon am 10. Juli aus, es lebe die Bürgerbeteiligung!»[212]

Die «Burka fürs Haus», wie die *FAZ* titelte, wird in allen Liebhabern kostbarer Architektur und allen Kennern schöner alter Hausportale und Fenster nicht nur den Schmerz, sondern auch den Zorn hochkochen lassen: Die Radikalität des Guten erklärt dem Schönen den Krieg.

Die Kanzlerin als Erfinderin der Turbowende schreibt also nicht nur deutsche und europäische, sie schreibt abendländische Geschichte neu. Das Gute läuft dem Schönen den Rang ab – während Philosophie und Theologie des Okzidents die Versöhnung des Guten mit dem Schönen als das höchste Ideal gefeiert haben.

212 http://blog.wiwo.de/chefsache/2012/06/02/umwelt-stort-nur-noch/

Wer wollen wir morgen sein? Der Tag de Entscheidung kommt wie ein Dieb in der Nacht

«Europa demontiert die Demokratie. Die EU wird immer mächtiger und undemokratischer», schreibt die Schweizer *Weltwoche* im Spätherbst 2011.[213]

Niemand unter den Tätern, die Europa durch Rechtsbrüche und Verfassungsverstösse retten wollen, bringt für diese lautlose Sprengung der Pfeiler, auf denen Europa und seine Staaten ruhten, eine so natürliche Qualifikation mit wie die deutsche Kanzlerin Angela Merkel. Die Ironie der Geschichte machte sie genau deshalb zur «Königin von Europa» (Springer-Presse), weil ihre Unbefangenheit beim Abbruchunternehmen Euro-Rettung von den beklommenen Vollstreckern als Überlegenheit erlebt wird.

‹Die Werte der andern› haben für die deutsche Chefin keinerlei Verbindlichkeit. So wird die deutsche Kanzlerin zur Protagonistin in einem dämonischen Spiel, das die ‹Rettung Europas› zu einem absurden Preis auslobt: alle Spielregeln zu brechen, die den Geist von Europa garantieren. Die ‹Stabilität› des Kontinents wird nur noch über Geldwerte definiert. Der Irrtum am Start der Währungsunion wird damit erneut handlungsleitend; das geheime Motto lautet: Wir kaufen Europa.

Die deutsche Kanzlerin hat mit einer Rechtzeitigkeit die Szene betreten, die wir Zufall nennen können. Ob ohne diese unbeschwerte «gute Patin von Europa» (*Bild*-Zeitung vom 28. Oktober 2011) die deutsche Politik und ihre Dominanz im europäischen Projekt genauso aussähe wie unter Merkels Führung, darf bezweifelt werden. ‹Führung›, wie die deutsche Kanzlerin sie praktiziert, ist ein zuverlässig codiertes *Undercover*-Stück, das von den Missverständnissen der Beobachter lebt. Jahrelang hat die Presse sich mit der Frage beschäftigt, ob sie besonders gut, oder eher schlecht, oder vielleicht gar nicht führt. In Wahrheit hat Merkel ein autokratisches System entwickelt, das von den Vorurteilen der

---

213 Vgl. dazu Urs Gehriger, «Europa demontiert die Demokratie», *Die Weltwoche*, 23. November 2011.

Beobachter profitiert: Autoritäres Schweigen ist in diesen Vorurteilen nicht verzeichnet. Genau das praktiziert die Kanzlerin mit wachsendem Erfolg.

Angela Merkel hat von Anfang an diese Blockade in den Sehgewohnheiten der Westler ausgelöst. Da sie ihr wertentleertes Erfolgskonzept nicht aggressiv vortrug, sondern ganz entspannt ‹dabeihatte›, wirkte sie eher exotisch, wie von sehr weit her gekommen, als feindlich. Es dauerte Jahre, bis ihr Relativismus von einigen Wegbegleitern verstanden wurde. Die Blockade in den Köpfen der Kollegen beruhte auf Wunschdenken: Relativieren, das konnten sie alle – bis zu dem Verbotsschild, das bei Werten und Normen aufragte: *pacta sunt servanda*, stand da. Rechtsbruch als Privileg der Regierung: auf keinen Fall. Vertrauensbruch, geschredderte Versprechen, Täuschungsmanöver mit Wertzitaten, Missbrauch von Ethik und Moral zur Befriedung der ‹andern›, das machen Falschspieler.

Mit Angela Merkel kam die Meta-Ebene der Relativierung, das Verbotsschild verschwand. Relativismus in der Physik, wo es um die reale Welt geht, ist ein Kinderspiel verglichen mit den Spielräumen, die Relativierung im Reich der Werte und Normen öffnet. Führung darf alles, steht da in machtvollen Lettern, die nur die Machthungrigen lesen können. Merkels Relativismus der Erkenntnisse und Werte ist eine spezielle Variante von Hypermoral, die den Mächtigen besondere Lizenzen öffnet. Was wir wissen und bewerten, so Merkels ethischer Relativismus, gilt nie absolut. Es hängt ab von den Meinungen, die umlaufen, von den Zielen, die sie verfolgt, von der Verwendbarkeit der Menschen, die, anders als die Machthaberin selbst, in Wertekonflikten gefangen und dennoch für sie unentbehrlich sind.

Die unerledigte Auseinandersetzung zwischen großen Teilen der CDU und Angela Merkel gilt diesem Utilitarismus, der das gesamte Wertepotential je nach Bedarf wegschwemmt.

Mit Angela Merkel ist eine Frage auf die politische Tagesordnung gekommen, mit der die CDU einstweilen nur intuitiv, nervös und im Kern fassungslos umgeht: Es ist die Frage, ob der Wertekonsens, den alle bürgerlichen Parteien teilen, seine Gültigkeit verliert – zugunsten situativer

Unberechenbarkeit aller Akteure und Motive. Dass der Konflikt nicht ausgetragen wird, nicht jetzt, hat mit seinem grundsätzlichen Gewicht zu tun. Die Kanzlerin arbeitet daran, dass er sich von selbst erledigen werde, durch Gewöhnung an das neue utilitaristische Wertkonzept.

Angela Merkel hat das Konzept von der überparteilichen, übernationalen Kanzlerin entwickelt. Sie führt ihr Amt wie einen Gemischtwarenladen: Produkte, die nicht gehen, werden aus dem Angebot genommen. Produkte der Konkurrenz, die besser laufen, werden kopiert. Die Kanzlerin sieht sich als Anbieterin in einem Meinungsmarkt, wo die Kundengunst über den Marktwert der Ware entscheidet.

Was Politik anbietet, sind aber nicht Waren. Es sind Entwürfe für Lebensqualität, soziale Sicherheit und Entfaltungsrechte. In den Entwürfen der Parteien werden nicht einfach Kundenbedürfnisse erfüllt und Konsumversprechen abgeliefert. Politische Angebote in der Demokratie beziehen sich immer auf den Kanon von Zusagen, die unsere Verfassung den Bürgern macht. Dieser Kanon beginnt mit dem höchsten virtuellen Gut, das nie in Geldwerten taxiert werden darf: der Würde des Menschen.

Wer Normen und Werte einer demokratischen Gesellschaft zur Manövriermasse macht wie Angela Merkel, der arbeitet am Zerfall der Demokratie.

Wer die Alarmzeichen dieses Politikstils abstellen möchte, spricht gern vom ‹moderierenden› Führungsstil der Kanzlerin. Sie moderiert den Wandel, der ohnehin abläuft, heißt es in solchen Entdramatisierungsgesprächen. Merkel sorge eher für einen softeren Verlauf der Abschiedsparty von dem Werteballast der bürgerlichen Mitte. Es gebe keinen Anlass, diese Ernüchterungsprozesse der immer noch ‹wertebesoffenen› Westler von gestern zu dämonisieren.

Man kann es mit dieser Lesart versuchen. Das System M ist Antipathos in höchster Perfektion. Die Kanzlerin als Chefin dieses Systems macht sich sogar die Mühe, den werteverliebten ‹anderen› regelmäßig mit zwei, drei Zitaten aus deren Wertebaukasten Entwarnung zu liefern: Ihr Atomausstieg war so ein Moment, für den ihr die Berater ein ganz persönliches ‹Hier stehe ich, ich kann nicht anders› aufgeschrieben hatten. Antipathos als Therapie – ein Modell, das sich gut argumentieren lässt: Werte machen Opfer, wenn man sich bedingungslos an sie bindet. Werte kosten Entscheider Tempo. Ein schlagendes Gewissen, Verfassungswert für Parlamentarier, isoliert die wenigen von den vielen, die ihr Gewissen zum Schweigen gebracht haben. Wertemanagement à la Merkel ist ein Business für Erfolgreiche, die sich entschieden haben: Interessenlage schlägt Wertesystem. Immer.

Die Karriere der Angela Merkel im Westen ist nicht eine Einstiegs-, sondern eine Ausstiegsgeschichte. Auf leisen Sohlen verlässt die Kanzlerin unseren Grundwertekonsens.

Da sie die Macht hat, ist das doch mehr als nur ein Moderationserfolg.

Mit Angela Merkel kommt der Typus des Ego-Politikers auf die politische Bühne. Die seien doch alle mit einem Riesenego unterwegs, mag mancher jetzt sagen. Aber die Ego-Politikerin Merkel macht den Unterschied. Keiner ihrer Kollegen und Vorgänger hat das Tableau seiner Themen so entschieden unter eine einzige Prämisse gestellt – den persönlichen Machtzuwachs – wie Angela Merkel.

Keiner hat so zynisch die oppositionellen Lager ausgeräumt wie sie, keiner hat es zu einem Image gebracht, das die deutsche Kanzlerin begleitet: Alles ist möglich. Nichts ist ausgeschlossen. Die Ego-Karriere rangiert in jedem Fall vor dem Wohl des Landes und vor Europa. Noch kein deutscher Staatschef hat so kompromisslos die Rangfolge seiner politischen Ziele immer wieder umgeworfen und neu sortiert – um den einen Mittelpunkt, das eigene Ich.

Ein so egomanischer Politikstil lässt sich nur durchhalten, wenn er schwer lesbar bleibt. Die Kanzlerin der Volten hat ihr Publikum und ihre Entourage an unverhoffte Richtungswechsel gewöhnt. Keiner ihrer Mitarbeiter würde eine Wette wagen, wenn es darum geht, wo man die Kanzlerin morgen antrifft. Das System M ist nicht berechenbar. Die schwer lesbare Kanzlerin lebt tendenziell immer *undercover*. Ihr Ego-Projekt ist ihr Geheimnis.

Sie ist auch die erste Staatschefin in Deutschland, die bindungslos unterwegs ist. Ihr Konzept der situativen Entscheidungen geht von der Flüchtigkeit aller Versprechen und der hohen Verfallsgeschwindigkeit aller Loyalitäten aus. Wer sich auf niemanden verlassen will, landet zwangsläufig bei sich selbst. Vielleicht sieht Angela Merkel es so: Sie hatte keine Wahl. In einer Welt, wo jeder jeden verrät, kann man nur auf Kosten aller andern das eigene Glück suchen.

Die in ‹Euro-Krise› umgetaufte Staatsschuldenkrise Europas bietet für das Tarnkappensolo der Ego-Politikerin das ideale Szenario. «Die Germanisierung Europas macht rasche Fortschritte», schreibt die *Neue Zürcher Zeitung* schon am 27. November 2011.[214]

«Merkel hat erkannt, dass Deutschland seine Interessen nicht direkt in den Hauptstädten der europäischen Krisenstaaten anmelden und durchsetzen kann. Die Demonstranten, die im Frühjahr in Athen Milliarden-Kompensationen für die Greueltaten der Wehrmacht im Zweiten Weltkrieg forderten, waren ihr da Warnung genug.»

Die Kanzlerin setzt auf Entschleunigung, um ihr Langfristziel, die Vorherrschaft in Europa, nicht zu gefährden. «Too little, too late», ruft der Chor der Marktbeobachter ihr regelmäßig zu, wenn sie wieder einmal durch langes Zögern einen Geldtransfer in die *Last-minute*-Zone geschoben hat. Optisch bleibt sie damit die Herrin des Geschehens, auf die alle schauen. In Wahrheit ist ihr Zögern machtpolitisches Kalkül. «Sie erzeugt dadurch ein Klima der Krise, um dann schließlich ein Stück weit nachzugeben – eben: ‹too little, too late›. Aber sie bestimmt jeweils den Preis dafür, der umso größer ist, je stärker die Furcht der andern vor der Katastrophe.»[215]

«Ihr geht es nicht um das kurzfristige Monetäre, ihr geht es um das langfristige Politische. Deswegen betont sie immer wieder, dass die Euro-Krise noch Monate, gar Jahre dauern könnte – ebenso lange, bis sie ihre Ziele erreicht hat.»

«Was uns zu ihrem Plan bringt», fährt der Autor des NZZ-Artikels fort. Er meint, die Kanzlerin habe, was ihre Langzeitplanung angeht, «aus ihrem Herzen nie eine Mördergrube gemacht». Ihr Diktum «mehr Europa, nicht weniger Europa» zu wollen, klang für das Publikum immer wie ein Bekenntnis, dem jedermann zustimmen kann.

---

214 Vgl. zum Folgenden *Neue Zürcher Zeitung am Sonntag*, 27. November 2011, S. 19.
215 Ebenda.

Es ist einer jener offenen Merkel-Sätze, die sich multifunktional jeder Deutung fügen. Wer eine Europäerin zu sehen wünscht, kann sich mit diesem Merkel-Satz den Wunsch erfüllen. Wer näher und geduldiger hinsieht, kennt den verschwiegenen nächsten Satz: «Aber es soll ein Europa unter deutscher Führung sein», schreibt die NZZ und folgert: «Deshalb arbeitet sie auf die politische Union hin, die ihr den Durchgriff auf die inneren Verhältnisse der EU-Mitgliedsländer vor allem in Süd- und Osteuropa ermöglichen soll.»[216]

Die Kanzlerin hat den Weg zur Zentralmacht in Europa mit schwer lesbaren Zeichen markiert. Das System M etabliert eine leise Variante autoritärer Machtentfaltung, die Deutschland so noch nicht kannte. Die Diktaturen des zwanzigsten Jahrhunderts boten andere Erfahrungen, was den politischen Stil angeht – obwohl die Anklänge nicht zu leugnen sind: die Marginalisierung der Parteien, der Themenmix aus enteigneten Kernbotschaften anderer Lager in der Hand der Regentin; ihre Nonchalance im Umgang mit dem Parlament, mit Verfassungsgarantien, Rechtsnormen und ethischen Standards. Der Anspruch, das deutsche ‹Bremssystem›, eine Mischung aus Präpotenz und Symbolpolitik, zum Durchgriff auf das Budgetrecht beliebig vieler europäischer Länder auszubauen, ist wieder eine von den geräuschlosen Sprengungen, die Umsturz als Regierungsprivileg durchsetzen.

Der autoritäre Sozialismus, der im System M angelegt ist, nimmt eine Hürde nach der anderen, weil er auf Gewöhnung setzt. Der leiseste aller Übergänge bereitet sich vor ohne laute Appelle. *No commitment* ist das Motto. Kein Bekenntnis zu Deutschland oder Europa., nur ein bisschen mehr statt weniger von beiden: eben ein deutsches Europa. Keine Leidenschaft, kein Credo, kein Bekenntnis. Sie alle lassen wir hinter uns in der Alten Welt. Kein *mission statement*, das die Größe des Projektes verrät. Es kommt ‹wie ein Dieb in der Nacht›.

Welche Gruppierung kann noch opponieren mit Verweis auf ihre *Identity*? Wo Markenkerne entwendet und neu kombiniert werden, kann auch die Partei, aus der die Täterin ihre Jagdausflüge unter-

216 *Neue Zürcher Zeitung am Sonntag*, 27. November 2011.

nimmt, die CDU, nicht mehr auf Patentschutz für ihre Identität bestehen.

Der Allparteien-Staat hat lauter gesichtslose Parteien. Bald wird sich keine von ihnen mehr über Gesichtsverluste beklagen. Große Projekte gelten großen Visionen. Wer ein Geheimprojekt verfolgt, kann von seiner Vision nicht sprechen. Logische Folgerung: Er braucht keine.

Über Angela Merkels visionäres Profil wissen wir nichts. Sie arbeitet seit ihrem Auftreten an ihrer Flexibilität; wer sie auf eine Idee festlegen will, muss scheitern.

Für die deutsche Kanzlerin hat sich die Abstinenz gegenüber Ideen und Visionen als Karriere-Treibsatz erwiesen.

Das Fazit: In Deutschland kann man seit der Einigung politisch an die Spitze rücken, wenn man als Asket an allen Vorgaben vorbeizieht, von denen sich die Mitspieler aus der alten Westwelt aufhalten lassen: Rechtsnormen und Verfassungswerte, Verträge und Wettbewerbsfreiheit, ethische Standards und moralischer Grundkonsens.

Arnold Gehlen hat in ein einziges Wort gefasst, was verlorengeht, wenn man die Spielregeln kündigt, die alle Wettbewerber miteinander verbinden und handlungsfähig machen: Das Wort heißt ‹Hintergrundserfüllung›.

Angela Merkel fährt in Wahrheit ein riskantes Experiment: Es könnte ‹Vordergrund statt Hintergrund› heißen. Gäbe es die Krisen nicht, Biotop für Tarnkappenträger, dann wäre das Experiment schon gescheitert. Zukunft ohne Herkunft sichern: Das ist ein Projekt für den Umsturz.

Nun hat sich aber im Abendrot der Freiheit, als Schlussakkord der ‹Präsidentendämmerung›, ein Finale ereignet, das die ‹Hintergrundserfüllung› wieder auf die Tagesordnung der deutschen Geschichte bringt. Die Selbstermächtigung der deutschen Politik wird seither von einer Freiheitsmelodie übertönt, die viele von uns wiedererkennen. So stehen nun zwei Folgerungen aus Deutschlands Geschichte nebeneinander – wir können wählen.

DOKUMENTATION

Frankfurter Allgemeine Zeitung, 22.Dezember 1999, Nr. 298, S. 2

Die von Helmut Kohl eingeräumten Vorgänge haben der Partei Schaden zugefügt

von Angela Merkel, Generalsekretärin der CDU

Den 30. November 1999 haben viele als das Ende der Ära Kohl bezeichnet. Das war der Tag, an dem Helmut Kohl im Präsidium der Partei und vor der Presse eine Erklärung abgab, in der er die politische Verantwortung für eine von den üblichen Konten der Bundesschatzmeisterei praktizierte getrennte Kontenführung übernommen hatte. Und sofort hieß es auch, vielleicht liege in diesem Ende der Ära Kohl auch eine Chance.

So schnell aber kann nur sprechen, wer das volle Ausmaß der Tragik dieses 30. November 1999 nicht an sich heranlässt – der Tragik für Helmut Kohl, der Tragik für die CDU, Diese Tragik wird beim Blick zurück auf das Jahr, auf die vierzehn Monate davor umso deutlicher: Was für eine Niederlage am 27. September 1998 – erstmals in der Geschichte der Bundesrepublik Deutschland wurden ein Kanzler und seine Regierung vom Volk abgewählt. Was für Wahlsiege 1999 die Europawahl haushoch gewonnen, Bremen und Berlin klar gehalten, SPD-Bastionen in Hessen, im Saarland und in Brandenburg gestürmt, absolute Mehrheiten in Thüringen und Sachsen errungen, sensationelle Ergebnisse bei den Kommunalwahlen in Nordrhein-Westfalen erzielt. Was für ein Comeback Helmut Kohls – vom abgewählten Kanzler zum Ehrenbürger Europas, umjubelt in Deutschlands Fußgängerzonen, gefeiert am zehnten Jahrestag des 9. November. Und dann das: anonyme Spenden, getrennte Kontenfiihrumg, Rückzahlungen, Kohls Erklärung am 30. November 1999, Kohls Aussagen in der ZDF-Sendung «Was nun, Herr Kohl?».

Die von Kohl eingeräumten Vorgänge haben der Partei Schaden zugefügt. Nicht nur sind ihr für die von ihm angegebenen und angenommenen 1,5 bis 2 Millionen Mark Spenden, die nicht in Rechenschaftsberichten aufgeführt wurden, 50 Pfennig pro Spenden-Mark staatlicher Zuschüsse – also insgesamt bis zu einer Million D-Mark – entgangen; nicht nur drohen ihr Rückzahlungen in Millionenhöhe; die Partei – und nicht nur er allein – muss sich auch dafür rechtfertigen, wie ein solches Vorgehen nach der Flick-Affäre möglich sein konnte. Ein Wort zu halten und dies über Recht und Gesetz zu stellen mag vielleicht bei einem rechtmäßigen Vorgang noch verstanden werden, nicht aber bei einem rechtswidrigen Vorgang. Es geht um die Glaubwürdigkeit Kohls, es geht um die Glaubwürdigkeit der CDU, es geht um die Glaubwürdigkeit politischer Parteien insgesamt.

Kohl hat der Partei gedient. 25 Jahre war er Parteivorsitzender, das ist die halbe Geschichte der CDU. Vier Bundestagswahlen konnte er als Spitzenkandidat gewinnen, 1998 reichte es nicht mehr – nicht mehr für Kohl und nicht mehr für die CDU. Spätestens jetzt war klar, nichts würde mehr so sein, wie es war. Die Zeit des Parteivorsitzenden Kohl war unwiederbringlich vorüber. Nie wieder würde er die CDU als Kanzlerkandidat in eine Bundestagswahl führen können. Seither wird von seinen Leistungen in der Vergangenheit gesprochen, ist von einem Denkmal die Rede – vom Denkmal des Kanzlers des Nato-Doppelbeschlusses gegen die Bedrohung durch die Sowjetunion, des Kanzlers der Einheit, des Kanzlers der europäischen Einigung.

Die Menschen – in der Partei zumal – hängen an Helmut Kohl. Die fünfundzwanzig Jahre des Parteivorsitzenden Kohl werden mit den in Rechenschaftsberichten verschwiegenen Konten mit Sicherheit nicht ausreichend beschrieben. Das reicht vielleicht für das Finanzamt oder die Bundestagsverwaltung, nicht aber für ein Mitglied der Gemeinschaft CDU. Wir haben ganz andere Erfahrungen mit und Erinnerungen an Helmut Kohl. Die Partei hat eine Seele. Deshalb kann es für uns nicht die Alternative «Fehler aufklären» oder «das Erbe bewahren» geben. Wenn es um das Bild Helmut Kohls, um seine Leistungen und um die CDU geht, gehört beides zusammen. Denn nur auf einem wahren Fundament kann ein richtiges historisches Bild entstehen. Nur auf einem wahren Fundament kann die Zukunft aufgebaut werden. Diese Erkenntnis muss Helmut Kohl, muss die CDU für sich annehmen. Und nur so wird es der Partei im Übrigen auch gelingen, nicht immer bei jeder neuen Nachricht über eine angebliche Spende angreifbar zu werden, sondern aus dem Schussfeld. auch derjenigen zu geraten, die ihr Interesse an der Aufklärung der Vorgänge nur heucheln, diese Vorgänge aber in Wahrheit nur nutzen wollen, um die CDU Deutschlands kaputtzumachen.

Vielleicht ist es nach einem so langen politischen Leben, wie Helmut Kohl es geführt hat, wirklich zu viel verlangt, von heute auf morgen alle Ämter niederzulegen, sich völlig aus der Politik zurückzuziehen und den Nachfolgern, den Jüngeren, das Feld schnell ganz zu überlassen. Und deshalb liegt es auch. weniger an Helmut Kohl als an uns, die wir jetzt in der Partei Verantwortung haben, wie wir die neue Zeit angehen. Wir kommen nicht umhin, unsere Zukunft selbst in die Hand zu nehmen. Auch in diesem Jahr haben wir die Wahlen nicht wegen und nicht trotz Helmut Kohl gewonnen. Wir haben sie vielmehr wegen unserer Geschlossenheit und unserer Kampagnen gegen Gerhard Schröders chaotische Politik gewonnen. Die Partei muss also laufen lernen, muss sich zutrauen, in Zukunft auch ohne ihr altes Schlachtross, wie Helmut Kohl sich oft selbst gerne genannt hat, den Kampf mit dem politischen Gegner aufzunehmen. Sie muss sich wie jemand in der Pubertät von zu Hause lösen, eigene Wege gehen und wird trotzdem immer zu dem stehen, der sie ganz nachhaltig geprägt hat – vielleicht später sogar wieder mehr als heute.

Ein solcher Prozess geht nicht ohne Wunden, ohne Verletzungen. Wie wir in der Partei aber damit umgehen, ob wir dieses scheinbar Undenkbare als Treuebruch verteufeln oder als notwendige, fließende Weiterentwicklung nicht erst seit dem 30. November 1999 begreifen, das wird über unsere Chancen bei den nächsten Wahlen in den Ländern und 2002 im Bund entscheiden. Ausweichen können wir diesem Prozess ohnehin nicht, und Helmut Kohl wäre im Übrigen sicher der Erste, der dies verstünde.

Wenn wir diesen Prozess annehmen, wird unsere Partei sich verändert haben, aber sie wird in ihrem Kern noch dieselbe bleiben – mit großartigen Grundwerten, mit selbstbewussten Mitgliedern, mit einer stolzen Tradition, mit einer Mischung aus Bewahrenswertern und neuen Erfahrungen nach der Ära des Parteivorsitzenden Helmut Kohl – und mit einem Entwurf für die Zukunft.

ANHANG

Dank

Der Lektorin Dr. Annalisa Viviani, München, danke ich für ebenso perfekte wie geniale Begleitung im turbulenten Umfeld meines Themas, das bald zu ‹unserem› Gegenstand leidenschaftlichen Interesses wurde.

Annalisa Viviani ist viel mehr als eine Lektorin, sie vereinigt Züge einer Muse mit der kenntnisreichen Disziplin einer ‹mobilen Verlegerin›.

Unsere Zusammenarbeit war wieder einmal eine Glücksstrecke, wie sie nur Verschwörer gemeinsam zurücklegen können. DANKE!

Ich danke Gerd König, dessen Talent und Bildung den Arbeitsgenuss erheblich gesteigert haben. Königs strategische Intelligenz, seine konzeptionelle Stärke haben die Recherche im Mediendschungel auch für mich zu einer täglichen Entdeckungsreise gemacht. Gerd König hatte das Konzept des Buches schneller verstanden, als ich es darstellen konnte. Es war ein großes Vergnügen, ihn an meiner Seite zu haben. DANKE!

Gertrud Höhler

Personenregister

Sachregister